"表达语文"：习得言意相称的表达智慧

侯红宝／著

吉林大学出版社
·长春·

图书在版编目（CIP）数据

"表达语文"：习得言意相称的表达智慧 / 侯红宝著. -- 长春：吉林大学出版社，2021.10
ISBN 978-7-5692-8926-8

Ⅰ.①表… Ⅱ.①侯… Ⅲ.①语文教学—教学研究 Ⅳ.①H19

中国版本图书馆CIP数据核字(2021)第202497号

书　　名："表达语文"：习得言意相称的表达智慧
"BIAODA YUWEN"：XIDE YANYI XIANGCHEN DE BIAODA ZHIHUI

作　　者：侯红宝　著
策划编辑：黄国彬
责任编辑：蔡玉奎
责任校对：张　驰
装帧设计：刘　丹
出版发行：吉林大学出版社
社　　址：长春市人民大街4059号
邮政编码：130021
发行电话：0431-89580028/29/21
网　　址：http://www.jlup.com.cn
电子邮箱：jdcbs@jlu.edu.cn
印　　刷：天津和萱印刷有限公司
开　　本：787mm×1092mm　　1/16
印　　张：16
字　　数：240千字
版　　次：2022年02月　第1版
印　　次：2022年02月　第1次
书　　号：ISBN 978-7-5692-8926-8
定　　价：88.00元

版权所有　翻印必究

一个语文探索者的教学主张（序）

侯红宝老师研究表达语文多年，成果颇丰。前几天他把自己的研究成果发给我，请我为他写个序，我很高兴。多年的研究终于变成沉甸甸的专著，这是可喜可贺的事情，我乐于为之服务。

语文的内涵是什么，语文人一直在探索。在中国文学中国语言阶段（1921—1936），专家们提出陶冶情操、学习语言文字是学科的本质特征，这种说法源自杜威的母语规则与文化熏陶说。在国语、国文阶段（1936—1949），受美国教育哲学影响，专家们强调文化、强调语言。在语文的初级阶段（1949—1978），专家们认为语文学科是进行思想教育的工具，是学习语言的工具，其理论依据是马克思主义的语言学。在语文教育改革开放起始阶段（1978—2000），专家们认为工具性是语文的基本特性，语文学习应该以学习语言为根本。在新课程改革阶段（2001年至今），专家们认为语文的核心任务是语言文字的积累与运用。2014年核心素养提出之后，我们又提出了语文核心素养的四个要素——语言建构与运用、思维发展与提升、审美鉴赏与创造、文化传承与理解。一百多年的探索，我们对语文学科的认识越来越清晰。

语文学习的关键在于语言的运用，而运用语言包括两个通道——吸收、输出。吸收就是我们借助阅读获得语言的信息以及精神的陶冶，而输出就是我们借助语言进行表达。侯老师的表达语文就是要在这两个关键点上找到关联、找到平衡。侯老师在这两个方面进行了有意义的探索。

首先，在阅读与口语表达方面进行探索。侯老师认为"所有知识都包括符号内容、思维和意义三个层面，是三者的综合体，言语的功能，实际上就是语文知识在实际运用中所发挥的功能或产生的意义，这'意义'不仅体现在语言素养的提升上，而且也体现在思维、审美和文化素养，以及情感态度和价值观的提升上"。基于此，侯老师带领他的团队研究阅读与口语表达的有效性。在执教《柳叶儿》一课时，侯老师要求学生改写课文的开头，这个要求看似简单，实则反映出侯老师的教学智慧。学生要完成改写，就需要认真阅读、认真思考、认真表达。这种把读、思、说有机融合的方法，就是表达语文的一个突出特点。

其次，在阅读与书面表达方面进行探索。在《"表达语文"的主张与理念》一文中，侯老师认为"'表达'就是运用语言文字表情达意、交流沟通，'表达'一词集中概括了语文课程的特质。语文是研究运用语言文字表情达意、交流沟通的课程，是研究作者为实现表达目的而选用恰当的语体和文体表情达意的课程；语文教'语言文字运用'、学和练'运用语言文字表达'"。[①]在课堂教学实践中，侯老师的团队花了大力气研究如何让学生有效表达。在执教《成功》一课时，侯老师设计了"班门弄斧"这个成语的学习过程：让学生查字典，说典故，寻其本义。然后引导学生反思这个成语：为什么不能班门弄斧？弄斧需不需要到班门？到班门弄斧有没有好处？到班门弄斧需要抱一种什么样的态度才有益？历史上和现实生活中有没有因班门弄斧而成功的事例或者名言？让学生产生头脑风暴。学生或深思，或阅经查典，时而辩论，时而奋笔疾书。既摆事实又讲道理，半小时内90%的学生写就了600字以上的像样的议论文《弄斧就要到班门》。抓住课文的一个小点，就重点突破，让学生在学习的过程中自觉地练习表达，这种表达是一种积极的表达，也是有效的表达。

最后，在单元整体学习中探索表达。语文课程改革正在进入核心素养阶段，许多深层次问题逐渐显现。"双基"教学阶段，我们更多地关注知识本身，更多地关注分数；"三维目标"教学阶段，我们开始强调课程，但是知识本位的教学没有多大改观，强调分数之风依然强劲；"核心素养"教学阶段，我们开始强调人的全面发展，强调学生的自主发展。侯老师敏锐地捕捉到改革的动态，及时带领团队研究主题单元学习中如何提升学生的表达能力。在学习七年级上册第二单元时，侯老师从《秋天的怀念》《散步》《荷叶·母亲》等几篇课文中的家庭成员关系入手，引导学生研读思考亲人之间的矛盾以及化解方式，把阅读理解、口语表达、书面

---

① 侯红宝."表达语文"的主张与理念［J］.语文教学通讯，2021（9B）：4.

表达融合在一起。不仅学习了语言文字的运用，而且浸润了中国优秀的传统文化，提升了学生的语文素养。

侯老师是一位善于思考的教师，他不满足于自己会用、能用，他还在探索如何让更多的老师参与这项研究。于是，他经历多年的探索，建构了具有可实践、可操作的"表达语文"课堂教学基本范式：

1.课前自学

自主阅读，思考批注：探究本文在谋篇布局和遣词造句方面的表达特点，思考表达目的，感悟表达智慧。

多向联系，唤醒经验：联系与本文在谋篇布局和遣词造句方面有相同或相似点的文章，比较异同。

2.课中研学

知识链接，自读提升：教师链接有关语体和文体等知识，学生自读，再次探索语体和文体特点及表达作用，发现文章中心，溯源写作动机。

碰撞交流，情感体验：学生陈述理解，相互评价质疑，教师点拨纠偏；注重调动学生的生活经验和学习经验，融入作品和作者世界，体验表达目的，感悟表达智慧。

积累经验，迁移运用：积累表达技巧，形成言语经验；群文比较阅读，迁移阅读能力。

3.课后练学

整理笔记，读写提升。

这个范式包含了三个环节，勾连了课前、课中、课后，具有了实践的操作性。我们与一线老师交流时，老师们经常会说你告诉我怎么做，侯老师就满足了大家的要求。

提出一种主张是一位教师成熟的标志，侯老师是特级教师，是一位在国内有影响的教师。他提出"表达语文"的主张是经过深入思考的。他所说的"表达语文"是指"从'表达'处解读文章与选择教学内容，在最有价值的'表达'处教学'表达'，让学生会准确得当地'表达'，能得体得意地'表达',乃至能智慧和有风格地'表达'"。[①]这种结论不是想当然提出的,而是侯老师带着一个团队多年研究的结果。这个结果对当地的语文教学是有用的,是一线老师认可的。

"表达语文"是侯老师的教学主张,他取得了丰硕的理论研究成果,也收到了丰富的实践成效,于是这种主张就有了教育教学的价值。当然这种研究不是终点,而是起点,需要侯老师和他的团队面对核心素养新要求,不断开拓、不断创新,不断丰富和完善"表达语文"的内涵,进一步提升其应用价值。我相信,在侯老师团队的努力下,"表达语文"一定能够根深叶茂,成为语文教学的一道风景。对此,我充满信心!

是为序。

2021年4月10日

(魏本亚,江苏师范大学教授,全国语文教育学专业委员会副理事长)

[①] 侯红宝."表达语文"的主张与理念[J].语文教学通讯,2021(9B):4.

目 录

上编　主张与理念

"表达语文"的主张与理念…………………………………………………3
附：《秋天的怀念》教学设计……………………………………………10

中编　孕育与发展

萌芽阶段　写读结合的教学
用教材教作文……………………………………………………………19
《散步》的多元解读与整体感知…………………………………………24
问题设计要指向教学的核心价值…………………………………………30
消解一堵墙，打开一扇"窗"——由《窗》浅谈小说的教学…………36
写作指导与训练：阅读教学目标的应有要义……………………………43
从写作的角度教《枣核》…………………………………………………50

发展阶段　从表达侧诠释文本与教学
贴着文章的思路教学——以杜甫《茅屋为秋风所破歌》为例…………57
以语文知识为教学策略……………………………………………………62
让阅读成为事件……………………………………………………………72
披"语"入"文"，以"语"会"文"——在语言表达策略中教学……78
从表达侧诠释文本…………………………………………………………84
从表达侧进行语文教学……………………………………………………88

1

初成阶段　表达语文教学，习得言意相称的表达智慧

培育核心素养，应行走在语文的方法里 ················· 95

细品语体妙用　提升语言素养 ························· 103

依体教学《穿井得一人》······························· 109

下编　探索与实践

《河中石兽》主要教学过程 ···························· 117

《狼子野心》主要教学过程 ···························· 122

《写好考场作文》主要教学过程 ······················· 128

《卖油翁》课堂教学实录 ······························ 133

附：镇江市"智教育·云课堂"七年级上册同步助学课例选········ 157

七年级语文上册第一单元　在朗读中深入体会诗文的思想感情　··· 157

七年级语文上册第一单元　初步体会文学语言的表达手法 ········ 161

七年级语文上册第二单元　从标题出发整体感知课文 ············ 168

七年级语文上册第二单元　借助注释和工具书学文言 ············ 173

七年级语文上册第三单元　迅速了解文章大意 ·················· 180

七年级语文上册第四单元　在默读中厘清作者的思路 ············ 186

七年级语文上册第四单元　写作训练·思路要清晰 ·············· 191

七年级语文上册第五单元　学会概括文章中心 ·················· 200

七年级语文上册第五单元　写作训练·如何突出中心 ············ 206

七年级语文上册第六单元　初学依体解读课文 ·················· 212

七年级语文上册期末复习　学会整体感知文章内容 ·············· 220

七年级语文上册期末复习　学会品味语句 ······················ 225

七年级语文上册期末复习　学会理清思路 ······················ 234

跋：从特级起步 ···································· 241

上编　主张与理念

"表达语文"的主张与理念

一、问题的提出

语文已经过了百年的历史考验,但直到《义务教育语文课程标准（2011年版）》的出版,才算真正明确了语文课程性质:"语文课程是一门学习语言文字运用的综合性实践性课程。"但仍有课程立身的几个难题有待解决:

*解题思路问题。*缺乏解题思路或思路不清,一直是制约语文教学质量提升的关键因素。没有参考答案,不少老师便不敢上考试讲评和阅读复习等课,而同一篇文章的同一道阅读题,不同的命题者给出的参考答案也会相去甚远。

*知识体系问题。*知识是每门学科的立身之本,知识越明确,学科越专业,而这却是长期困扰语文界的难题。虽然语文课程性质已成为共识,但"语言文字运用"有哪些规律,《义务教育语文课程标准（2011年版）》和《普通高中语文课程标准（2017年版）》都没有明确说明。"语言文字运用规律"应该是"语言建构与运用"的核心内容,是语文素养结构的基础和前提,是语文课程的基本知识和基本教学内容。语文应该由此建构独立的知识体系。

*教学内容确定问题。*同一篇课文,不同的教师选择的教学内容会呈现出很大的差异,而那些名师的课堂教学,其教学内容也是迥异。这对于其他学科来说,是不可思议的事情。因此,需要为语文课程和教学建构起一个相对科学而稳定的解读文本和确定教学内容的大致标准与技术路径,让基本的教学内容相对稳定。

如果说解题思路不明只是表象问题,那么缺乏独立的课程知识体系则是根本原因，而教学内容的纷繁不一则是必然结果。"表达语文"研究旨在寻找解决方案，促进语文课程建设。

二、"表达语文"的理念内核

表达：是人类生命存在和活动的主要方式，是人的社会性和个体精神生命的家园。人类在长期的认知与改造世界的实践中，逐渐形成了与动作、情态、图画、音乐、数字、图形、公式、概念等表达方式相关的学科，如数学、物理、化学、美术、音乐等。其中运用语言文字表达产生了语文学科。

运用语言文字表达：人是"言语"的动物，人在语言文字"表达"中生成为人。人类在长期的运用语言文字表达的实践中，形成了两条基本规律，即语体和文体。

语文：是人类认知世界而建构的一种模型。就跟数学、物理等学科一样，语文是人类运用语言文字的表达生活模型，它以语体和文体两条基本规律规范语言文字表达生活，使社会交流和心灵表达得以畅达，并引领语言生活质量不断提高。

表达语文："表达"就是运用语言文字表情达意、交流沟通，"表达"一词集中概括了语文课程的特质。语文是研究运用语言文字表情达意、交流沟通的课程，是研究作者为实现表达目的而选用恰当的语体和文体表情达意、交流沟通的课程；语文教"语言文字运用"、学和练"运用语言文字表达"；语文教学的基本任务是理解作者的表达方法和技巧，感悟表达智慧，积累表达经验，培养学生运用语言文字阅读理解、表情达意和交流沟通的素养，不断提高语言生活质量。

总之，语文研究"表达"，从"表达"处解读文章与选择教学内容，在最有价值的"表达"处教学"表达"，让学生会准确得当地"表达"，能得体得意地"表达"，乃至能智慧和有风格地"表达"。

三、"表达语文"的基本教学内容

1.因言解意：解读作者为实现表达目的而运用语体和文体生成内容、

思想、情意的方法、技巧和原理。文体特征，即文章在谋篇布局方面的特征；语体特征，即文章在遣词造句方面的特征。

2.因意择言：选择作者在运用语体和文体表达上最有价值、最具智慧处教学。

四、"表达语文"教学基本范式

1.课前自学

自主阅读，思考批注：探究本文在谋篇布局和遣词造句方面的表达特点，思考表达目的，感悟表达智慧。

多向联系，唤醒经验：联系与本文在谋篇布局和遣词造句方面有相同或相似点的文章，比较异同。

2.课中研学

知识链接，自读提升：教师链接有关语体和文体等知识。学生自读，再次探索语体和文体特点及表达作用，发现文章中心，溯源写作动机。

碰撞交流，情感体验：学生陈述理解，相互评价质疑，教师点拨纠偏；注重调动学生生活经验和学习经验，融入作品和作者世界，体验表达目的，感悟表达智慧。

积累经验，迁移运用：积累表达技巧，形成言语经验；群文比较阅读，迁移阅读能力（或写作训练，运用表达技巧）。

3.课后练学

整理笔记，读写提升。

五、"表达语文"形成的过程

本理念自2010年发表论文《用教材教作文》开始孕育，至2020年6月发表《细品语体妙用　提升语言素养》，10年间共发表相关论文20余篇。梳理各年度研究的重点和发表的相关论文，可以概括出"表达语文"理念逐渐清晰与体系化的过程：

萌芽阶段。深入研究语文课程与教学存在的实际问题，潜心思考解决问题的出路。本时期研究与写作论文的议题主要有三个：一是把写作或表达素养的提升置于阅读教学的目标位，从写作的角度教阅读，做写读结合的教学；二是教学要以文本的核心价值为核心教学内容（实际上是从文体和语体的角度考察文本而得出的最有特点、最有价值的表达技巧）；三是初步产生了以语文知识为教学策略的想法。三个议题又统一在"写读结合的教学"这一理念下。代表论文有《消解一堵墙　打开一扇"窗"——由〈窗〉浅谈小说的教学》《从写作的角度教〈枣核〉》《写作指导与训练是阅读教学目标的应有要义》《问题设计要指向教学的核心价值》等。

首先，知识是人类对世界的认知经验，是对世界的认知结果的描述。从写作的角度教学必然涉及语文知识，而且是从写作等语文知识出发，但必须把语文知识置于"言语的语言学"（索绪尔）的领域内着眼于知识的功能（言语的表达功能）进行语文教学，而不是纠缠于语文知识的内容和体系结构本身。

其次，阅读与写作研究的对象都是语言作品、文本或课文，因此阅读与写作是"语言作品、文本或课文"这一枚硬币的两面。阅读教学可以从实现阅读目标这个角度进行，也可以从表达能力的培养这个目标上导向。我们认为，阅读教学的目标不能仅限于阅读能力的培养，也应该指向写作或表达能力的培养，因为课文更是写作指导与训练的试验田和训练场。而且从写作的视角解读文本，并且以培养写作（表达）能力为核心目标进行写读结合的阅读教学，能很好地实现阅读与写作经验共生，阅读与写作能力共长的理想目标，可以极大提高语文教学效率。

同期研究的课题是"写读课案例教学研究"，为镇江市教研课题。

发展阶段。其理念提升为"从表达侧进行语文教学"，包括从表达侧诠释文本和选择教学内容。代表论文有《从表达侧进行语文教学》《从表达侧诠释文本》《披"语"入"文"　以"语"会"文"》等。

首先，我们进一步研究与思考"言语的功能"和语文知识，以及二者之间的关系，我们认识到"表达"就是言语功能的实现。所有知识都包括符号内容、思维和意义三个层面，是三者的综合体，言语的功能，实际上就是语文知识在实际运用中所发挥的功能或产生的意义，这"意义"不仅体现在语言素养的提升上，而且也体现在思维、审美和文化素养，以及情感态度和价值观的提升上。语文教学就是要行走在这三者之间，并突出"思维"和"意义"尤其是"意义"这些"言语的功能"方面的教学，从而使语文教学目标更加聚焦到学生语言表达质量的提高和语文核心素养的提升上。

其次，我们思考"语言文字运用基本规律"或基本要求问题。文章是作者表情达意的基本单位，从整体上看，表情达意需要考虑三个方面的问题：一是为什么表达或写作，这是主旨或情致的问题；二是用什么表达或写作，这是内容或材料的问题；三是怎么表达或写作，这是方法技巧问题，即谋篇布局和遣词造句的问题。这三个问题中，前两个是运用语言文字表达的前提，第三个是运用语言文字表达的核心问题。

关于怎么表达或写作的问题，需要思考的第一个方面，是运用怎样的文章体式的问题，属于文体研究的范畴。作者为了实现自己的表达目的，根据受众对象的特点，会自觉与不自觉地选用与之相匹配的文章样式。比如想要表达某种观点、见解，会用到议论性文体；想要曲折艺术地表达对生活、对人生的体验与感悟，会用到文学类的文体，比如散文、小说、戏剧等；想要抒发自己的情感或即时的生活感悟，可能会用到诗歌等。因此，从文章整体看，表达需要遵循文体规律，讲究谋篇布局。

关于怎么表达或写作的问题，需要思考的另一个方面，是运用怎样的语言形式以准确地传达自己的主旨或情致。这应该属于语体研究的范畴。作者想要准确、鲜明、智慧地表达特定情绪下、特定情感下、特定情境下的见解、主张、感触、感悟、体验等，也会自觉与不自觉地采用与之相适应的语体方式，比如精心选用语言材料（如词汇）、句式、修辞手法等，精心组词成句，甚至精心考虑语音、声调与标点符号等，为的是创造出属于自己的句子。因此，从文章中具体的话语方式上看，语言文字运用需要遵循语体规律，讲究遣词造句。

通过以上研究，我们认为，表达是语言文字运用时发挥的言语功能。正所谓"到什么山唱什么歌"，人们运用语言文字表情达意、交流沟通时，需要依据表达目的、表达领域、场合、对象等的特点选用合适的文体和语体。文体和语体是语言文字运用的基本规律，是解读文本的基本工具和技术路径所在，是确定语文教学内容的两大支点。

本期研究的课题有"初中语文表达侧教学研究"，为镇江市规划课题，以及"表达语文教学研究"，为镇江市人才办"169跨世纪学术技术带头人培养工程"重点资助研究课题。

理念体系化和课堂教学范式完善化阶段。本阶段明确提出了"表达语文"的理念和教学基本范式。代表论文有《细品语体妙用 提升语言素养》《培育核心素养 应行走在语文的方法里》《依体教学〈穿井得一人〉》等。

首先，我们把"表达"放在人类的生存、生活方式中进行哲学思考，把"表达"与吃饭、走路、睡觉等人类的基本生活方式放在一起比较，认为，表达是人类的生活与存在的重要方式，更是"人成为人"的重要方式和表征。我们把"语文"放在所有学科中比较，它与数学、物理等学科一样，是人类认知世界所建构的解说模型，语文是对人类语言生活建立的模型。它是对人类运用语言文字的规范，因为语文，大家都遵守语言文字运用的基本规律，即文体和语体的要求，而使人类运用语言文字的表情达意、交流沟通等个人性与社会性的语言活动得以顺畅进行。同时因为文体和语体也处于历史之中，应社会交流和心灵独抒之需要而会不断出现偏离与创造，所以，语文更是对人类语言生活质量的引领。

其次，继续深入研究文体和语体的内涵与教学价值，进一步认识到，文体的实质是谋篇布局，语体的实质是遣词造句。表达语文教学，着力于帮助学生积累言语经验，习得言意相称的表达技巧和智慧，学会准确得当、得体得意乃至智慧并有风格地表达。夯实语言素养这个语文核心素养的基础，实现思维、审美和文化素养的共同提升。

再次，因为"依体式（文体）教学"的理念，已为广大一线教师接受，成为语文界教学研究的重点和主流的教学策略，而对语体的研究，以及对语体教学的研究偏少且不深入。针对这一现象，我们着力研究语体的内涵，研究语体教学在培育学生的语言素养和核心素养中的功能和实施路径，并进一步完善课堂教学实践的范式。

本阶段研究的课题是"初中表达语文阅读教学研究"，为江苏省

"十三五"规划重点自筹课题。

六、"表达语文"对课程理念与教学实践的价值分析

1. 表达语文,是对语文课程理念的丰富

语文是人类语言生活模型。运用语言文字表情达意,是人之所以为人的重要表征。语文不神秘、不特殊,与其他学科一样,都是人类认知与改造世界的模型和工具。

语文就是语体和文体。尽管对"语文"已有多种多样的解释,并各具道理,自成体系。但我们认为,如果把语文解释为语体和文体,也许更能聚焦语文课程的内核,明晰语文教学的思路,因为语体和文体是语言文字运用的两条基本规律,它规范人类语言生活,引领语言生活质量不断提升,并解决言语实践中出现的各种问题。

语文应以语体和文体为主要框架建构知识体系,并树立科学的知识教学观。不是纠缠于或局限于知识的内容,而是指向知识的功能(知识背后的思维、审美、文化和思想方法等),教语言文字运用,帮助学生理解与掌握语言文字运用的基本规律,以及语体和文体偏离与创造规律,培育核心素养。

"表达语文"高度概括了语文课程的本质属性和教学的基本内容,那就是"语言文字运用"。其他学科的教学内容主要是语言文字表达的结果(即言语内容),而语文更注重解码"言何以意",解读作者选用语体和文体生成内容、思想和情致的方法、过程和智慧。

"表达语文"高度概括了语文课程的核心目标。语文课程的核心目标在于感悟表达智慧,积累表达经验,提高语言表达能力,并由此实现思维、审美和文化素养的全面提升。

"表达语文"高度概括了语文教学方法。即在"表达"中教语文,在语言文字运用的综合性、实践性活动中学语文。

2. 表达语文,是对语文教学实践路径的突破

为教学内容的确定提供了基本图式和技术路径。语体和文体是解读文本的两大工具,是确定教学内容的基本依据。这不仅有效地避免了无序

无法（方法与技术）、无效低效解读等现象的出现，而且提高了文本解读的精准度和教学内容选择的确定性，同时也为语文命题与学生答题提供了"解题思路"。

为课堂教学建构了基本范式和"动作体系"。"表达语文"下的课堂教学，教学目标靶向更准，教学内容更加明晰，教学思路更加简洁，教学活动更加集中，教学流程更加流畅，课堂生成更加有效，教学评价更加简明，教学质态明显提升，有效避免了"少、慢、差、费"等现象的出现。

（本文为江苏省"十三五"规划课题"初中表达语文阅读教学研究"阶段性研究成果）

附：《秋天的怀念》教学设计

一、课前自学

自主阅读，思考批注：探究本文在谋篇布局和遣词造句方面的表达特点，思考表达目的，感悟表达智慧。

建议你从以下角度思考本文在谋篇布局方面的表达特点：

作者在文中用了哪些表达方式？以哪种表达方式为主？为什么用这种表达方式？

文章体裁是什么？这种体裁有什么特点？

作者设计了怎样的结构形式？为什么用这种结构？

作者采用了怎样的叙事顺序？这对实现作者的表达目的有哪些好处？

作者运用了哪些写作技巧或方法？有哪些好处？

作者是怎样安排详略的？作者为什么要这样安排详略？

……

思考了以上问题之后，再请你概括起来思考：文章写了哪些内容？作者表情达意的思路是怎样的？表达了怎样的思想感情？文章的主题是什么？

建议你从以下角度思考作者在遣词造句方面的表达特点：

作者为什么选用这个动词、形容词或副词？

作者为什么选用这样一种句式？

作者为什么使用这样的修辞方法？

作者为什么用这种顺序把词语与词语组合成句子？

作者的语言有怎样的风格？

……

思考了以上问题之后，建议你再概括起来思考，作者用这样一种话语方式来写文章，想表达怎样的主题或思想感情？你觉得这样的话语方式好不好？这样的语言风格你是否喜欢？

多向联系，唤醒经验：联系与本文在谋篇布局和遣词造句方面有相同或相似点的文章，比较异同。

建议你与朱自清的《春》进行比较阅读，比较的角度仍然是谋篇布局和遣词造句两个方面，你可以选择其中的几个角度进行比较阅读，以理解这两篇文章各写了什么内容，是怎么写的，各想表达怎样的主题，各有什么特点和智慧之处等。

你也可以选择你学过的或读过的其他文章进行比较阅读。

二、课中研学

知识链接，自读提升：教师链接有关语体和文体等知识。学生自读，再次探索语体和文体特点及表达作用，发现文章中心，溯源写作动机。

关于散文：

王荣生：作者之所以写散文，是要表现眼里的景和物、心中的人和事，是要与人分享一己之感、一己之思。我们阅读散文，是在感受作者所见所闻，体认作者的所感所思。

阅读散文，不仅仅是为了知道作者所写的人、事、景、物，而是通过这些人、事、景、物，触摸写散文的那个人，触摸作者的心眼、心肠、心境、心灵、心怀，触摸作者的情思，体认作者对社会、对人生的思量和感悟。

"表达语文"：习得言意相称的表达智慧

季羡林：一般讲到散文的应用，不外抒情和叙事两端。抒情接近诗歌，而叙事则临近小说。

郑桂华：叙事散文不是像小说那样记叙事件的完整过程，而是记录作者在过去某一段时间空间里见闻的过程，即"我"的经历；抒情散文也不是像诗歌那样抒发情绪本身，而是描述作者感情变化的过程；哲理散文不会像议论文那样重在以严密的逻辑论证自己的观点、结论以理服人，而重在展示个人在某个问题上的独到的感悟和思考过程。

请你依据上面提供的资料，再读课文，深入思考，你又有哪些发现？产生了哪些感悟？

碰撞交流，情感体验：学生陈述理解，相互评价质疑，教师点拨纠偏；注重调动学生的生活经验和学习经验，融入作品和作者世界，体验表达目的，感悟表达智慧。

此阶段可着重引导学生讨论以下问题：

（一）本文在叙事方面有什么特点？有哪些表达作用？

1.请概述本文叙述的事情。

2.本文在叙事方面有什么特点？请详细说明。

引导要点：不是完整的事件，而是一段时空里"我"的经历，所以本文只写事情的最重要的片段，并侧重运用细节描写的方法。

3.作者叙述事情的语言有何特点？

引导要点：

（1）准确、生动、形象地描写了人物的语言、动作和神态，以展现人物心理。文章没有直抒胸臆，而是含蓄写来，以微小平常的生活细节感人。

（2）个性化的语言与人物的心理和形象相称。第一个片段中，"我"的语言用感叹句、反问句和否定句，表达着痛苦绝望、自暴自弃、暴怒无常的感情。而母亲的语言多用陈述句、祈使句和肯定句，表达着母亲担心与哀求的心情等。

（3）叙事中包含抒情。"我"的情感态度有个变化的过程：暴怒无常、自暴自弃——产生希望、面对现实——珍爱生命、坚强乐观。同时也从侧面衬托了母亲的伟大。

（4）即时补叙有关母亲的情况，全面塑造母亲的形象，又为"我"情感态度的变化做铺垫——"我"不是不理解母亲，不是不明白生活的道理，而是暂时接受不了自己的厄运。如母亲就悄悄地躲出去，"在我看不见的地方偷偷地听着我的动静"，"母亲喜欢花，可自从我的腿瘫痪后，她侍弄的那些花都死了"。

（5）即时描述自己的体验和感受，以进一步展现母亲的心理，突出母亲的形象，突显"我"对待不幸遭遇的态度在发生着变化。如"我的回答已让她喜出望外了""对于'跑'和'踩'一类的字眼儿，她比我还敏感"等。

（二）叙事视角是如何交替使用的？这对表达作者的体验和感情有什么作用？

引导要点：

1.过去的"我"和现在的"我"这两种叙事视角交替使用，共有三组，分别是：

第一组

过去的"我"：暴怒无常，尽情发泄，母亲哀求"好好儿活"。

现在的"我"：知道了母亲的病已经到了那步田地，常常肝疼得整宿整宿睡不着。

第二组

过去的"我"：答应母亲去北海看花，母亲喜出望外。

现在的"我"：知道了母亲已病成那样，那竟是永远的诀别。

第三组

过去的"我"：看到母亲艰难地呼吸。

现在的"我"：知道了她昏迷前说的最后一句话"我那个有病的儿子和我那个还未成年的女儿……"。

2.构成了对比。让"我"的思想情感前后形成鲜明的对比，从正面表现了"我"在母爱的光辉里人生态度变化的过程，又从侧面表现了母爱的伟大力量，感化了暴怒无常、对生活失去信心、对生命充满绝望的

"我"。强烈地表达出"我"的自责、悔恨之情,以及坚定乐观的信念。

(三)本文在哪些方面又具有诗歌的特点?

引导要点:意象的选择,意境的创造。

文章除以思想感情变化为线索外,还有一条明线,即以"看花"为线索,贯穿全文内容。首先,"我"暴怒无常,母亲劝"我"看花,我不去。其次,"我"看树叶飘落,母亲央"我"看菊花。"我"答应了,但因母亲病重没有去成。最后,母亲去世后,妹妹推着"我"去北海看了菊花。

在古典诗词中,菊花是一个意象。

菊花是崇高圣洁、坚强不屈、锐意进取、坚守不弃、知恩图报的象征,象征母亲的精神品质,象征"我"的人生态度。"我"主动去北海看"菊花",象征着在母亲的感召下,"我"的人生态度的转变,把母亲的要"好好儿活"化为坚定的行动,表达了对母亲的感激与怀念。对"菊花"的详细描写,也暗示了"我"人生态度转变以后,感受到了生活的美好,对生活充满了信心,又与开头的砸玻璃和摔东西形成了鲜明对比。

同样,秋天也是一个意象:"多情自古伤离别,更那堪,冷落清秋节!"它以种种凄凉、冷落的景象让诗人联想到自己,而生发出无限的离情别绪;"常恐秋节至,焜黄华叶衰。"它以极平常的草木枯萎的秋景引发诗人的多愁善感和对时光易逝、繁华凋零的感叹;"怀君属秋夜,散步咏凉天。空山松子落,幽人应未眠","睹物"易惹人相思,而古人"目秋"也常常撩拨起对亲故或所敬仰之人的怀恋。当然也有"自古逢秋悲寂寥,我言秋日胜春朝。晴空一鹤排云上,便引诗情到碧霄"这样壮阔的秋景,引发诗人的豪情壮志,表达着乐观豁达的生命体验。

本文中的"秋天"不仅点明时间,而且也是个意象。那北归的雁阵,那窗外"唰唰啦啦"地飘落的树叶,这凋零的季节,让"我"不得不联想到自己的痛苦遭遇和人生挫折,不仅烘托着"我"悲凉的心境,而且引发出"我"的暴怒无常,痛苦绝望,甚至是自暴自弃。但秋天还是个菊花盛开的季节,也是一个收获的季节、生命成熟的季节,它暗示"我"生命的成熟与思想观念的沉淀,"我"懂得了生活的真谛和生命的意义,无论遭遇怎样的厄运，都要勇敢地直接面对磨难，坚强乐观地创造属于自己的生活，活得坚韧，活出尊严，活出自我生命的个性与美丽。同时，"睹花"思人，也暗示着对母亲的感激和怀念。

（四）讨论标题的深刻含义。

引导要点：

题目的表层含义是：文章回忆的往事发生在秋天，文章表达的是对母亲的怀念。深层含义是："秋天"常常隐喻着生命的成熟、思想感情的沉淀；"秋天的怀念"，暗示着作者经受过命运残酷的打击，经历过暴躁绝望的心理过程，在母亲去世后，在风轻云淡的秋天，在菊花绽放的时节，才真正体会到了母爱的坚忍和伟大，懂得了母亲的期望，悟出了生命存在的意义。如果说题目中的"怀念"直接指向母亲，那么"秋天"则蕴含着"生命"的意味。

（五）有感情地朗读和体验。

引导要点：

本文的感情有一个统一的基调，但各个段落也有节奏的变化。全文的感情基调是深沉、含蓄而忧伤的，叙述的语气平静而内敛。作者在追悔往事的悲痛情绪中，又有一份领悟生命意义的豁达乐观。第1段，要读出"我"与母亲对话时的激动语气；第2段，语气陡然低沉；第3段，略带一点儿轻松愉快的语气；第4段又陡然深沉，这是独句段，要读得特别缓慢、沉重；第5、6段，也要读得沉重、痛心。第6段结束，要停顿较长时间，拉开回忆的时空。第7段要读出沉着、淡定，引人深思、耐人寻味的感觉。总之，本文的感情一张一弛，一高一低，朗读时要注意节奏的起伏变化，不能把全文读成一个语速、一种腔调。

积累经验，迁移运用：积累表达技巧，形成言语经验；群文比较阅读，迁移阅读能力（或写作训练，运用表达技巧）。

与《散步》比较在叙事与抒情方式（显豁直露与深沉含蓄）方面的异同。

（六）课后练学。

整理笔记，读写提升。

请你从下面三个题目中任选一题写作,不少于500字。

(1)看花感想:请以"我和妹妹去看了北海的菊花"为开头,以作者的名义给他的母亲写一封信。

(2)诉说心声:又是秋天,当作者站在母亲墓前看着母亲的遗像时,他会说些什么?

(3)笔尖生情:请你回忆平时生活中妈妈为你做的点点滴滴小事,以"妈妈,我想对你说"为话题,给妈妈写封信。

中编 孕育与发展

萌芽阶段　写读结合的教学

用教材教作文

【原文发表于《语文教学与研究（教研天地）》2010（3）有改动】

第八次课程改革的一个重要理念就是"用教材教"。"用教材教"和"教教材"似乎已成了新、旧观念的分水岭，但我觉得问题的关键并不在于用什么样的语言来表达理念上，我们应该思考的问题是"用教材"教什么。也许会有很多老师说，这还不容易，用教材教语文嘛。理直气壮，而又义正词严。

确实，我们必须强化用教材教语文的意识。但接下来一想，问题就比较多了，甚至是复杂了：什么是语文？教什么内容才算是教语文？教到什么程度就是教语文？学生学到什么程度才是教对了语文？

从目前来看，至少是我，对这些问题还是不甚明了，甚至还很有些茫然。语文有没有个标准，像英语考级那样？语文是不是个专业，像数学那样？想到这些问题，又有些害怕起来了，这恐怕就是人人都能说语文，人人都能教语文的原因吧。

虽然如此，但"用教材教语文"确实是真理，当然也是我思考与探索着的一个课题。

当前的作文教学存在诸多问题，从学生这方面来说，每天听课、做作业、吃饭、睡觉，生活单调，作文之源不丰富。面对身边发生的很多事，缺少体验，极少深入思考，作文情思不敏感。名家美文与自己的作文始终不能相联系，学用不能相结合，作文语言甚乏味。不明白文为时而作，章为情而写，"我手"不能写"我口"，作文内容很空泛。想表达什么，用什么样的语言来表达才更准确、更鲜明、更深刻，很多学生对此不明晰，作文构思太单调，等等。

从教的方面来说，阅读教学有教材有教参，驾轻就熟，而教材教参中涉及的作文教学内容却少之又少，且不成体系，因而不少教师（也包括我）长于阅读教学而疏于作文教学。提升作文水平之路太难寻、太艰辛，作文阅卷又有偶然性，作文批改又伤神，因而有些语文教师懒于作文教学而勤于阅读教学。

总之，教师不重视作文教学，学生不重视写作训练的状况，在当下语文教学中是比较普遍存在的。连续教初三年级已经多年，明显地感觉到有一部分学生，从初一到初三，作文水平呈现下降趋势：事情越叙述越不清楚了，议论越来越没中心了，语言越说越不灵动了，字数越写越少了。

如何提高作文教学的效率，如何提高学生写作的水平？我想用教材教作文也许是一条很好的出路：以阅读教学为依托，以写作日记（或随笔）为载体、为手段，做到课内课外相结合，阅读写作相结合，培养学生的作文意识，训练学生的思维能力，提升学生的写作水平。

一、培养学生的作文意识

有人说，中文专业的高才生不一定能写出好文章、好作品，而很多理工科的学生，他们的作品却能传世。这结论是否有道理，我不敢妄加评价，但我想，能写出好文章、好作品的人，他们一定有共同的地方，比如他们有强烈的创作欲望，有字斟句酌的能力，有观察生活、思考人生、获得感悟的习惯，等等，这些我称之为作文意识，从大的方面说，也是语文意识。

作文是需要有意识的，比如中心意识、结构与构思意识、语言表达意识、"我手写我口"的意识，等等。

一般情况下，阅读教学往往沿着由分到总的顺序进行，先分析课文，然后概括文章的中心思想，揣摩作者的情感态度与价值取向，以及概括作者表达自己深刻的人生观的写作技巧。

我喜欢从初一新生的第一节课开始，告诫学生们要养成良好的阅读习惯，在阅读中圈点勾画做记录，边读边思边回答自己对自己所提的问题，而思考必须围绕几大问题进行，自标题开始向自己提问。一篇文章至少要读三遍，自我提问和自我回答三次，并且用圈点和批注的方法描画阅读思考的轨迹。思考的几大问题是：

（1）关于内容：文章写了什么内容？能否用一句话概括文章的内容？

（2）关于中心：作者想表达什么？能否用一句话概括作者的情感态度与价值观？

（3）关于结构（或构思）：文章每段话写了什么内容？对前后文和中心思想的表达各起到了什么作用？

（4）关于写法：作者在表达情感（或中心思想）上用了怎样的写作方法？如果是你，还可以怎么写？

引导学生思考以上问题就是要让学生明白，文章是作者的生活，是作者的生活经验，是作者彼时彼地的情思。写作文也是如此：写自己的生活，抒发自己的情感，表达自己的观点。

经常翻看学生的课本，当你把学生的六册语文书当作连环画来看时，就很有成就感了。你可以看到学生的阅读能力是怎样一步步提高的，思维习惯是怎样一步步养成的，作文意识是怎样一步步增强的，语文意识是怎样一步步提升的，写作水平是怎样一步步提高的。

二、培养学生的思维能力

思维是一切能力的核心与关键。能力是思维的花朵，智慧是思维的火焰，思想是思维的果实。

我觉得，传统的语文教学至少在思维训练上是精致的、有力的、实在的，是我们应该继承的。教师本身就是最好的教材，就是最好的教学资源，我们可以发挥自身的优势，充分利用教材，开疆辟土，训练思维——逻辑思维与形象思维能力，联想与想象能力，求同、求异与求新的思维能力，等等。

如我在忠实于教材、忠实于季羡林的教学思想下，着眼于议论文的三要素教完《成功》一课后，搬出"班门弄斧"这个成语，让学生查字典，说典故，寻其本义。然后引导学生反思这个成语：为什么不能班门弄斧？弄斧需不需要到班门？到班门弄斧有没有好处？到班门弄斧需要抱一种什么样的态度才有益？历史上和现实生活中有没有因班门弄斧而成功的事例或者名言？让学生产生头脑风暴。学生或深思，或阅经查典，时而辩论，时而奋笔疾书。既摆事实又讲道理，半小时内90%的学生写就了600字以上的像样的议论文《弄斧就要到班门》（当然也有极个别标新立异者，赞同班门弄斧的原意）。

第二节课上，在组织学生交流优秀作文后，我再让学生读《成功》一文，同时引导说："'尽信书不如无书'，你觉得季老的观点有没有值得商榷之处？"

经过热烈讨论，学生们认为可以从三个角度和季老商量：

1. 关于天资——勤能补拙，后天努力可以增天资（或后天努力可以补天资）；

2. 关于机遇——机遇面前我能为；

3. 关于勤奋——埋头苦干，也须抬头看路。

一篇文章的教学，两次写作训练。学生思维活跃，兴趣盎然，意犹未尽。同时学生对议论文的认识加深了，文体训练也到位了，从而有效地规避了学生写"四不象"作文的倾向。

再如，在分析文章或优美或严谨的语言时，用替换法辨别体味，也是很好的思维训练的方法，同时也是培养学生作文意识和语文意识的重要途径。

三、训练学生的写作能力

一篇篇文章曾经是一个个跃动的鲜活的心灵，一幕幕生动而真切的生活与历史，一个个令人欢乐让人忧愁的栩栩如生的故事，它总能激发起学生无限的情思。

因此，在阅读教学中，我们就需要十分注意调动起学生的生活经验和学习经验，以实现读者与作者之间跨越时空的对话。学生在用自己的生活、心灵、经验去对接作者与他作品的人物和故事，在用自己的时空与生活感悟、欣赏、评价作品，不仅有话可说，有话要说，而且有感要发，有情要抒，甚至不吐不快。

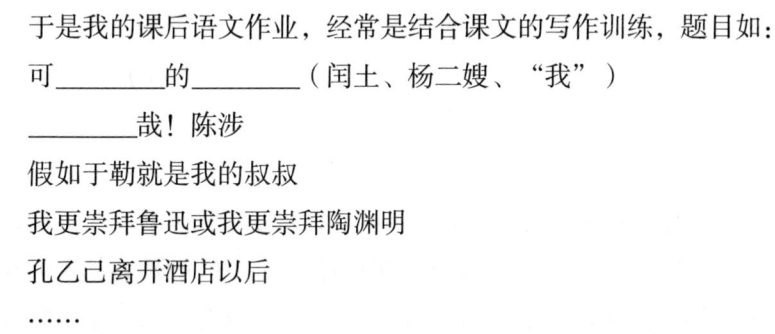

于是我的课后语文作业，经常是结合课文的写作训练，题目如：

可_____的_____（闰土、杨二嫂、"我"）

_____哉！陈涉

假如于勒就是我的叔叔

我更崇拜鲁迅或我更崇拜陶渊明

孔乙己离开酒店以后

……

或写阅读感悟，或评价人物，或叙写改写。这样的阅读与写作的结合，不仅拓展了学生心灵生活的空间，产生思维风暴，而且学生在自己的心里也有了自己的故事，无论是现实的还是想象的故事，都丰富着作文的素材，提高着思维能力，增强着作文意识，提升着人文素养，培养着完美人格。

这正是语文之味，语文课之味之所在。这正是语文教学所追逐的理想，也正是教育存在的理由。

《散步》的多元解读与整体感知

【原文发表于《语文建设》2012（7-8）有改动】

"横看成岭侧成峰，远近高低各不同"，这是中国人对"多元解读"形象而经典的阐述。《义务教育语文课程标准（2011年版）》告诉我们"阅读是学生的个性化行为"，读者的人生经历、文化背景、个性特征、知识修养、阅读能力与阅读期待等不完全相同，而文学作品的内涵又具有多义性和模糊性，因此"多元"就成了必然。

《普通高中语文课程标准（2017年版）》告诉我们"阅读文学作品的过程，是发现和建构意义的过程"，可见"多元"是对作品意义的诠释结果。

《义务教育语文课程标准（2011年版）》还强调在阅读教学中要重视"整体感知"，就是要求我们着眼于作品的全局，引导学生通过自己的主观认识，综合运用学过的各种知识与语感，对文本进行整体的宏观的理解，以理清思路，理解内容，把握形象与情感等，并进而"发现与建构作品的意义"。

因此，多元解读应置于"整体感知"的视野中，建立在整体把握与领悟的基础上。

一

《散步》一文，似乎太短了，事情平常，叙述平直，语言也平易，但我们是否已识尽"庐山真面目"呢？

对本文的解读，目前主要有三种观点：一是表现尊老爱幼这一中华民族的优良传统，二是表现中年人的责任感与使命感，三是在尊老爱幼这一主旨下包含中年人的责任感与使命感。

应该说，这三种解读都抓住了作品的主要内容：

1.一家四口在散步的过程中发生了分歧，解决分歧的办法是"我"为了照顾年老的母亲而决定委屈年幼的儿子——走大路，这是尊老；母亲却选择了依从"我"的儿子——走小路，这是爱幼。

2.在走小路的过程中，遇到了一处老人和小孩都难以走过的地方，于是"我"背起了母亲，妻子背起了儿子，共同走过——既尊老又爱幼。

3.文中有两处重要的心理描写，都出现在遇到困难的时候。一处是在道路的选择上——走大路还是走小路。虽各有优劣，但"我"感到了责任的重大，仿佛觉得"我"是这个家的"民族领袖"，决定着"家"的方向，决定着世界的发展方向。一处是在不容易走过的地方。"我"和妻子分别背起了母亲和儿子，因为"我们"分明觉得"我们"背上的加起来就是整个世界。这责任既是家庭的责任，也是整个世界的责任，于是"我们"一定要把这个家、把这个世界慢慢地、稳稳地、很仔细地带向正确的方向：关爱生命、和谐幸福。

在尊老爱幼与责任使命的比较中，我更倾向于责任使命，并且可以把尊老爱幼看作是一种责任使命。因为上述理解，感知的整体性还不够。

如何把"整体感知"的理念化为具体的阅读行为？我想就应该从整体出发，不断追问。比如：文章主要写了什么内容？是怎么写的？用什么样的方法写的？为什么要写这个内容？这个内容能表达什么意蕴？等等。

结合本文，我们可以追问：

为什么要一一介绍散步的四个人，而且把"我"放在首位？在"我"的心目中一家四口人都很重要，把"我"放在首位，意在突出"我"在家中的重要位置，表现"我"的责任感与使命感。

散步过程中的分歧是谁来解决的？怎么解决的？为什么这样去解决？出现了走平顺的大路和走有意思的小路的分歧，当然是由"我"这个家庭的中流砥柱来解决，这虽然是小事，但关系到尊老与爱幼，关系到家庭的和谐与幸福，甚觉责任之重大，所以"我"很是思考权衡了一番才艰难地做出决定。

走小路的过程中出现了困难，是怎么解决的？为什么这么解决？出现了老人和孩子都不容易走过的地方，"我"和妻子就背起了他们，共同对付这个困难。老人和孩子都是"我们"肩负的责任，而且可以大到整个世界，他们有困难的时候"我们"的责任就是"背"负前行，而且要慢、要稳、要仔细地走过每个坎。

尤其是要问"为什么"这一问题，因为那是人物一切言行的孕育地，它反映了人的道德品质和人性的本质。以上所有问题的答案都共同指向于"我"或"我们"的"责任感与使命感"。

二

如果把这种整体的追问再作梳理与探究，还会有怎样的解读呢？

为什么要出去散步？是谁提出要散步的？作品突出"我"劝母亲出去走走，想表达什么？因为春天到了，母亲又熬过了一个酷冬，"我"提出去散步，主要是劝母亲出去走走，以强身健体，让她更有活力一些，让她的生命走得更远一些。

散步过程中为什么会出现分歧？"我"为什么决定委屈儿子而顺从母亲？在深感责任重大的关头，"我"想不出两全其美的办法，但想到伴母亲的时日已短，便决定委屈儿子而照顾母亲走大路。而出现这样的分歧，实在是源于两种生命的不同活力。

走小路时遇到了老人和孩子都不容易走过的地方，"我们"为什么要背起他们？为什么"慢慢地""稳稳地""很仔细"地走？因为"我"和妻子都知道"我们"背上的是生命，一个是年老的生命，一个是成长中的生命，但只有这生命才是整个世界，才是整个世界的全部要义！试想除了生命，这世界还有什么？

对以上问题的答案进行概括，我得出的结论是，表现了"我们"尤其是"我"对生命的关爱，特别是对年老生命的关爱。

因此，才有"春天总算来了"的庆幸和期盼终于实现的欣悦，这叫快乐着你（母亲）的快乐；才有"熬过了一个酷冬"的痛心与疼惜，这叫痛苦着你的痛苦；才有"正因为如此，才应该多走走"的劝说，这是希望着你的希望。让母亲走远一点不觉得累或不觉得很累，并在这不觉得累或很累的生命状态中走得更远一些。

用这样的理解，再去透视文中的景物描写，才能深刻地体会到它的妙处。因为每一处的景物描写无不展现着生机，透着生命的顽强与活力，表达着对"生"的欢欣与希冀。

新绿随意铺着，嫩芽密了，冬水咕咕，生机勃勃，充满活力，这不得不让人缘景生情，想到大大小小、老老少少的生命，希冀他们亦满是春天的气息。

尤其是母亲改变了主意的那段描写，"她的眼睛随小路望去：那里有金色的菜花，两行整齐的桑树，尽头一口水波粼粼的鱼塘"。我们应该读出"留恋"与"希望"："望"既是实实在在的行为，更是心灵的企望！母亲视线留恋的地方，更是她期盼的境界！传达着母亲对生命的热爱、对活力的渴望！

本文的景物描写其实是具有象征意味的，包含着对生命的关爱，尤其是对年老生命的关爱这一意蕴。

"哺育子女是动物也有的本能，赡养父母才是人类的文明之举"，培根的话很有哲理，但仅归结为"文明之举"，没有挖掘到"关爱生命"的高度。

有人说，老人和儿童属于社会的弱势群体，他们的生活状态，最能真实地反映一个社会、国家的文明程度。本文发表于1985年，作者是否也有唤醒人们的生命意识，尤其是呼吁要关爱弱势群体的生命状态的想法呢？让他们都走得不累（甚至也不需要"拿外套"），走得更好，走在"春天"里呢？我想作品已表达出这样的主旨。

三

对以上问题的追问与探究，就是在整体感知下进行的多元解读。但解读的"多元"，还在于我们对整体感知到的东西，用怎样的方式去提炼与概括，用怎样的生活经验和价值观去体验与感悟。

文中散步的人物是"我，我的母亲，我的妻子和儿子"，初步归纳为孩子、中年人、老年人。孩子向前发展便是中年人，中年人向前发展就是老年人，我们可否进一步把这三类人概括为一个人，看作是一个人的生命发展轨迹？

孩子时代，活泼天真，率性可爱，所以是"叫"；孩子时代，充满童趣，对生命的认识也独具智慧，所以儿子说"前面也是妈妈和儿子，后面也妈妈和儿子"。但孩子时代"还小"，有很多独自"走不过去"的地方，是需要"我们""变了主意""摸摸脑瓜""背"着成长的。

中年时代，是建设者，是传承者，是领袖，承担着承前启后的责任与使命，必须庄重而不苟，是需要"背"上（老）又需要"背"下（小）而忘了自我的。

老年时代，随着生命活力的衰弱，更是需要"我们""说"出去走走，"背"着前行的。

"'我走不过去的地方，你就背着我。'母亲对我说。"我们可以把这句话理解为母亲对"我"的依赖。但读到这句话的时候，我的眼泪流了下来，酸楚而又百感交集：年纪大了，就一定有很多凭自己的能力走不过去的地方，需要"背"着才能走得远啊！（其实又何止是老年人呢，我们每一个人在一生中都有自己跨不过的坎，也需要别人的关爱、鼓励与搀扶！）

那"又熬过了一个酷冬"，不仅是母亲自己的"熬"，更是"我们"共同的"熬"，这"熬"中缺不了"我们"的"背"啊！因为"我们"的"背"，他们才能"熬过"与"挺住"，才能战胜严冬与年老体弱走在这"春天"里啊！那"春天总算来了"，不仅是母亲一个人的欣慰，更是"我们"一家的欣慰！

每个人都是这样的生命轨迹，叫——背——熬。本文实则描述了一条生命的长河，解构着生命的密码。因此，处于中年的"我们"就需要"慢慢地，稳稳地，走得很仔细"！由此，生命的长河才能生生不息，人类的历史才能绵绵不绝！

我们再换个视点来解读本文，从语言的意象性出发。

一起散步的是三代人，一个家庭。是没有目的，随意而为的"散步"

吗？显然不是，为的是母亲，为的是这个"家"。是普通的散步吗？也不全是，更是一次健康之旅，一次和谐之旅，一次幸福之旅。仅仅是一个家庭吗？在我们的文化里，家可以是国，而国往往与民族相连，所以"我们"真切地感到责任大到了"民族"，使命大到了"世界"。如果把母亲、"我们"、儿子都当作意象（当然也包括"家"与"散步"），会有哪些意义？母亲代表年老的生命，代表过去，代表衰弱；儿子代表初生与成长的生命，代表未来，代表延续；我们代表承前启后的生命，代表建设、耕耘与传承。在一个家的和谐之旅中，在一个国的幸福之旅中，"我们"处于生命之链的关节点上，"我们"处在历史长河的关节点上，"我们"承担着家、承担着国、承担着民族与世界的历史责任与使命，背着这样的重任，背上这样的伟业，"我们"怎能不"慢慢地，稳稳地，走得很仔细"？

文本解读必须建立在整体感知之下，并用文学知识、文体知识以及诠释学理论等作支撑，激发自己对生活的理解、对生命的感悟和对世界的认知，从内容、思路、语言、结构等出发潜入到作品深层，与作者相会，与文本共谋，才能积极地、富有创意地建构文本意义，加深对作品的理解。

问题设计要指向教学的核心价值

【原文发表于《中学语文教学参考》2012（11）有改动】

在一次优质课评比中，有位老师执教宗璞的《紫藤萝瀑布》一文，课堂上讨论的主要问题是：

（1）课文围绕"花"写了哪些内容？思考后在下面的横线上分别填上一个字，以概括文章内容。

_____花，_____花，_____花

（2）找出文中表现作者情感变化的句子，思考作者的感情是怎样变化的。

（3）阅读1~6段，思考作者是从哪几个方面描述紫藤萝花的。

（4）选择你最喜欢的句子或段落赏析，要求按"我最喜欢的佳句是_____，因为它使用了_____的修辞手法，这种修辞手法的好处是_____"的格式回答。

（5）读、思、探：紫藤萝有过怎样的变迁？紫藤萝的经历与作者的经历有无相似点？

问题（1）指向文章内容的概括，问题（2）和（5）意在抓住关键句段，理解作者的思想感情和文本意蕴，这3个问题着眼于从整体上理解课文。问题（3）和（4）侧重于描写方法和修辞手法的理解，这是从局部品味含蓄隽永的语言。五个问题从语言、内容、情感、主旨等方面对文本进行了品读赏析。

但我认为这节课的最大问题就在这五个主要问题上。

一、问题的价值取向

首先，问题设计需要建立在对文本准确诠释的基础上，切中文本的核心价值。

本文是一篇散文，记录了作者的一段心理历程。人们在欣赏花鸟虫鱼等自然之物时，往往会联想到人生和生命，并由此产生深深的情感体验与哲理思考。作者即是如此，看到眼前盛开的紫藤萝花，想到过去门前那株花开得伶仃的紫藤萝，想到自己的遭遇，想到花与人的命运，从而悟出生命的哲理。本文就抒写了作者自己的这一段生命感悟，是一篇状物抒情的散文。因此，这篇文章的最大写作方法是托物言志、借物抒怀。本文中"花"的世界，只不过是作者对人生、对生命的一个比喻，一个促使她思想产生顿悟、情感发生变化的载体，是一个抒发情怀的凭借物。作者借"花"这个小世界，来说人生、生命这个大世界；由花的不幸，想到人也曾遭遇不幸；由花盛开得像瀑布、像船、像帆的生命活动，想到"生命的长河是无止境的"，是伟大的、生生不息的，并由此感悟到每个人都不能被昨天的不幸压垮，每个人都应该像紫藤萝一样，以饱满的生命力，投身到生命的长河中去，在闪光的花的河流上航行。作者的意图在于表达自己惜时而行，焕发活力，关注生活、自我砥砺的情怀。

托物言志、借物抒怀，这是作者在运用散文这种文体表情达意上的最显著的特点，这不仅是诠释这篇文章的正确方向，也是本文的核心价值所在。但本节课的五个问题都没有明确地指向于此，听课之时以及听课之后都有意犹未尽之感。其实，这五个问题不是没有围绕这一核心价值去探讨文本的意蕴，而是没有抓住诸如作者所借之"物"有何特点，"物"与"人"之间有什么相似点，如何借"物"来抒情的，抒发了怎样的情感等的问题，从整体上探讨文本内涵，显得不到位、不直截、不得力。表现出教师的文本诠释不够到位，诠释思路也不够清晰。整节课中，学生犹如盲人摸象，摸到的确实是"象"，但就是不能完整准确地建构出"象"的模样。

其次，卢梭说"问题不在于告诉他一个真理，而在于教他怎样去发现真理"，这通过对问题的研究而"发现的真理"，更应该符合教材编者的意图。也就是说，在基于课程目标教学的视野里，教师把握了文本的核心价值之后，还必须要思考一个很重要的问题：教材编者把这篇文章置于本册书本单元中要实现怎样的课程目标？

我们在备课中不仅要透彻地理解课程标准，还要解读教材的编辑意图，明确本文在实现学期目标、年级目标乃至学段目标中的价值，这就是这篇文章的核心教学价值。

苏教版编者把本文置于八年级下册第一单元中，本单元共有六篇课文，研究单元主题语和六篇课文后的"思考·探究"题以及教师用书等，我们可以探得编者赋予本文的教学价值有三点：一是借物抒情、咏物抒怀的写法，二是在物与人的联想中产生的人生感悟，三是含蓄隽永的语言。而借物抒情、咏物抒怀的写法是关键，是核心。

可见，本课教学的五个问题基本符合本文的核心教学价值，但教师没有站到托物言志、借物抒怀的方法高度，也没有站到帮助学生构建本单元同一类文章、同一种语言现象或者说是借物抒情性文章的基本阅读方法的高度，也没有站到阅读是一种对话的理论高度（引导学生与文本、与作者作思维与精神的对话，从而达到对生活有更丰富的解读，对人生有更深刻的领悟的境界），来设计驱动教学进程的问题。因此，课堂教学的精度与高度不够，对文本品味得深度和宽度不够。

在这篇文章中，文本的核心价值与编者赋予的教学价值是一致的，但并不是所有的选文在这两种价值取向上是完全一致的，遇到这种情况我们怎么办？我以为应把教学价值放在首位，兼顾文本的核心价值和教师其他合情理的解读，并根据学生的解读实际作适切的引导与激发，以达到多元解读的目的。因为，编进教材的文本，已不再是一般意义上的文本，而是教材视野里的文本，是课程视野里的文本，它被赋予了教学功能和育人功能。

二、问题的思维含量

从根本上说，语文作为一门课程，和数学、物理、化学等所有学科一起，共同担负着为学生的一生发展奠基的任务，虽然它们在认知世界的角度、思维方式与价值取向等方面不尽相同，但在培养学生的创新精神、实践能力和综合素养方面，目标一致。而培养学生的创新精神与实践能力，也是本次课程改革的重要目标之一。创新精神与实践能力的核心和基础，就是思维能力，所以培养与发展学生的思维能力是所有学科同样也是语文学科教学的重要目标。

课堂教学中如何培养学生的思维能力？关键之一在于我们所设计的用以组织学习活动的问题，在于这些问题的思维含量。

问题（4）显然是在品味含蓄隽永的语言。

在不少的公开教学活动中，也常听到上课教师给出一个有固定结构的句子引导学生赏析语言这样的教学环节。这本无可厚非，但问题是我们给出的让学生模仿或填写的固定句式，会激发起学生怎样的思维活动。是限制了学生的思维，还是激活了学生的思维？是阻碍了学生的思维，还是发展了学生的思维？

我当堂去看了几个学生的自学情况，他们无一例外，都是找到有比喻、拟人、对比等修辞手法的句子后，便急急地举手发言，而"形象生动""特点鲜明""富有表现力"等的"普通话"竟是脱口而出。

这样的提问，我觉得需要反思。

首先，把句子从文章中剥离出来，为应试而逼着学生去品味所谓的语言的妙处，陷入了只见法（修辞手法）不见人（作者的情怀与文本的意蕴），只见句（局部）不见文（整体）的机械割裂的境地。而品味语言要服从于并服务于对文本的解读，其最基本的原则应该是理解内容与把握方法相统一，并且是先内容后方法；揣摩情感与品味语言相统一，并且是先情感后语言。着眼于内容的理解而求得方法的把握，着眼于文本意义的建构而欣赏作品的文采，着眼于情感的揣摩而品味语言的妙处。因为方法为内容服务，文采不害意义的表达，语言的妙处在于传达作者的情感态度。我想这就是语文学科思维的特点。

其次，赏析语言，还要站到语体运用的高度。文章语言的精妙，可以赏析的角度有很多，修辞手法仅是其中之一，还有诸如用词用语的精当、句式的灵活运用，甚至还包括描写方法、标点符号等更多的语言手段，而如果我们限制学生从某一个角度去品味，将会缩小作品的丰富内涵与语言的真正妙处，还会窄化学生的视野，绑架学生的思维，不利于创新精神与实践能力的培养。同时，更限制了学生对语言智慧的学习、欣赏和积累。

因此，我们设计的问题要尽可能的具有开放性，富有探究性，让学生从多个角度、多个层面、多个视野去思考，自找方法去探究，相互启发，碰撞智慧，思维才会有创新，也才会教出会独立思考、会独立学习、有独立人格、有独立精神的学生。同时，才能真正地培养和提升学生的语言素养。

再次，对于语文学科来说，问题的价值还在于促进阅读对话的充分展开。

阅读是一种对话，阅读教学也是一种对话，但两者不尽相同。阅读教学是对话，其作用在于在教师的引导、启发与促进下，为学生营造一个良好的经验环境、心理环境和探讨情境，从而搭建起良好的对话平台，提高学生阅读对话的质量。而阅读作为一种对话，追求的是读者与文本、与作者的思维性沟通与精神的呼应和契合，并在思维性沟通中实现精神的呼应和契合。用以课堂教学的问题有义务承担这样的教学责任，同时学生也只有在富含深广思维含量的问题的激发下，才能更好地进入到主动积极的思维与情感活动中，才能在更宏大的想象与联想的世界里加深理解和体验，有所感悟和思考，受到情感熏陶，获得思想启迪，享受审美乐趣，并在这样的对话过程中培养语感，丰厚语文素养；培养情智，积淀人文底蕴。

三、问题的准确陈述

问题的陈述必须要具有科学性，疑问代词放在句子的什么位置，用哪一个关键词提示思考的方向等问题都要考虑清楚，要让学生能很快地把握题意与找到回答的角度，这样的提问才是有效的。

本课问题（1）中提出的问题是"哪些内容"，思考的方向或角度是"围绕'花'"。但这个"内容"是关于"花"的（如"花"有什么特点或从哪些方面来描写"花"的），还是关于"我"与花之间的故事的？而如果用一个字来概括的话，这个字（实际为一个字的词语）就可以是一个形容词，也可以是一个动词。

师生共同讨论的结果是"绘（或赏）花、忆花、议（或悟）花"，这几个词都是动词，都是作者发出的动作。

从实际教学过程来分析，教师设计这一问题，是要带领学生从整体上感知课文，把握文章思路与主要内容，答案正显示了这一目的，也实现了这一目的。但问题的指向性不够明确，不如直接从整体感知课文内容的角度提出问题。

问题（3）问的是"从哪几个方面描述紫藤萝花的"，而师生讨论的结论是"作者先写如瀑布般的整株紫藤萝的花，然后写每一穗花，最后写每一朵花，是按照由整体到局部，或由面到点的顺序来描写的"，答的却是描写思路和顺序。另外，问题（5）中的"变迁"应改为"遭遇"，因为"变迁"一词不切合文意。

由此可见，不少教师在教学时心中知道要把学生带向何处，但因过于急切地追求教学结果而忽视了问题本身的科学性。

实际上，问题设计的价值高低，从根本上说取决于教师的教育教学理念。教学视野超越一份试卷，教学追求超越一个分数，眼中有文，心中有人，把人的发展放在教学工作的首位与目标位，把文放在课程视野里进行教学，才能有精彩的语文课堂。

> "表达语文"：习得言意相称的表达智慧

消解一堵墙，打开一扇"窗"
——由《窗》浅谈小说的教学

【原文发表于《语文建设》2012（12）有改动】

根据文体特点解读文本和组织教学，是我们通常的做法，小说教学也大多如此。从复述情节开始，到分析人物形象，最后是分析环境的特点和作用。每每听到这样的课，我都要采访一下上课老师：为什么这样设计？答曰：人物、情节与环境是小说的三要素，小说教学就是要抓住这三要素进行，教给学生阅读小说的方法。

但在评课时，又有很多老师会指出这种教学设计的弊端：分析情节离不开人物，分析人物亦离不开故事情节，把人物形象与故事情节划分为两个独立的教学环节，必然会在教学内容上出现重复，在教学节奏上产生拖沓的现象，于是整节课的教学思路就不够清晰。

是的，这个重复与拖沓是必然的，情节是人所做的事，概括情节必须要从什么人、做了什么事和为什么做等角度去完成，而分析人物形象也必须要从他做了什么事、为什么要做等方面去概括。实际上教学内容是同样的，只是从不同的角度去挖掘不同的教学意义而已。

那么，怎样才能摆脱这种怪圈呢？小说教学就一定要面面俱到吗？小说的特点就只有人物、情节与环境吗？

教学泰格特的《窗》这篇小说，我对以上问题又有了新的思考。

一、小说是语言的艺术

阅读小说的第一把钥匙就应该是语言，从语言层面沉下去，从精神层面浮上来。

"文学是审美的语言艺术,它与别的艺术门类一样有共同性质是'审美的',作为一个特殊的艺术门类,它是以语言为媒介的,因此,是语言艺术。"①

文学的第一要素是语言,而小说是语言艺术的集中表现。作家一切天才的构想,深刻的人生体验,对宇宙万物灵性的感悟,都是靠语言准确智慧地表现出来。同时语言也是读者走进文本、走进作家的唯一媒介,读者通过对语言的品读,调动以往的生活经验,视其形,闻其声,嗅其味,感其情,知其冷暖,见其颜色,咀嚼品味出无穷意味,获得善的感动和美的感觉与感受,从而对生活、对我们所赖以生存的这个八荒六合的世界,获得深邃的认知、领悟和人生的启迪。鉴赏小说的人物、情节、环境和主题,自然都离不开对小说语言的感知、揣摩和品味。所以《窗》一课的教学,必然要把语言放在重要位置,我设计了以下几个问题:

近窗病人和远窗病人分别是怎样的人?请你从小说情节和对情节的描述中作"咬文嚼字"的分析。

设计这个问题,旨在从人物形象的层面解读这篇小说,而对形象的解读是建立在对情节的把握与分析上的,但如果只是从概括情节入手分析人物,那么大多数学生会陷入"贴标签"的境地。所以学生很快就有了统一的答案:近窗病人高尚、无私、有奉献和牺牲精神,心灵美好;远窗病人自私、嫉妒、卑鄙、冷酷狭隘。如果在我们的引导下学生的解读还停留在这个层面,不仅是肤浅的,而且也没有彰显出语文的特点来。"语言"是语文的本色与基础,所以语文教学必须以"语"会"文",披"语"入"情",沉入语言的深层,解读到作品的形象、情感、精神和观念与思想等层面,这才是语文和语文教学。

于是我再引导学生:请大家再仔细阅读小说,抓住你认为最能表现人物形象特点的语言来分析,并在你认为的重要语句上圈点勾画做批注。

学生自读、思考后,全班进行了交流,我则始终引导学生品味富有生命质感的语言。比如,文中有一段这样的描写:

---

① 余虹.文学知识学[M].陶东风,编.北京:北京大学出版社,2009:45.

"很显然,这个窗户俯瞰着一座公园,公园里面有一泓湖水,湖面上照例漫游着一群群野鸭、天鹅。公园里的孩子们有的扔面包喂这些水禽,有的摆弄游艇模型。一对对年轻的情侣手挽着手在树阴下散步……"

我追问道:作者描写了哪些人、哪些景、哪些事?用了哪些词句来描写这些画面?你能否用几个词语概括这些画面的特点?

我想,我们的追问就是要把学生的思维引向深入,真正做到与作者心灵相通,情智相融。比如,"俯瞰"的时候,人们的心情是惬意的,看到的景物是美好的,而且还能激荡出"一览众山小"的豪情;湖水用"泓"修饰,让人想到湖水的清澈和湖形之优美;"漫游"则更显其自在悠闲;孩子们在喂水禽,这是一幅充满生命活力、让人焕发朝气、激发人们热爱生命的画面;相亲相爱的"年轻的情侣手挽着手在树阴下散步",又是多么幸福美满,多么富有诗意,让人想到生活是那么的甜美富足……

对语言的品味当然还可以驶向更深处。我接着追问:联系前后文思考,作者为什么要花这么多笔墨让近窗人尽情地描述?由此去触摸作者精巧的构思和寄寓的深意。

近窗病人描绘了一幅幅生机盎然、充满活力、幸福美满、令人神往的画面,一方面是为了安慰远窗的病人,让他感受到生活的美好,鼓起生活的信心与战胜病魔的勇气,表现出心灵的无私与善良。另一方面,言为心声,也是在鼓励自己,激发自己战胜病痛的信心与勇气,更表现出他对生活的热爱与渴望。近窗病人实在是一个热爱生活、对美好生活充满憧憬的人。这么好的人,却死了,而且是在自己付出心血给以安慰、激以信念的病友的见死不救中死去的,这就更能反衬出远窗病人的卑鄙与丑陋。在结构上既照应前文"每天的这两个小时几乎成了他们生活的全部内容",又为下文情节的发展(如远窗病人邪念的产生)做了铺垫。

从语言入手,情节的分析才能落到实处,人物形象的分析才能水到渠成,对作品意蕴或作者意图的解读才是"意义"生成的活动。

其次,语言是符号的艺术,符号具有象征意义,而且汉语的多义性更蕴藏着丰富的解读空间。于是我设计了以下问题组织学习活动:

(1)请你给两位病人分别起一个名字,并思考小说意蕴会不会发生变化。

（2）给两位病人的病分别安个名称，比较作品的意蕴会不会发生变化。

（3）他们两个人的病有何异同？

名字实际上是一个人的代号，如果我们给这两个病人安上张三与李四的名字，或用"哮喘病"之类病名来代替人物，固然可以，但小说的意蕴会大大缩水，甚至是改变了文体，由小说变成了纪实性文章。而没有名字，只冠以"病"，并且是一个"近"，一个"远"，这就使作品具有了普遍的意义。病在体？病在心？病在思想？病在精神？病在人性？谁更有病？该如何治病？给读者留下了丰富的联想和想象空间，把人带入无限的沉思中，产生更加深广的共鸣，意蕴无穷，警醒无限。

我想这是作者对生活的严肃思考，也是作者呈现给读者思考与感悟的一个审美对象。其实，我觉得，真正伟大的作品，只是聚焦生活琐事，展现典型现象，反映人性问题，却能激起读者深深的情感体验，让读者品味、感悟，而这种"感"与"悟"恐怕将伴随我们一生，启发、警醒或者鞭策我们一生。这才是经典作品的超越时空的魅力。

二、小说往往以精巧的结构示人，它也是结构的艺术

"文学作品提供的审美对象是作品结构与读者阅读互动的产物。作者创作了作品结构，读者将作品结构具体化为审美对象，作者的创作与读者的阅读使完整意义上的作品得以产生。"[1]每一部作品的特定结构无不体现着作者的生命律动，表达着作者解构与诠释这个世界的独特方式。结构潜藏着作者的意图，体现着作者的情感，因此才有如欧·亨利式的结尾、莫泊桑小说精巧的构思。结构实在是不可忽略的解读小说的重要抓手，它导引着读者的解读方向，是整体感知的关键依据。

本篇小说在环境设计上的突出特点，无疑就是把两个病人置于同一间病房里，而且只有一扇窗，窗外一堵墙。这环境的特点体现在小说的结构上，那就是以"窗"为题，以"墙"结尾，并以"窗"作为情节发展

---

[1] 余虹.文学知识学[M].陶东风,编.北京：北京大学出版社,2009：85.

的线索。

窗外的世界实为心灵的投射,丑恶的灵魂只能看到一堵墙,它封闭、冷漠;美好的心灵才能看到充满幸福与活力的图景。于是本课教学当然要探讨"窗"与"墙"的作用。

"窗"是小说情节展开与发展的线索,是人物形象塑造的载体。以"墙"结尾,并戛然而止,不仅解释了悬念,而且出人意料,让人倍感震惊与诧异,满含着作者的讽刺与揭露,批判与谴责!含义深刻,催人沉思,回味无穷,警醒无限。

解读到这个层面我觉得仍然是不够的。于是我继续追问:你觉得作者以"窗"为题,以"墙"结尾,是否有特殊含义呢?

"窗"给人的感受是人与人之间是沟通的,相融的,关爱的,心心相连的。而"墙"给人的感受是封闭的,局促的,阻碍的。以"墙"结尾,表现着作者对"远窗病人"的批判与谴责,否定与讽刺。而以"窗"为题,我想它表达着作者的呼唤,呼唤人与人之间的沟通、关爱,特别是患难时的相互安慰、鼓励、搀扶;呼唤每个人都要经常擦洗心灵之窗,不让邪恶的灰尘黏附、阴暗侵蚀,永远明净敞亮、阳光灿烂。标题是文章的眼睛,是作者意图的窗户,作者以"窗"为题,以"墙"结尾,表达着作者在批判与谴责中对"窗"的呼唤与期待。

三、小说更是生活的艺术。

"任何作品世界都是按现实世界的情理逻辑来虚构的,但作品世界价值的高低往往与情理逻辑的超常性程度有关。一般来说价值较低的作品世界往往是按照俗常的情理逻辑来虚构的,而价值高的作品世界则与超常的情理逻辑有关。"[1]

可见"现实世界的情理逻辑"才是读者心理移情、实现跨越时空对话的基础。于是,解读小说也必须建立在生活感悟上,对生活的情理逻辑的把握上,按教育理论来说,就是解读小说更要建立在与学生直接的和间接

---

[1] 余虹.文学知识学[M].陶东风,编.北京:北京大学出版社,2009:89.

的生活经验的对接上,还原到生活中去体验与感悟,才能有"心领神会"的解读。

在课堂上,就有一位同学提出了反对意见,说远窗病人并没有我们想象的那么坏,他没有做任何损害近窗病人的事,因此,不能说这个人卑劣、丑恶,灵魂肮脏。这个意见提出来后,便有几人小声附和。

这是一个颇能迷惑人的问题,我在大脑中反问道:没有做任何有损于他人与社会的事情,难道他的灵魂就一定不是卑劣丑恶的吗?于是我提出了以下问题:

刚才这个同学的质疑很有道理,为我们解读这部作品又找到了一个很好的切入角度。是的,一个人最基本的道德素养应该就是不损人,不害人,远窗病人确实最初只有占据窗口位置的想法,但这想法最后是否变成了"邪念"、堕落了人性?他虽然没有任何害人的举动,既没有"落井下石",也没有"谋财害命",但就一定不是卑劣丑恶的吗?就一定不会受到人们的谴责吗?我觉得我们需要严肃思考的是:在生活中,在什么样的情况下,不损害别人,也不帮助别人,是应该不被谴责,甚至是可以赞美的;而在什么样的场景下,我们必须伸出援助之手,给以恰当的帮助,而且不帮助就是要受到谴责的?

有的说,考试时,同学要抄我答案,我盯着天花板,是应该赞美的;

有的说,瘦弱的乞丐,向我要吃剩的面包,我却扔在地上,是应该受到谴责的;

有的说,小悦悦事件中,路过的行人,没有一个给以救助,是麻木与卑劣的。

我继续引导学生讨论:你能否归纳应该赞美或谴责的原因?

学生说,在处于重大事件的关头和特殊的环境中,他人需要我们出手相助时,我们不给以帮助,那就是心灵的卑劣与丑恶。

我不失时机地概括道:当我们微不足道的一己之私处在别人的生死关头、处在道德的两难境地而又必须做出抉择并需要立即付出行动时,我们有能力做到却不作为就是丧失了做人的道德底线,丧失了人性中最基本的悲悯之心,那就是邪念与堕落,那就是丑恶与卑劣。

学生对文本的理解达到了这个层次的阅读，早已不是信息的提取，而是文本引发的阅读事件——读者有了真切的阅读体验，并且在体验、感悟作品所建构的生命世界之时，也建构着自身的精神世界，丰富着自身的精神空间。于是阅读也不仅是意义创生的行为方式，更是师生生命活动的存在方式了。

"作品与世界的关联，乃是作品与作者或读者的精神世界的关联，作者在特定的世界中创作，读者在特定的世界中阅读。当精神世界存在类似时，作者能遇到知音，读者能找到自己；而当精神世界有别甚至迥然不同时，没有读者与不知所云的现象就会发生。"[1]

可见在阅读教学中，积极地、适度地调动起学生直接的或间接的生活经验，形成读者与作者或文本的"生活的情理逻辑"相通的局面，才能有知音般的交流状态，历史才能交会，精神才能相通。

确实，人物是小说不可更改的中心，情节与环境为塑造人物服务。但小说教学大可不必迷恋三要素，我以为，把人物置于小说教学的核心位置，整合情节、结构、语言、环境等要素，并因作品的艺术特色和教学价值不同而组织有个性的教学，才是符合小说这种文体特点的教学，这既是阅读的活动，也是人生经验积累、精神世界建构的活动，也是阅读方法和阅读能力培养与提升的活动。

---

[1] 余虹.文学知识学［M］.陶东风，编.北京：北京大学出版社，2009：90.

写作指导与训练：阅读教学目标的应有要义

【原文发表于《语文知识》2014（10）有改动】

一、阅读与写作，一枚硬币的两面

我以为，阅读教学的重要功能之一就是写作指导，这应该是阅读教学目标的应有之义。但在我们的教学中，却经常处于割裂的状态，这就窄化与矮化了阅读教学目标，而在我们的课标中与教学实践中，视之为当然与必然。因为，在我们的意识中，语文教学内容分为四大板块：识字与写字、阅读、写作、口语交际，阅读与写作是两块并行的内容，更是语文及语文教学的重要也是主要内容。以至于人们一提到语文学科，首先想到的就是阅读与写作这两块内容。仿佛阅读与写作需要不同的能力与方法来应对，各自有独立的能力与方法要求，各自有独立的语义系统与话语环境。

但阅读与写作是分不开的，阅读是写作的体验与借鉴，写作是阅读的积累与表达；同时阅读教学可以培养写作能力，写作教学也可以提高阅读能力，这不可分割的阅读与写作以及阅读教学与写作教学，宛如一枚硬币的两面。

阅读与写作都是围绕三大问题进行：写什么（文章内容）、怎么写（写作方法技巧、语言、结构等）、为什么写（写作目的），它们的广义语境是一致的，它们的研究对象也是一样的。

阅读是从写作的产品出发，从文本的内容、方法、语言及其结构等处呈现的图式化结构、空白和不定点处出发，漫溯作者寄寓的意义或文本蕴含的意图。它从寻找"写什么"和"怎么写"出发，而与"为什么写"相会。

写作是把自己想要呈现的意义、表达的情感等，用内容、方法、语言及其结构等来表达，通过在文本中预留空白和不定点等来寄寓自己对生活的感悟和对生命的思考。它追求把"为什么写"具体落实在"写什么"和"怎么写"的过程中。

从写作的角度来看阅读，阅读是读别人的作品，是走别人走过的写作心路、临摹别人表达生命感悟的过程，是体验别人的写作体验、经历别人的写作经历、积累别人的写作积累、学习别人的表达智慧的过程。读别人的作品，当然可以提高阅读与欣赏能力，也可以提高自己的写作意识和表达素养。从阅读的角度来看写作，写作是亲叙自身、表达自我的过程，是阅读自己的写作心路、经历自己的写作经历、体验自己的情感态度、积累自己的写作经验、提升自己的表达智慧的过程。在写作的过程中，不仅能提高自己的写作能力，当然也能提高自己理解与鉴赏作品的能力。阅读与写作是思想感情表达的互逆体验，读别人的作品和创造自己的作品也是一个能力输出互逆的过程。

阅读教学理应承担起写作指导的教学目标与教学任务，我们应该把这一遮蔽已久的功能充分彰显出来。同时，把阅读与写作教学结合起来，选文才不会仅仅成为阐释写作方法技巧的例子，阅读教学才不会成为枯燥乏味而基本无用的对写作理论的空洞说教；学生才能从中学习到写作的方法与技巧，并不断地及时地学以致用，学生的写作能力才能真正地得到发展，能够熟练地运用从选文教学中获得的方法技巧与积累的语汇以及别人的写作经验来表达自己的思想见解、知识经验和生活感悟。

把纯粹的讲读课转变为以读促写的"写读课"，充分发挥选文的写作指导与训练的功能，乃是我们寻找语文本义、建构语文家园的必经之路。

二、在阅读教学中着力培养学生的写作意识

利用选文进行写作指导的重要目标之一，是在阅读教学中通过各种教学手段与方法，着力培养学生的写作意识与文章意识，提高鉴赏文章的能力。

比如，教学苏教版七下《柳叶儿》一课时，我反复运用比较的方法来培养学生的写作意识和文章意识。

第一次比较，文似看山不喜平：开头的艺术。

1.换开头。

"又是柳叶儿抽芽的季节了",这样的开头有什么作用?如果换成"我最不能忘记的是柳叶儿"这样的开头,你认为效果会有什么不同?

原文开头设置了悬念,能吸引读者,引领全文。"又"字表明再次或多次出现,表示事物的重复,表情更深,表意更丰,让人不禁想到一定有一个让作者难以释怀的故事。而突出"抽芽",更符合文章内容,因为文章就是写柳叶儿"抽芽"时的故事。改文虽然也能设置悬念,吸引读者,领起全文,奠定感情基调,但显得直白,而且最不能忘记的是"柳叶儿",显得空泛,与文章内容的契合度不高。

文似看山不喜平,从开头开始即应如此。本文的开头虽不华丽,但纯朴之中有蕴含,有情感的温度与品味的深度。

2.改开头。

(1)去掉文章第一、二段,直接用第三段"柳叶儿救过我的命"开头,如何?

也能设置悬念,吸引读者,但直奔主题,蕴藏不丰,嚼之乏味。

(2)去掉第二段,连接一、三两段作为文章开头,好不好?

当然改后文气是贯通的,也能设置悬念,吸引读者,但有了第二段文字,效果会更好。为什么?这要看第二段写了什么,它的内容、它陈述的角度与方法将直接影响文章主旨的表达。

本段主要写了两方面的内容:一是"我"仔细地看——"抽芽"的柳叶儿,打着卷儿,慢慢舒展——暗示其嫩,可吃,而这正是本文写作内容的重点,也是作者情感的触发点,为下文的主要内容做了铺垫。二是"我"深情地摘——伸、摘、放、嚼、品尝,通过动作与细节描写将"我"与柳叶儿的关系具体化,将情感表达动作化、形象化。

因此,第二段的这些描写更进一步加深了作者对柳叶儿的情感,为什么会对柳叶儿这普通得不能再普通的东西饱含深情?读者的疑问也就越来越大,也就进一步设置了悬念,进一步奠定了文章的感情基调,同样也为下文的故事做了铺垫。

通过这样的比较,意在让学生体验别人的写作历程,把别人的写作经验建构到自己的写作经验里。

第二次比较，语不惊人死不休：为了更好地表情达意而精心锤炼词句。

原文：那一年春天，地里的野菜吃光了，前一年的干地瓜秧吃光了，榆树皮吃光了，大家又抢柳叶儿……那一年，我八岁。

改文：那一年春天，地里的野菜、前一年的干地瓜秧和榆树皮都吃光了，大家又抢柳叶儿……那一年，我八岁。

原文与改文在表达上有什么不同？你更喜欢哪一个，为什么？

原文带领着读者，由地上看到树上，由野菜看到瓜秧再看到柳叶儿，让匮乏与饥饿一一呈现。三个"吃光了"一个个地诉说，那散落各处的野菜、大大小小的干地瓜秧和青黄不一的榆树皮，很快地少了，很快地光了，只剩下嗷嗷待食的嘴巴，让这残酷的现实在读者的眼前如特写镜头——定格，并循环播放，让你触目惊心，让你焦急万分。那一个个的"吃光了"，仿佛是一声声哀叹，一次次绝望。而改文忽略了"吃光"的过程，语言概括，显得轻松，没有了沉重感和焦灼感。因为"抽象是记忆最疯狂的敌人，它杀死记忆，因为抽象鼓吹拉开距离，并且常常赞许淡漠。"（犹太裔汉学家舒衡哲语）所以这个地方不允许有概括的语言与抽象的叙述，这是那个时代留给作者最真切、最深刻的记忆。

第三次比较，余音袅袅三日不绝：结尾的艺术。

原文：对于柳，人们又是吟诗，又是作画，又是感叹它的多情，又是赞赏它的多姿。我却总忍不住要摘一片下来嚼一嚼。而且，我想告诉人们，它味苦，微涩，但能救人。如果你没东西吃，它能够让你活下去。

改文：对于柳，人们又是吟诗，又是作画，又是感叹它的多情，又是赞赏它的多姿。我却总忍不住要摘一片下来嚼一嚼，而且，我想告诉人们，它味苦，它微涩。

你是喜欢改动的结尾，还是原文的结尾？请说说理由。

原文做到了首尾呼应，再次强调了柳叶儿对当年的"我"及"我们"的重要作用，点明文章中心，简洁明了。但也是有缺陷的。

原文强调什么？作者品味的是"柳叶儿"，让作者动情的是"能救人"。但就物论物，就事论事，作者关注的只是柳叶儿能吃能救人这些实实在在的方面。

改文强调什么？作者品味的是生活，那时那地的生活，触动作者感情的是"它味苦，它微涩"，让人想起那个时代，让那个时代的人去回忆那个时代，让不是那个时代的人去品味那个时代，从那个时代中品味出"苦""涩"来，以及"苦""涩"背后的一些东西来。于是"柳叶儿"成了那个时代的一个符号，和柳叶儿有关的生活则是那个时代的一段历史。

改后的结尾具有了象征意义，意境扩大了，意蕴深厚了，立意丰厚了，具有了更广阔的意蕴和艺术空间。

文章结尾应该言近意远，让人回味无穷。

我想学习者的要义是首先要让学生获得知识，但要"把学生从知识引导到抽象真理"，让学生"能在思考事实、现象的过程中掌握抽象的真理，他就获得了脑力劳动的一种重要品质——他能用思维把握住一系列相互联系的事物、事实、情况、现象和事件，换句话说就是他学会了思考各种因果的、机能的、时间的关系"。[①]

在具体的实例中，在比较鉴别中，引导学生把具体的写作知识和文章知识抽象成学生的思维方式，让学生明白，表情达意需要精心选择材料，需要潜心运用语言、方法与结构。

三、在阅读教学中加强写作训练

所谓利用选文进行写作训练，是说把选文当作一个很好的材料，用这个材料进行各种形式的作文训练，以提高学生表达自己情意的能力与技巧。

我们不必视教材中的选文为圣旨，在我们的眼中与心中不应该置选文于不可颠覆、只能漫溯其本意或原意的地位。"教材不过是个例子"，告诉我们选文只是实现语文课程目标的例子。对于教师来说，选文不过是教

[①] 苏霍姆林斯基.给教师的建议［M］.北京：教育科学出版社，1984：27-28.

师课程实施的一个手段、一个载体、一种路径而已。对于学生来说，别人的文章不过是提高自己听说读写能力的一个借鉴和凭借而已。

因此，我们需要把选文拉下神坛。围绕课程目标的实施，我们可以"为所欲为"地解构它、改编它，把它当作学生写作经历的借鉴、写作经验的体验、写作材料的积累、写作训练的素材、培养与提高写作能力的基地。

黄厚江老师曾有一节课例《我们家的男子汉》，就很好地实现了选文教学的写作训练功能。本文在结构上的最大特色是运用了小标题，他整节课的主问题就是：你能否选用文中"我们家的男子汉"自己的语言来替换文中的小标题，为什么？这样的教学很好地引领了学生潜入文本与"男子汉"对话，与作者对话，在会心会意的阅读中，训练了学生的写作能力，提高了学生写作的中心意识、结构意识与语言意识。

教学魏巍的《我的老师》后，我让学生概括写人记叙文的基本特点，然后针对"围绕中心选择材料"这一个能力点进行写作训练。要求学生以"慈爱的蔡老师""敬业的蔡老师"等为题，从文中选用三件事各写一篇记叙文，可以适当改编原文中的事情，如改变其表现中心的角度，改变其叙述或描写的重点等，同时注意事与事之间的过渡与照应。

为了让学生更好把握消息这类文体的特点与写作的要求，我把《人民解放军百万大军横渡长江》和《中国首位航天员出征记》进行了比较教学，让学生领会消息的及时性、真实性与简明性的特点，以及金字塔的结构特点，领会通讯与消息的区别。然后进行写作训练，要求学生把后文改写成新闻稿。首先拟写标题，其次拟写一句话新闻，再次写新闻的导语，然后写新闻的主体，最后写新闻的结语与补充相关资料。从而打通了阅读与写作的关系，让学生明白阅读与写作是两位一体、相互依存、相得益彰的关系。

传统的写作教学常常把阅读与写作割裂，而在一般情况下写作教学也形成了一个固定的模式：给定题目（材料），审题指导，学生写作，批改评讲等，或者把写作过程分解成审题立意、构思选材训练，或者进行开头、结尾与各种写作方法技巧的训练，而置教材中的那些范例于不顾，阅读教学的功能未能充分利用与发挥。因此，把阅读与写作结合起来，把选文变成作文教学的材料库、训练场、示范区与实验田，应成为阅读教学的常态。通过解构别人运用语言文字表达思想感情的全过程，让学生积累写作经验，学习表达智慧，提高表达素养。

写作教学，理应从阅读教学出发。

《《《 "表达语文"：习得言意相称的表达智慧

从写作的角度教《枣核》

【原文发表于《语文知识》2015（2）有改动】

如何理清一门课程的学科本质？结构主义课程观为我们提供了观照体系：学科的内容，即学科的研究对象是什么，或者对什么起作用；研究者，即需要什么能力和习惯才能从事该项活动；研究方法，即研究者需要用什么方法才能够对学科内容施加影响；研究目的，即通过研究要获得什么知识或得到什么结果。

《义务教育语文课程标准（2011年版）》告诉我们，阅读和写作是语文学科的两块重要内容。这让人们觉得阅读和写作仿佛是两个相互独立、并行不悖的系统；而在我们的教学实践中，阅读与写作大都也是井水难犯河水，难以融通，各自为政的。但对照结构主义的课程观，我们不难发现，阅读与写作所研究的内容，研究者所需要的能力与习惯，研究方法和通过研究所要获得的知识或得到的结果，这些要素是一致的，它们的话语环境和语义系统是重合的。当然，它们之间在细节上也是有区别的，比如它们所需要的语文能力在培养与表达的方向上是互逆的：阅读是从写作的产品出发，从文本的内容、方法、语言及其结构等处，去漫溯作者寄寓的意义或文本蕴含的意图；写作是把自己想要表达的感悟和想要抒发的情感，寄寓在内容、方法、语言及其结构等处。

实际上，写作教学离不开阅读教学，阅读教学脱离不了写作教学，读写结合的语文教学乃是回归语文教学本真的必由之路，也是语文学科的特点所在。因此，从写作的视角诠释文本与组织教学，进行这样的语文教学实践的探索就显得很有意义。

现以苏教版初中语文八年级下册《枣核》一课为例谈谈我的教学体

会。本课主问题设计如下：

一、文似看山不喜平——悬念的艺术

阅读是一种从书面语言中获得意义的心理过程。我对这个理念的解释是"从语言层面沉下去，从精神层面浮上来"。它的具体过程是读者寻找到文本的"不确定点"和"空白点"并从此处出发，联系自己直接与间接的生活经验和学习经验，进行联想想象、推理归纳，从而建构起作品的意义或文本的意蕴。高明的作者总是在文本的语言及其结构中预设这些"不确定点"和"空白点"，以呼唤读者的诠释。预设的方法之一便是调动适当的写作技巧，以达到吸引读者阅读兴趣，激发读者深深思考与感悟而获得审美体验的效果。

设置悬念便是这篇作品的一大写作技巧。因此，本课教学的主问题之一就是：你认为文章向你设置了怎样的"谜语"，你是从哪些地方读到这个"谜语"的？

1.初设悬念："我"动身访美之前，旧时同窗寄来航空信，"再三托付""我"为她带"几颗生枣核"，为什么要一而再、再而三地"托付"，而且带的竟然是几颗"生"枣核？不能不让人产生"用途却很蹊跷"的疑问，带着"为什么"急着读下去。

2.加深悬念。从费城出发，就通了电话。刚一下车，"她却已经在站上等了"，为什么这么迫切？分手快半个世纪，都已是风烛残年，是急叙同学情、共话离别意吗？可却是不问同学问枣核，殷切地问的是"带来了吗"；而拿到枣核更是忘了同学，把枣核托在掌心，像比珍珠玛瑙还贵重。其实，何止于比珍珠玛瑙还贵重，也比同学情更贵重。那到底是什么情感牵着她如此珍惜和重视这生枣核呢？她与这枣核或枣树之间有怎样的铭心的故事呢？

问起枣核的用途，她却是往衣兜里"揣"，生怕被别人抢走似的，一面还故弄玄虚，"等会儿你就明白了"。用途扑朔迷离，悬念也越来越大。

峰回路转不见谜底。接着，文章把紧张的情感舒缓开来，看风景赞美丽，感叹新式设备，了解家庭情况，仿佛忘记了枣核之用途的追问，枣核似乎隐居了。可读者的心还绷着呢！怎么回事？

把"我"安顿好之后，同窗即领"我"踏访她的后花园，在"我"毫无准备的情况下劈头问"我""觉不觉得这花园有点家乡味道"。这葫芦里究竟卖的是什么药？她心中到底要表达什么情感？竟然在到了家、坐在了花园中之后，仍然不叙同学情，却问"家乡味"？为什么？读者心中的谜团又长十分。文章情感表达曲折多姿，读者的阅读体验也随之跌宕起伏。

好文章就应该追求这样的效果——得扣人心弦，让人浮想联翩，手不释卷。从诠释学说，好文章要用语言文字调动起读者的阅读兴趣，激发出阅读想象，产生深深的情感体验，从而达到"阅读就是对话"——与作者相通、与文本相会的境界。

二、叙述事情显匠心——对比的艺术

文章是表情达意的，因为在与生活中的人与事或者某种现象的"交往"中投入了自己的情感，映射了自己的价值判断，情动于衷，而发之于文。所以文是要表达自己的生活感悟的，此为中心或曰意。对于一篇文章来说，"意"是要鲜明突出的，每一个词语，每一种结构，每一段描写，甚至每一个标点，都必须为"意"而精心安排，并为突出这个"意"而贡献全部的力量。当然，在所有的"奉献者"当中，值得一提的是记叙类文章中的叙事艺术。选择了精当而独到的表现方法，就一定会吸引读者，震撼读者，引发读者的深思，并让读者在领悟之后而拍案叫绝的。这样的文章才是耐读的文章，并具有弥读弥新的魅力。

因此，本课教学的第二个主要环节便是讨论这类问题，设计的主问题有二：

1. 文章就是要表达旧时同窗热爱故乡和思念故乡的情感，表达思乡之情的方式多种多样，如登高望远，如写信寄情，如轻歌曼舞，请仔细阅读课文，思考旧时同窗表达思乡之情的方式是怎样的，文章又是怎么升华这种情感的？

因为要复活儿时全部记忆，把家乡搬到自己现在的居所，所以建了"北海"，而现在还缺"总布胡同院里那棵枣树"——让自己能天天看到

"家乡",时时生活在"家乡",常常品味那"家"的感觉。

可以接着追问:旧时同窗已然是风烛残年,即使是种活了枣树,但到哪一年才能看到枣树长大?你认为有种枣树的必要吗?通过这个问题引导学生进一步体会与感受游子的思乡之情。

最后一段总结全文、点明中心,同时由表达"个体"对家乡的思念之情,上升到整个改了国籍的人群,上升到整个民族的高度,从而升华了感情,深化了主题。

2.作者在叙事的过程中,暗藏了对比衬托的方法,更加突出了同窗的思乡之情,请细细品读文章谈谈你的理解。

首先,是用旧时同窗物质生活的优裕与情感的缺憾作对比。居家条件的优越:大房子坐落在枫树丛中,三层小楼,车库门就像认识主人似的自动掀起,精致匀称的后花园,孩子都已成家立业,老伴是高级知识分子……总之是"家庭和事业都如意,各种新式设备也都有了"。可"心上总像是缺点什么",再优越的物质生活也难补思乡越切之缺憾!这里是以优越衬缺憾。

其次,是以变与不变作对比。家庭之人,孩子从"小子5岁"长成了总机械长和在哈佛教书;家庭之用,各种新式设备从无到有,再到"也都有了",越变越富裕,越变越舒适。在这样的生活环境和生存状态中,理应是幸福、满足、悠闲……钓钓鱼、打打牌、跳跳广场舞,享受天伦之乐,享受天年之养的。沧海可桑田,时空会倒置,但情感恒久远,乡情永相忆。把那种思乡之情化作行动之时,便"栽起了垂杨柳",那时小子才5岁。而现在"年纪越大,思乡越切",不仅一直没变,相反倒是越久越浓,浓得无计可消除,竟至于有点儿老小孩的味道,想到什么就要做什么,只为能缓解那乡愁——"近来,我老是想总布胡同院里那棵枣树。所以才托你带几颗种子,试种一下"。

再次,是重与轻的对比。你看,旧时同窗的后花园显得颇为贵重:有垂杨柳,有睡莲池,还有那一座假山石……整个就是再造了一个北海。而建这个"北海"的过程中,更是倾注了她(她们)的心血:开车到几十里以外,一块块亲手挑选,论公斤买下,然后用汽车拉回来的。可见建造时是多么的重视，而花园又是那么的贵重，却是只为宽慰那看不见摸不着的如轻烟似的来无影去无踪却又如影相随的乡愁。当然这是世俗的重与轻的理解，而在旧时同窗的心目中，恐怕要倒过来理解，一切物质的东西再贵重也是轻的，而轻烟似的乡愁却似轻实重，重得必须时常在月夜，并肩追忆，"眼前仿佛就闪出一片荷塘佳色"，那故乡的人，故乡的景，故乡的情韵，仿佛在眼前清晰可见时，才得到暂时的宽解。

　　当然还有小与大的对比。小枣核寄予大情感，作者表达思乡之情，表达我们这个民族的故土深情，竟寄托在一个人——旧时同窗这个海外游子身上。而从这个同窗身上可以表现乡愁的事情可能有很多，但作者又把这整个民族的情感落实在这几颗小小的枣核上。小小枣核成了故乡的象征，成了故乡情的寄托，成了民族心理情感的见证，以小诉大，可谓匠心独运！

　　作者在不露声色的娓娓叙述中，竟蕴藏了这么缜密的心思。好文章总是不能让人一眼就见到底的，你得经过深思、品嚼，才能领悟到作品结构与写法的艺术之美来。或者说，它能让不同的读者读出不尽相同的韵味，当然也可以让同一读者在不同的人生阶段品出不尽相同的人生感悟。

三、内涵丰厚耐品味——语言的艺术

　　口头表达需要的是简洁，特别是现今，恐怕没有多少人有那么多的时间、那么大的耐心听你"娓娓道来"，"教育"半天的，也恐怕没有多少人能在你这半天的陈述中听明白你想要表达的要义。口头表达当然也会有诗意的那种，但我以为必须简短，并尽量直接，让人听了就明白，或稍加思考就能明白，否则交际沟通的目的就不能达到。而用文字呈现在尺素之间的文章，你尽可以慢慢读，细细品，即使是文本不在眼前时，你也可以回味咀嚼，所以尤其是文学类的文章就需要有底蕴，要让有限的文字，在读者的心间展现出足够大的时空、涌出足够深的清泉来，当然，这时空与清泉，如能随着岁月流逝，而越来越大、越来越甘醇与丰厚，那将会更有流传的价值。

　　诚然，要获得这样的效果，其方法是多样的，但语言是最有生命力和发展力的因素。

1.动词的精心选用。如"托在掌心"中的"托"能否改为"抓"。"托"是用手掌向上承受物体，表现出同窗对枣核的珍视，视如珍珠玛瑙，我们仿佛看到了她专注的眼神、严肃与急切的神态。而用"抓"，则显得不重视、不珍惜，也不能激发读者的想象，只能表现出她的随意与漠视。

2.副词、形容词的精雕细刻。如"我们在靠篱笆的一张白色长凳上坐下，她劈头就问我"句的"劈头"能否删去。有了"就"字，固然能表现出同窗的迫不及待，但有了"劈头"更能表现出她问得突兀、急切与直接；不叙同学情，不话离别意，问得不合情理。"我"不能不惊讶异常——因为"我"猝不及防，毫无心理准备。

3.标点、句式等的巧妙运用。比较原句与改句，思考这两句的形式有什么区别，表达效果有什么不同，哪一句更切合本文？

原句："我想厂甸，想隆福寺。这里一过圣诞，我就想旧历年。近来，我老是想总布胡同院里那棵枣树。"

改句："我想厂甸，想隆福寺，想旧历年，想总布胡同院里那棵枣树。"

当然是原句更契合文意。原句分三个句子陈述了"想"的不同内容，陈述了"想"的不同时间，陈述了"想"的不同空间，这让她的"想"具有了沧桑的历史感与辽阔的空间感。不论时间流逝，不论空间转换，不论人生际遇，她总是在"想"，全方位、全过程地"想"，想故乡所有的一切，这"想"成了她的生活状态，成了她的生活习惯。而这情感不随时间而变，不随空间而易，却是弥久弥深，弥久弥浓……于是，她的"想"有了宽度、长度、深度和温度。

以上设计与教学似乎仅是从写作的角度进行的，其实更是基于文本诠读的原理。伊塞尔说"当一篇流传下来的文本成为诠释的对象时，它就对诠释者提出了问题，诠释者则试图通过诠释作出回答。真正的诠释会将自身与文本所'提出'的问题相联系。理解此文本则意味着理解此问题"。本文是文学类作品，文学作品是叙事的艺术，是结构的艺术，是审美的艺术，更是语言的艺术……解读文本就应该从这些方面带领学生寻找文本向读者"提出的问题"，而向作者原意与文本意蕴漫溯。

　　一课时教完这一课，大有酣畅淋漓之感，仿佛从每一寸皮肤中都透出清香来。

发展阶段　从表达侧诠释文本与教学

贴着文章的思路教学
——以杜甫《茅屋为秋风所破歌》为例

【原文与郑晓炜老师合写，发表于《江苏教育》2015（4）有改动】

一、文章思路，是作者情思的居所

何为文章的思路？即作者为了清楚地表达自己的思想感情并引发读者的共鸣而在文章中留下的思考的线索，是一个人的内在经验世界用文章的方式重构和重新体验的过程。叶圣陶先生也有一个形象的解释："思路，是个比喻的说法，把一番话一篇文章比作思想走的一条路。思想从什么地方出发，怎样一步一步往前走，最后达到这条路的终点。"

一番话一篇文章的最终目的是为了表达一定的"思想情感"，而"思想情感"的表达需要一个过程，走过一段路径，体现着一定的内在逻辑，这个路径或内在逻辑，就是思路。

二、理清思路，是探寻文本真谛的重要路径

文本诠释的最终目的在于理解作者在文本中寄寓的意图或文本意蕴，亦即"思想情感"。而思路是作者表现在文章中的指向表达目的的思维轨迹，那么，读者要探秘文本意蕴或作者原意，就必须寻找这"思考的轨迹"。

叶老说"善于看文章的人一定要把作者的思路摸清楚","能够引导学生把一篇文章的思路摸清楚,就是最好的语文老师"。也许探寻文本真谛的道路不止一条,但理清思路一定是最为重要的一条。

理清思路,就是要透过文章表面的语言形式,弄清文章各个意义单元(通常以节、段或句为其形式上的标志)是怎样相互联系,组合成一个整体,从而有效地表达主旨的。按文章的思路去解读,理解才能透彻。

《茅屋为秋风所破歌》这首诗作于上元二年秋。安史之乱中,杜甫历经坎坷,被俘复逃离,为官又弃官,三年饥走荒山道,辗转来到成都。上元二年春天,知命之年的杜甫求亲告友,在成都西郊的浣花溪边盖起了一座草堂,总算有了一个暂时的栖身之所。不料到了八月,怒号的秋风卷走了屋顶的茅草,晚上又下了一场大雨,屋漏床湿,被裂心焦。仕途多蹇、衰老困顿、凄惨悲切的诗人又由自身遭遇联想到安史之乱以来的万方多难,长夜难眠,感慨万千,写就了这首感人至深的诗篇。全篇可分为四段,第一段写面对狂风破屋的焦虑,第二段写面对群童抱茅的无奈,第三段写遭受夜雨的痛苦,第四段写期盼万间广厦庇寒士,将苦难加以升华。前三段是写实式的叙事,诉述自家之苦,情绪含蓄压抑;最后一段是理想的升华,直抒忧国忧民之情,情绪激越轩昂。前三段层层铺叙,为后一段的抒情奠定了坚实的基础,如此抑扬曲折的情绪变换,完美地体现了杜诗"沉郁顿挫"的风格。

因此,本诗在思路表达上的特点可以概括为两点:一是蓄势与陡转。即诗人先以铺陈叙述的笔法,以充分展现个人的不幸;蓄足势头,陡然转笔,以抒情、议论的方式表达内心的愿望。二是叙事与抒情相结合。前三段以叙事为主,层层深入地描写秋风破屋的苦况,字里行间显示出杜甫这一天时时、处处、事事饱受生活与精神上的痛苦,不仅苦不堪言,甚至似乎已到了"何由彻"的绝境。第四段激情迸发,直抒胸臆,情不自禁地抒发了忧国忧民之情,表达了对大庇天下寒士的无限关怀,画龙点睛,水到渠成。

三、贴着思路教学，让学生走进文本之"心"

阅读教学确实有很多成功的方法，可以抓住点睛之笔发问，一石激起千层浪，如《老王》，不少老师就抓住"愧怍"做足文章；可以抓住空白点，推理文本表达的情理逻辑，如《孔乙己》，有位老师从"孔乙己两年没有在咸亨酒店露面"这个空白点处开启漫溯文本意蕴之旅，"他会去哪儿，他会做什么，请你写个寻人启事"，并追问"落款人该是谁"，课堂设计精巧，教学妙境迭出。但我以为阅读教学还有一种非常重要的方法，并以为也是阅读教学必然遵循的一条基本原则，那就是贴着文章的思路教学。

贴着文章思路教学，就是要带领学生走作者的心路，体验作者情感的表达过程，只有探寻到作者的心路情路，作者才能幸获知音，作品才能彻底地向读者洞开。

基于这样的教学思想，为了充分彰显本诗蓄势与陡转、叙事与抒情相结合的巧妙构思，我不让学生预习，也不让学生课前接触本诗，上课时用投影的方式，根据教学进程一段一段地呈现文本。主要教学流程如下：

第一段，秋风破屋，诗人"眼忙"。他眼睁睁地看着猝不及防的怒号的秋风吹飞三重茅，视线紧紧地追着茅草，远处的江郊，高处的长林梢，低洼处的塘坳。他的急切、他的无助、他的焦灼、他的无奈、他的愤懑……全部都写在眼睛上，浑浊的老花眼该是怎样的情态呢？于是我设计的主问题是，请你根据自己的理解填写下列句子：

秋风啊！你_____，你_____，你_____，……
我_____，我_____，我_____。（重点描述杜甫的眼睛和心情）

用这样的问题来促进学生体验诗人的处境，感悟诗人的内心世界，让读者与诗人相通：这才是阅读的真谛。

第二段，群童抱茅，杜甫"嘴忙"。你怎么能欺"我"老无力，你怎么能当"我"的面抱走茅草，你又怎么能跑进竹林让"我"无法寻找，……"我"追，却跑不动、追不上；"我"看，却只有背影；"我"怨，却只能倚杖叹息……"我"只能声嘶力竭地喊，喊天不应喊地不灵，喊得"唇焦口燥",可耳畔只有萧萧竹林音。为了促进学生的体验达到与杜甫情感的共振,我设计的主问题是,根据你对当时情景的联想和想象,也填写好下列句子:

群童啊!你_____,你_____,你_____,……

我_____,我_____,我_____。(重点描述杜甫的语言)

第三段,长夜沾湿,杜甫"心忙"。面对乌云天向晚,面对冷似铁的布衾,面对踏破被子的娇儿,面对床头屋漏雨脚如麻,又面对那仍看不到前途的丧乱……杜甫百感交集,悲哀,沉重,无奈,无力,绝望……他像风雨飘摇中的孤舟,他像飞鸣念群的孤雁,他像折翼的沙鸥……

为充分体验杜甫悲苦的内心,我设计的主问题是,请根据你对杜甫心情的体验,填写下列句子:

_____啊!你_____,我_____;_____啊!你_____,我_____;_____啊!你_____,我_____。(重点描述杜甫的心情)

教学到此,为了把文本蓄势和叙事的目的充分显露出来,让学生透彻理解文本构思的精巧,我带领学生总结以上三段,并延伸至下一环节:

这一天,杜甫望眼欲穿,心急如焚;这一天,杜甫唇焦口燥,无奈叹息;这一天杜甫愁肠百结,悲苦凄凉……这一天,杜甫祸不单行,狂风秋雨,接踵而至;这一天,杜甫家国忧愁,齐上心头;这一天,杜甫所遇都是凄惨景,所见都生忧伤情,所想都是悲凉意……

接着追问:此时如果你是杜甫,面对未断绝的雨脚,面对漫漫长夜,面对遥遥无期的战乱,……你会怎么做、怎么想?

在讨论的过程中,再适当联系学过的课文,为理解蓄势和陡转蓄足势头。如:在如此困境中,在遭遇人生的磨难与痛苦的时候,有的人选择发怒,如朱自清的父亲,老境颓唐之时,生活中诸多小事都会触他发怒;有的人逢人便诉苦,如祥林嫂;还有的人在逆境中不忘自己远大的理想,把人生的磨难化为坚忍的意志,如文王拘而演周易,仲尼厄而作春秋。

我接着追问杜甫他到底是怎么做的,怎么想的呢?此时我再把最后一段诗向学生呈现出来,让学生大声朗读,有激情地朗读。读罢学生深受震撼!

当然在学生情感与杜甫一起迸发的时候,我们还需要体会诗人思路表达的技巧。

第四段，推己及人，大庇寒士。

此时，杜甫竟然想的不是自己的痛苦，而是天下寒士的境遇；想的不是自己渡过难关，而是要让他人过上幸福的生活；想的不是自己凄苦的命运，而是救世济人至死不悔……当然诗人是用对比的方法来充分展现其阔大的胸怀的，请你探究诗人是如何运用对比的方法来表现自己的情怀的。

自己所处茅屋一间，却愿天下寒士广厦千万；自己所处愁肠百结，却愿天下寒士个个欢颜；自己所处风雨侵扰，却愿寒士居所安稳如山；自己所处长夜沾湿，却愿寒士广厦突现。唯愿天下寒士所居温暖，自己受冻而死也心满意足！

这是何等的情怀与思想境界啊！

通过以心比心，又通过分析课文内容本身的对比，让学生的解读实现了对另一个人内在经验世界的重构和重新体验，学生与杜甫共振了情感，相通了心灵，怎能不被这种悲天悯人、舍己为人的博大情怀深深感染！

我总以为阅读教学的最高境界就是要千方百计地甚至是"不择手段"地让学生透过语言和文本表达的形式而达到与作者或作品的思维性沟通与情感性沟通。

本课贴着文本思路教学，融听说读写的语文实践活动于一体，让学生充分感受到了杜甫沉郁顿挫的诗风，真正体验到了杜甫那超越儒家的"达则兼济天下，穷亦心怀天下"的旷世情怀！不仅培养了学生的阅读能力，而且也让学生学到了写作的知识，感受到了写作技巧的精妙。

叶圣陶说："作者思有路，遵路识斯真；作者胸有境，入境始于亲。"贴着文本思路教学，才能识文章之"真"，亲文章之"心"。我以为这是阅读教学的"正道"之一。

参考文献：

［1］叶圣陶语文教育论集［M］.北京：教育科学出版社，1980.

［2］［美］理查德·E.帕尔默.诠释学［M］.潘德荣，译.北京：商务印书馆，2012.

> "表达语文"：习得言意相称的表达智慧

以语文知识为教学策略

【原文发表于《语文知识》2015（9）有改动】

一、由一则微信说语文方法

前段时间微信平台上有这样一个段子，我以为对语文教学很有些启示，现照抄如下：

在一节小学语文课上，老师要求把以下四句话用关联词连接：

1.李姐姐瘫痪了；

2.李姐姐顽强地学习；

3.李姐姐学会了多门外语；

4.李姐姐学会了针灸。

正确答案应该是：李姐姐虽然瘫痪了，但顽强地学习，不仅学会了多门外语，而且还学会了针灸。

结果有一个孩子写：虽然李姐姐顽强地学会了针灸和多门外语，可她还是瘫痪了。

后来，发现更猛的孩子写道：

李姐姐不但学会了外语，还学会了针灸，她那么顽强地学习，终于瘫痪了。

李姐姐之所以瘫痪了，是因为顽强地学习，非但学会了多门外语，甚至学会了针灸。

李姐姐是那么顽强的学习，不但学会了多门外语和针灸，最后还学会了瘫痪。

李姐姐学会了多门外语，学会了针灸，又在顽强地学习瘫痪。

李姐姐通过顽强的学习，学会了多门外语和针灸，结果照着一本外文版针灸书把自己扎瘫痪了。

确实，我们都知道这样的课堂出了问题。哪方面的问题？语文的问题？显然不是。思维的问题？更不是。几乎谈论这个段子的所有老师都会认为是生活态度、人生追求的问题，是情感态度与价值观出了问题，因而都叹息社会变了，世态变了，世道衰落了，这样的学生没救了。

确实是情感态度与价值观出了问题，那么这节课剩下的时间就应该解决这个问题，这是作为一名语文教师应有的责任。于是我问一位老师，针对课堂上出现的这种情况你如何去引导学生建立正确的价值观呢？

他深思了一会儿，告诉我他会这样处理：同学们的造句都对，但我们对李姐姐这种在困难面前不低头，挫折面前不屈服，并且勤奋好学、积极进取的精神要表示敬佩，要向她学习。说出这番道理，然后再举出一些名人的事例来激励学生，以引导学生的情感态度与价值观。

我听了后说，你的方法有点像是思想品德课的方法，而不太像是用语文的方法来教语文。于是他陷入了沉思。我继续追问：能否用语文的方法组织起语文的学习活动，以潜移默化地引导学生的价值观？

语序和关联词语决定着表意的重点，暗示着作者的表达目的，而表达目的蕴含着作者的思想感情。我们可以比较这几句话，提醒学生思考它们的排列次序有什么不同，这些关联词对意思的表达有什么作用，这些句子分别表达了什么意思，对李姐姐是怎样的感情，然后老师可以概括：看来我们各人对李姐姐的态度是不同的，有的赞美，有的批评，甚至还有的嘲笑，同学们，如果李姐姐是你的亲姐姐，而且就在你的面前，你觉得我们应该怎样对待她？

什么是语文的方法？我以为就是从语言文字运用的规律的角度进行语文教学，也就是以语文知识为教学策略而组织起的语文实践活动，在这种语文实践活动中解决语文的知识、能力与情感态度以及价值观的问题。

二、能否以语文知识为教学策略

到底什么是语文知识？语文知识的本质是什么？

首先，要搞清楚这个问题，我们就需要考查什么是知识。关于知识的本质有好多种观点，我们不妨列举几种，以寻求其规律。

维纳·艾莉认为，知识是被交流与共享的经验和信息。默认的知识是存在于个体中的个人的、有特殊背景的知识；明确的知识是在个体间以一种系统的方法传递的更加正式和规范的知识。

皮连生认为，可以把知识定义为个人通过环境与其相互作用后获得的信息及其组织。被贮存于个体内，即为个体的知识。通过书籍或其他媒介贮存于个体外，即为人类的知识。广义的知识观已将知识、技能与策略融为了一体。

《现代汉语词典》的释义是"知识是人们在社会实践中所获得的认识和经验的总和"。

传统哲学视野里的知识观是"知识就是被搁置在人类认识成果总库中的那些东西，是前人积累下来的经过了系统的理性思维并以'符号'的形式保存下来的过往经验，是理性的产品"。

综上所述，我以为知识有这样几个特点：

1.知识是通过个人与环境相互作用后获得的结果，即"人们在社会实践中所获得的"结果。

2.知识有两种，一种是个体的，即被贮存于个体内，是私人的有特殊背景的知识，这样的知识即人们在交往中常常会说的"这道理我说了你也不懂"，即为个体特有的经验。第二种是可以被交流与共享的经验与信息，即为人类的知识，是在个体间以一种系统的方法传递的更加正式和规范的知识。个体的知识可以发展成人类的知识，而实际上人类共享的任何知识都是从个体的知识出发而形成的，都是建立在个体知识基础之上的。

3.知识是经验。知识是以经验的方式保存下来的，是经过了系统的理性思维并以"符号"的形式保存下来的过往经验，是理性的产品。

因此，知识的本质，是人类的经验，是人们在社会实践中与自我、与外物相互作用而产生的经验。于是语文知识也就是人类的一种特殊的经验。

我想如果把语文放在所有自然与社会学科中来观照，可能会更加明确地把握语文知识的特质。比如，数学是人类用数与数学公式、数学原理的方式表达对这个世界的认知，是用数学模型等思想描述对这个世界的认知。物理、化学等学科无不是用自己的学科视角、学科思想、学科的价值观来观照这个世界，表达对这个世界的认知的。那么，语文亦是在用自己独特的视角、独特的方法论与价值观去认知这个世界，并表达对这个世界的认知结果。也就是说每个学科之所以都能独立地存在于这个世界之中，就是因为它们都具有不可替代的独特的认知这个世界的方法论与世界观，并且都建构起了学科的独立的与其他学科不相重复的知识体系。

任何一门学科都由两条河流构成：一条是明河流，由学科知识构成；一条是暗河流，是学科知识所蕴含的学科思想方法。因此，语文知识就是人们用语文的视角与价值观观照这个世界而获得的经验系统。

结构主义课程观告诉我们：一般来说，知识、能力与思想方法是一门学科的三大要素。如果我们用人来比喻一门学科，那么能力是一门学科流淌的血液，思想方法是一门学科的灵魂，而知识则是一门学科的肉体与骨骼。知识是一门学科安身立命的基础，是一门学科灵魂的栖所，血液流淌的河床。世界上不存在一门没有知识的学科，学科因有专门的知识、有区别于其他不同类型的知识而立足于世界学科或课程之林。知识越是专业，学科或者课程越是专业，也越是有价值。

其次，语文知识的背后有哪些经验？

不妨举一例子：如"败"字，古人货贝，贝是珍贵之物，攴是敲打。败，本义是毁坏珍贵的东西。"败"就是把家里值钱的东西、珍贵的东西毁坏，这就是败家，这样的人就叫败家子。我们常看到小孩子打嘴仗，一个说"我打败了你"，他的意思显然是说我把你有价值的宝贵的东西毁坏了；而另一个立即反驳说"你其实只是形式上战胜了我，实际上我是胜利了"，他这样说是他认为你毁坏的只是些对自己没有意义和价值的东西，而对自己来说最有意义、最有价值的东西不但没有被毁坏，相反却获得了新的价值。于是这个字就蕴含了人类的生存智慧。因为这是生存和生活经验的概括，是对生活现象的抽象与规律化的描述。同时，它又是用语言（汉字）这种"符号"的方式呈现出来，也是对个体的语言现象的经验概括与表达。概括起来说，"败"这个字是用语言的经验表达着生活的经验，这个字就是两种经验世界的高度概括与反映。它是用生活体验的方式

"表达语文"：习得言意相称的表达智慧

表达对这个世界的认知，是用语言文字的方式建构着对这个世界的认知模型。我想这可以代表语文这个学科的特点。

北师大教授王宁多次在她的文章和讲座中，反复强调语言、语言规律、语理、语感等在语文素养中的重要作用，也强调了"语文教学要语感和语理并重。语感和语理相互依托，语文教学不可以没有语理"。我想她所说的语之理、语言之规律、语之感，其背后也许就是这两种经验的概括与抽象吧。

王荣生教授认为阅读教学的路径主要有三条：一是因为学生受生活经验的制约，故要唤起、补充学生的生活经验。二是指导学生学习新的阅读方法——抱着正确的目的，合适地看待特定的文本；指导与文本体式相适应的阅读方法，在文本的重要地方，看出所表达的意思和意味来。三是组织学生交流和分享语文经验（我想这语文经验包括学生自己的语言经验和学习到的语言经验）。

我这样理解王教授的观点：学生所阅读的文本是作者内心世界，实则就是经验世界在语言经验世界里的呈现，从广义上说就是作者个体的与人类的经验用语文方式的表达，所以学生阅读时，也必须唤起这两种经验，才能实现与作者的相通与文本的相融。而学生的生活经验与语文经验，当然不及作者那样"高富帅"，所以他们有的地方可以读懂，有的地方读不懂，这就需要唤醒沉睡的经验与补充他们所没有建构起的经验。而这经验就是阅读得以进行的桥梁、载体与平台。这想法还可以用《儿童文学的乐趣》一书中的观点来印证："所有的文本都有一个隐含读者，就是说，文本以主题和风格来暗示何种读者最能理解和回应它们。"[①]这种暗示的第二个特征是"文本假定读者拥有一套关乎文学和生命的知识，读者反应理论称之为'知识集'，一个文本的隐含读者应该拥有这个文本所涉及的关于现实、文化和文学的'知识集'，才能理解这个文本"。[②]第三个特征是"虽然纸上的文字对读者来说代表一处特殊的经验……但文字本身并不等

---

① ［加］诺德曼·雷默.儿童文学的乐趣［M］.陈中美,译.上海：少年儿童出版社,2008：23-28.

② ［加］诺德曼·雷默.儿童文学的乐趣［M］.陈中美,译.上海：少年儿童出版社,2008：23-28.

于经验。在阅读之前，文本仅仅具有转化经验的潜能，它真正转化为经验是在读者的脑中"。

"一个给定的文本会如何召唤读者的理解和行动呢？理解，不仅要用到生活经验，也要用到文学经验；行动，就是及时为这个文本产生出意义，从开头一直读到结尾。"①

在本章的结尾处，作者还列出了阅读《猫头鹰和猫咪》所需要的具体知识与经验。

再次，语文知识能否成为教学策略之源？

从上述分析中，我们可以得出这样的结论，语文知识是语文教学得以进行的载体、平台与桥梁。

什么是教学策略？也引用"百度文库"中所列的两位大家的论述：

"教学策略是指教师在课堂上为达到课程目标而采取的一套特定的方式或方法。教学策略要根据教学情境的要求和学生的需要随时发生变化。无论在国内还是在国外的教学理论与教学实践中，绝大多数教学策略都涉及如何提炼或转化课程内容的问题。"②

"所谓教学策略，是在教学目标确定以后，根据已定的教学任务和学生的特征，有针对性地选择与组合相关的教学内容、教学组织形式、教学方法和技术，形成的具有效率意义的特定教学方案。教学策略具有综合性、可操作性和灵活性等基本特征。"③

由这两个释义可知，教学策略的重要组成部分是"有针对性地选择与组合相关的教学内容"。那么如何"有针对性地选择与组合相关的教学内容"？在语文学科最便捷、最有效的选择和组合教学内容的手段是什么，我以为就是语文知识。也就是我们可以以语文知识为教学策略——选择和组合相关的教学内容。

---

① ［加］诺德曼.雷默.儿童文学的乐趣［M］.陈中美，译.上海：少年儿童出版社，2008：23-28.
② 教学策略［J/OL］.百度文库，［2021-9-16］.https://wenku.baidu.com/view/c42295e2541810a6f524ccbff121dd36a32dc464.html.
③ 教学策略［J/OL］.百度文库，［2021-9-16］.https://wenku.baidu.com/view/c42295e2541810a6f524ccbff121dd36a32dc464.html.

三、以语文知识为教学策略

首先，我们到课标中去寻找语文课程把语文知识置于何种地位。

即使到了2011课标，在"课程目标与内容"部分也没有明确地提出语文知识的体系，当然在"实施建议"的"具体建议"中列出了第6点"关于语法修辞知识"，而"语法修辞知识"并不能囊括所有的语文知识：

"本标准'学段目标与内容'中涉及语音、文字、词汇、语法、修辞、文体、文学等丰富的知识内容，在教学中应根据语文运用的实际需要，从所遇到的具体语言实例出发进行指导和点拨。指导与点拨的目的是为了帮助学生更好地识字、写字、阅读与表达，形成一定的语言应用能力和良好的语感，而不在于对知识系统的记忆。因此，要避免脱离实际运用，围绕相关知识的概念、定义进行'系统、完整'的讲授与操练。

"本标准通过所附的'语法修辞知识要点'对相关内容略加展开，大致规定教学中点拨的范围和难度；这一部分提到有关的名称，则便于教师在引导学生认识语言现象和问题时称说，关于语言结构和运用的规律，须让学生在具有比较丰富的语言积累和良好语感的基础上，在实际运用中逐步体味把握。"

对于一名工作在一线的语文教师来说，这两段话就是对"语文知识"教学的圣旨。但我们据此探究课标对语文知识的定位：

1.语文知识教学主要还是囿于知识本身的范围，知识本身就是教学目标。"语法修辞知识"教学的目的，首先是让学生"记忆"（当然不是知识系统），其次是"为了帮助学生更好地识字、写字、阅读与表达，形成一定的语言应用能力和良好的语感"。教学中要结合实际围绕相关知识概念进行讲解与训练。

2.只重视语言的个别现象（知识）的讲解与操练，而没有提高到语言规律高度，把握语之理。忽视了语文知识与良好语感的相互关系，因为它们是相互影响、相得益彰的；没看到语理、语言规律对学习语文知识的促进作用，也没强调语理和语言规律对语感培养乃至语文素养培养的重要性。实际上语文知识的教学必须要让学生掌握到规律和语理层面，指向知识的功能，学会知识的运用，这样的教学才是完整的有效的教学。

3.没有思考语文知识在语文教学中如何发挥作用的问题。语文知识与语文教学之间到底有怎样的关系？语文教学能否从语文知识出发选择和组合教学内容？或者这样发问：能否充分运用语言规律和语理进行阅读教学与写作教学？我想如果我们把观照语文知识的视野由知识本身扩大到整个语文课程及其语文教学的层面，可能就会有不一样的理解与实践。而我以为从这门学科知识本身出发的教学，才是深得这门学科精髓的教学，也才能彰显这门学科的本质特征。

再在中国知网中搜索更多的关于语文知识及其教学的文章，如王荣生的《语文知识教学应该淡化吗？》、陈钟梁的《反思之后的回归》、李卫东的《"知识"何为？》等大家的论述，也有湖南师范大学刘光成教授等主持的"新课程背景下语文知识教学的理论与实践研究"，这些文章和课题研究都对语文知识的系统、语文知识观和教学观等作了非常充分的研究与阐述，也对我国语文知识的发生史、发展史，以及教学史进行了梳理，甚至有的论文已经很深入地列举了运用语文知识进行阅读教学的成功课例。但从总体上看，这些研究并没有自觉地站到语文这门课程最大的特质高度思考语文知识与语文教学的关系，自觉或不自觉地把语文知识与语文教学置于割裂甚至是对立的位置，仍然局限在"随文而教"知识的视野内思考知识的功用，没有明确地思考语文知识就是语文教学的核心策略资源的问题。

那么，在语文课程与教学中，语文知识可以何为？可以为到何种程度？我对此做如下反思：

1.知识是学科与课程价值的体现。每门学科或课程都是以知识为核心内容，都是建立在知识的基础之上的，每门学科之所以能够独立就是因为有其独立而独特的知识。知识是这门学科认知世界、建构对世界的感性与理性认识而形成的经验，其背后是这门学科认知这个世界的思想方法——世界观与方法论。知识是课程的重要内容，因此语文无须忌言知识，应该正视并理直气壮地建构语文知识，并使之形成一定的体系。

2.知识既然是课程的主要内容，那么知识必将也是这门课程教学的主要内容。语文教学也无须忌讳语文知识的教学，要初步建构语文知识的教学体系，包括识字写字、阅读与写作等方面的基本的知识。

3. 知识也是语文学科的教学目标。"随文而教"是其教学的策略，让学生学会语文知识，尤其是学会运用语文知识，应是语文教学的核心目标。语文课程目标的第一维就是知识与能力目标，因此我们不仅要教给学生汉字、语法、修辞的知识，而且要教给学生各类文体的知识、文学理论的知识，还有阅读各类文体的方法知识、写作知识，等等。让学生明乎语言规律，理解语理，以及建构起各类文体和语体的阅读策略，不断培养和提高语感，全面提高语言文字的运用能力，从而从根本上提高语文素养。

4. 语文知识更是语文教学的重要策略资源。源于语文知识的教学才是真正的语文教学，才是充分彰显语文这个学科特殊的世界观与方法论的教学，也是语文这门学科的本质在教学中的要求。知识的实质是人类的经验，比如语言规律、语理等，它们都是对个别语言现象的归纳、抽象而概括出的生活经验与语言经验。阅读是对话，对话的实质就是透过语文知识（也包括文本呈现出的形式，如结构、文体、语体、节奏、音韵等知识）唤起学生直接与间接的生活经验和语言经验（包括学习经验），而实现与文本相通、与作者相会。而经验相通的程度决定了对话的深度与质量。于是语文知识是阅读或对话得以进行的载体、媒介和桥梁，理应成为阅读教学的策略资源。于是我们应该再认识语文知识观和语文知识教学观，突破语文知识仅是"随文而教"的教学理念，把它置于语文教学的视野里审视语文知识的教学策略功能，从而在课程和教学及其关联的高度上思考语文知识的体系重构与功能运用的问题。

四、以语文知识为教学策略的案例

其实在教学实践中，几乎所有的语文教师都在自觉与不自觉地使用这种教学策略，都在自觉与不自觉地研究着从语文知识出发选择与组合教学内容的语文教学。

比如，有位老师就从句式出发教学《茅屋为秋风所破歌》，带领学生潜入到诗人的内心深处，触摸他的情感温度，感悟他的情怀厚度。追问学生：诗歌中用了哪些句式？杜甫为什么要用被动句、祈使句、感叹句等句式？这些句式分别是在什么样的情境中使用的？我们能够看出使用这些句式时杜甫的心境吗？

叶圣陶先生指出："凡是学习语言文字如不着眼于形式方面，只在内容上去寻求结果是劳力多而收获少。"我想他所说的"形式"乃属语文知识的范畴。

再如，有老师教学鲁迅的《故乡》时，就从标点符号出发去探寻人物的内心世界，引导学生思考讨论：中年闰土、杨二嫂以及"我"的话语方式与少年闰土纯粹自然的话语方式明显不同，都是属于不自然的话语方式，这种不自然的话语方式的背后意味着什么？

还有的老师运用诠释学知识切入阅读教学，如教学《孔乙己》时则紧抓文本中的不确定点和空白点——"孔乙己两年没有在咸亨酒店露面"设问：他会去哪儿？他会做什么？请你写个寻人启事。并追问"落款人该是谁"，带领学生漫溯文本意蕴。课堂设计精巧，教学妙境迭出。

孙绍振《解读陈毅的〈梅岭三章〉》一文也启示我们，教学诗歌时可以从逻辑矛盾中设计问题：

"一方面是'死去元知万事空'，一方面还对'王师北定中原日'念念不忘。这不是自相矛盾吗？

"理性思维是不允许自相矛盾的，自相矛盾就无法思考问题了。但是，对抒情诗来说不但可以自相矛盾，而且越是自相矛盾，感情越强烈。陆游这首诗的好处就在于把矛盾公然揭示出来，明知死亡意味着自己一切感觉就没有了，对个人没有意义了，却仍然把国土恢复的消息当作最大的安慰。"

并进一步指出，这叫"无理而妙"，合理的往往是缺乏感情的，感情强烈的往往是不合理的。如果一定要合理，就没有感情了。相反，如果明知有矛盾，还是坚持不改，就可能是很有感情了。

语文教学就应该是基于语文知识的教学，是从语文知识的层面沉下去的教学。因此，我们有必要不断地从言语作品中钩稽出富有规律的语言现象，在现象的多次重复中发现规律，从规律出发、从语理出发进行语文教学。从而让阅读与写作都生长在生活经验和语言经验中。

以语文知识为策略的教学，才能真正培养学生语文的思想方法，真正地全面提高学生的语言文字的运用能力，真正地培养学生语文素养。

让阅读成为事件

【原文发表于《语文教学与研究》2015（10）有改动】

如何让学生的阅读成为"运用语言文字获取信息、认识世界、发展思维、获得审美体验的途径"（课标语）？这是每一位语文教师必须思考的问题，也是阅读教学必须要达到的境界。

一、阅读，以提取信息为开始点

阅读首先是从文本的语言中提取信息的过程，即阅读首先在文本内容中循环。

用一节小学语文课《螳螂捕蝉》来说，可能会更清晰。其推动教学进程的主要问题如下：

1.课文讲了一个什么样的故事？请结合关键词（老师提供，略）复述故事。

2.根据课文内容说说吴王是攻打楚国好，还是不打好？

3.历史上因劝谏而获罪被处死的例子有不少，但文中的少年却对吴王说了一个故事，不仅达到了劝谏的目的，而且幸免一死，你能生动形象地说说这个故事吗？

4.少年的故事仅是成功的一半，阅读2~8段思考，他还做了哪些准备？

5.少年表面上是在讲故事，实则是在劝谏，他与大臣的劝谏有什么区别？

这节课显然是阅读教学课，但这节课教了什么？或者说在老师带领下学生做了什么？

第1个环节是复述情节，学生只需从文中筛选和抽取出时间、地点、人物和事情这些要素即可回答。第2个环节也是要求学生从文中找出"根据"的"课文内容"。同样，第3、4、5个环节都是大同小异，虽然也有说的能力的培养，但主要都是局限于对文本内容的提取。

这些从文中筛选与抽取出来的内容叫什么？当然是信息。什么是信息，信息是内在于句子里、能从句子里抽取出来的内容。因此，这节课给我的最大感受是，在老师精心策划下的融听说读写训练于一体的阅读活动，主要是围绕培养信息提取的能力而展开。这样的教学，就好像是沙中淘金，做的是力气活。而不像蜜蜂采蜜，把花粉酿造成新的事物——蜜，做创造的活。阅读只是在文中的内容中循环，拒绝了学生的体验与感悟，因而不能创生出作品的"意义"来。

但创生作品的"意义"，必须从准确提取信息开始。

二、阅读，以创生意义为落脚点

阅读当然不能只在文本的内容中循环。意义不是什么内在于文本中的内容，而是文本引发的读者的独特的阅读体验所呈现的结果。而每一个读者的知识背景、学习经验、生活经验和阅读心境以及阅读期待不同，又影响着阅读的程度。或者换种表达方式，信息回答的是"它是什么意思？它说了什么？"意义回答的是"它做什么"，问它特定的语言和审美结构在读者的具体阅读中会引起什么反应。从内在机理上说，就是读者借助推理、想象等手段，对内容加工、提炼，因此，它是读者和文本共做的一个事件，意义是此事件的结果。

我教《孔乙己》一课时，就带领学生把解读引向了小说的审美结构：

孔乙己的生活环境中由哪些人组成，你能否列举一下并且归个类？

有长衫主顾，有短衣帮，有"我"，有小孩子，有掌柜，还有丁举人等。可以归为三类：一类是成年人，并且成年人中也有两类，一是长衫主顾，包括丁举人，一是短衣帮；第二类是大孩子；第三类是小孩子。

每类人对他的生活有什么影响？这些影响反映了什么问题？带领学生向社会根源、作品主题漫溯。

小孩子闻得笑声，就到店中来，孔乙己则可以分几颗茴香豆给他们，站起身来，俯下身去，在"多乎哉，不多也"中博得些许快乐。

关于大孩子，即"我"，小说中有两处描写。一处是教"我"识字，"我略略点一点头"，爱理不理，心想"讨饭一样的人，也配考我么，便回过头去，不再理会"。不让孔乙己靠近。第二处是孔乙己最后一次到酒店喝酒，"我温了酒，端出去，放在门槛上……"决不靠近孔乙己。

短衣帮以嘲笑、挖苦孔乙己为乐，或者说是在孔乙己身上尽情找乐。而掌柜除此之外，只是记得孔乙己还欠十九钱呢。丁举人本是与孔乙己同根，中了举了，就富贵了起来，对没有中举的孔乙己，对偷了书的孔乙己则是"先写服辩，后来是打。打了大半夜，再打折了腿"，致使孔乙己最后只能用手走着生活。

把这几类人连在一起看，有什么发现？

小孩子天真无邪，纯真可爱，没有受到社会与文化的浸染，所以对孔乙己是"无忧无虑"，孔乙己能从与他们的"交往"中猎得些许快乐和解脱。但只能走进他们的"笑声"，显然不能走进他们的心灵。小孩子长大一些就成了大孩子，大孩子显然正受着浸染，社会与文化的陋习正侵蚀着他们，他们的灵魂正遭受着蜕变，所以已瞧不起孔乙己，鄙视与厌弃孔乙己，因此孔乙己显然已不能从大孩子身上寻得快乐，甚至也不能与他们交往或交谈。孔乙己对大孩子的世界也只能是远远地看着，想走近显然已不可能了。大孩子进一步成长便成了成年人，而在成年人的世界里，孔乙己连看客也不是，只是笑料。他们或者对豪强者充满敬畏，对比自己更不幸的人肆意嘲弄，并比赛嘲笑不幸者的痛苦与伤疤的能力，以重拳出击迅速给出致命一拳为荣，来寻找一时的快乐与"陶醉"，这就是"穷开心"，穷极无聊；或者是胜利者对失败者肆意的摧残与伤害。总之，孔乙己成了这个社会的唯一，成了这个社会全体成员的"敌人"，为这个社会所有阶层的人所不能接受，因此，他的死是"的确"的，当然至于什么时候死，什么方式死，则是"大约"的。

"长大后我就成了你"，从这里，我们可以发现作品的意图在于揭露整个社会与文化，悲剧就应该是在这样的环境中产生，因为这个环境的最大特点，就是集体的愚昧与麻木和人性的扭曲，它的本质就是"吃人"。而这正是鲁迅作品的一个核心的主题，从《狂人日记》开始。

我们还可以作更深广的讨论，继续追问：为什么会造就孔乙己这样的人？为什么会形成这样的人文环境？作者有没有在作品中有所暗示呢？我想是有的。

孔乙己的名字是怎么来的？来源于描红纸上"上大人孔乙己"这似通非通的尊孔教育的话里。丁举人是怎么发迹的呢？既然是举人，当然是从描红纸上"上大人孔乙己"开始读尊孔的书而成功的。成年人嘲笑孔乙己的什么呢？嘲笑"又添上新伤疤了"，孔乙己可不回答，并且排出九文大钱；"你一定又偷了人家的东西了"，孔乙己便青筋绽出，满口之乎者也地争辩。即使嘲笑"当真认识字"吗？孔乙己也可以显出不屑置辩的神气。而当被嘲笑"你怎的连半个秀才也捞不到呢"才是最为致命的一击，孔乙己便没有了招架之功，一个回合都没有便败下阵来，颓唐不安，笼上灰色，满口全是之乎者也了。把这些理解再梳理一下：什么是孔乙己的心头最痛？是什么改变了孔乙己的精神与思想，甚至是物质与身体？在人们的心目中什么才是最可嘲笑与鄙视的？探究这些问题后，得出的答案恐怕是封建教育和封建文化。封建教育和封建文化改变了孔乙己，改变了丁举人，也改变了短衣帮，改变了所有的人。并且从小孩子改变起，把小孩子改变成"他们"。所以这篇小说所描述的悲剧，恐怕不止于孔乙己一个人的悲剧，也是整个中国社会所有阶层人的悲剧，是中国封建教育的悲剧，更是中国文化的悲剧。"大约的确"要死去的表面上是孔乙己这个人，恐怕更是整个的封建教育和封建文化，以及在这种教育和文化腐蚀下的病态社会。

实际上，文章的形式结构有显性的，更有隐性的。开头、结尾、过渡照应，这是明显的，线索、人物与内容（情节）的设计以及写作方法的运用等则是隐性的，教学中需要我们带领学生从外显的与内隐的结构中前后勾连，用想象、推理等手段探究文本更深层的意蕴。于是"意义"在读者与文本的共谋中被创生出来，这样的阅读才能成为"事件"，并成为认识世界的过程。

三、阅读，以对话为基本方法

阅读是读者与文本、与作者对话的过程，但对话的内在机制是什么？或者说是读者与文本怎么"共谋"而创生出意义的？

我认为这是读者驱遣自己的知识与经验（读者的历史性）与作者、与文本所进行的思维性沟通和精神性沟通的过程，并在思维性沟通中实现精神性沟通。也就是说阅读不是单纯的读者向作者、向文本的单向回溯的过程，应该是双向流动、心灵沟通、精神契合的过程，是读者体悟彼时彼地的生命情思与建构自身的生命世界的过程。

读者由文本的语言及审美结构入手理解文本的意图或作者原意，这是思维性沟通，并在此基础上体验彼时彼地的生命情思与精神世界，而达到相通与相融，并吸纳与建构自己的精神家园，这是精神性沟通。这两种沟通的统一实则是体验与建构的过程。

举一节小学的课例，《曹冲称象》：

师：假如你在场，你还有更好的办法吗？

生：造一杆大秤，用大吊车来称。

师：大吊车是现代工具，我们应该回到古代想办法？

生：老师，搬石头太费力了，不如改成装猪、羊等动物，把猪、羊赶上去就行了。

师：这位同学提供了一个很好的思考方向，真聪明！朝着这个方向想我们试试能不能想出更好的办法？

生：用人来代替石头，让人上船，比赶动物更方便。

师：同学们很会动脑筋。你们说，曹冲当时会不会也想到了这些办法，可他为什么不用呢？

生：我曾经看过称象的动画片，曹冲为了把大象赶到船上，想了很多办法，动物是不太听话的，要把这么多猪赶到船上，可能很难。

生：老师，我觉得人比石头大，但比石头轻，可能船上站满了人，船也不会下沉到画线的地方。

师：同学们，我相信只要我们不断想，还能想出更好的办法。但是有一点是肯定的,曹冲确实值得我们佩服,你佩服他什么呢?

生:曹冲爱动脑筋,因为……

生:曹冲善于观察,因为……

生:曹冲富于联想,因为……

刚开始时,学生的思维和情感显然是游离于文本之外的,而老师的"我们应该回到古代想办法"的提醒也没有起到作用。而在老师相机生成的问题"曹冲当时会不会也想到了这些办法,可他为什么不用呢?"才调动起了学生的知识和生活经验,并设身处地地为曹冲着想,脱缰的思维终于回到了历史语境与文本语境中,这个教学活动才是真正的体验与感悟的智慧活动。

这个问题提出后,真正的对话得以展开,真正的知音得以出现,学生真正理解了曹冲,心悦诚服地佩服他的智慧。

接着,老师的第二次追问又激荡出阅读教学的新境界。"曹冲确实值得我们佩服,你佩服他什么呢?"

在真正的体验感悟的基础之上,引导学生联系自己,作情感态度与价值观的引领,才能自然而圆满,可谓水到渠成,既带领学生体验了曹冲的智慧,又涵育了学生的精神,使诠释主体主动地吸收养料,建构着自己的精神世界。这才是智慧的老师,智慧的教学。

对话应追求体验与建构的境界,这是否就是课标所言让学生"加深理解和体验。有所感悟和思考,受到情感熏陶,获得思想启迪,享受审美乐趣"?

披"语"入"文",以"语"会"文"
——在语言表达策略中教学

【原文发表于《初中教学研究》2017(8)有改动】

《义务教育语文课程标准(2011年版)》鲜明地提出了语文课程的本质特征——语文课程是一门学习语言文字运用的综合性、实践性课程。这句话回答了两个问题:一是语文课程学什么?学语言文字运用;二是语文课程怎么学习?在综合性、实践性的语言活动中学习语言文字运用。

也许我们可以从这个角度理解"语文"以及"工具性和人文性的统一是语文课程的基本特点":"语"是作品(或文本)的语言表达策略,是作者为更好地表情达意而采用的自认为是最佳的语言形式及运用语言而呈现的表达技巧。"文"是表达的意蕴,是中心、是主旨,是作者通过"语"表达出的情感、态度、观点等精神与价值观层面的意图。

因此,语文教学就是要披"语"入"文"、以"语"会"文"。就是要以语言表达策略为手段、为载体,在对它的品味、体验、感悟中理解文本的意义,实现读者与作者(或文本)情意的相通,并在情意的相通中领悟作者语言表达的智慧,从而借鉴、积累成自己的语言表达经验,并逐渐形成自己个性化的语言表达策略。

在语言表达策略中教学,有两层含义。一是从文本的语言表达特点出发进行语文教学,二是在语文教学的过程中进行语言表达策略的训练,即在听说读写的训练中积累语言经验,提升表达能力,帮助学生建构自己的"语言"。

一、从文眼潜入，触摸文本的意义

我们也写过散文之类的文学作品。而我们自己在写作的时候，有时会把想要表达的情意"不经意"地寄托在一两个词上，或一两个关键的句子上，或"不经意"地通过笔下的人物说出来，等等。设置这种"障眼法"的方法似乎还有很多，总之，就是要追求"清水出芙蓉，天然去雕饰"的写作效果——在语言表达上不着痕迹、浑然天成地吐露自己的写作目的。从文学理论上说，就是作者往往在文本中设置不确定点或空白点，以寄寓自己想要表达的意蕴。所以读者想要真正地读懂文本，必须要找到作者预留的这些"谜题"，并唤醒语言经验、生活经验和学习经验，解开"谜题"的密码，理解文本的寓意。

"文眼"就是重要的"谜题"之一。文眼，是我国传统的、独有的关于文章写作的术语。指文中最能奠定文章的感情基调、显示作者写作意图、揭示文本主旨、升华意境、涵盖内容的关键性词句。"文眼"是窥看主题思想的窗口，是理清全文脉络的筋节，是掌握文章各部分相互联系的关键。而读者能准确地找出文眼，并从"文眼"出发去解读文本，是读懂文章的重要标志。

例如教学莫言的《卖白菜》一文，就需要寻找到凝聚作品精神的那个关键词句，并作为教学的切入口。那个句子就是"这是我看到坚强的母亲第一次流泪，至今想起，心中依然沉痛"。因此，我就从这句话入手设计了问题链，开启了教学：

1.是什么事让母亲"第一次流泪"？作者通过这"第一次流泪"，想表现母亲怎样的性格特点？

2.文章还叙述了哪些事来表现出母亲的"坚强"？作者用了哪些方法（人物描写方法和表现方法等）来表现母亲的"坚强"的？

3."我"感到沉痛的是哪件事？"沉痛"是什么意思？作者为什么感到"沉痛"？能否把"沉痛"一词换成"后悔""自责"或"愧疚"？为什么？

4."至今想起，心中依然沉痛"表明叙述视角有了变化，是现在的

"我"在回忆过去的事情。我们知道,当年年龄小,涉世浅,社会阅历少,因此社会经验不丰富。而写作这篇文章时的"我",显然社会阅历丰富了,观照社会人生的视野更开阔了,透视社会人生的价值观也成熟了。但对于母亲的第一次流泪,他的情感有变化吗?由此作者想表达什么?

扣住"文眼"就开启了文本解读的旅程。通过对文本中运用的动作、神态等人物描写方法以及对比等表现手法的分析,而深入领会莫言写作的真正目的,并不主要是表达对自己多算一毛钱的羞愧与悔恨,而是要着力表达坚强的母亲给自己人生的影响。正所谓"每一位成功男人的背后,一定站着一位坚强的母亲"。而本文正是作者在诺贝尔文学奖颁奖典礼上的讲话,演讲的核心目的就在这里。

同样,鲁迅在《从百草园到三味书屋》中,也给读者预留了通向文本心灵的窗户——"文眼",即"乐园"和"最严厉的书塾"。本课教学也从此出发,设置问题链:

1.为什么说百草园"那时却是我的乐园"?阅读文章的有关部分,思考"我"在百草园的生活中有哪些乐趣?你从这些内容中可以看出一个怎样的鲁迅?

2.三味书屋被称为全城中"最严厉的书塾"。阅读文章的有关内容,思考"最严厉"表现在哪些方面。你觉得这"最严厉"的书塾有哪些优、缺点?你从这些内容中又可以看出一个怎样的鲁迅?

3.作者说百草园是"乐园",而三味书屋是"最严厉的书塾",显然是用了对比的方法,请思考作者是从哪些方面进行了对比。你觉得作者通过对比想表达怎样的主旨?

由语言本身的内涵和语言表达所呈现的技巧出发,而实现对文本意蕴的理解,这就是以"语"会"文"、披"语"入"文"的教学。

我们的语文教学当然不能就在这样的教学境界里止步,我们还需向语文的更深处漫溯,应该在充分体验、感悟与领会一个个鲜活的语言表达现象的基础上,带领学生概括出语言文字运用的规律:为了更好地表情达意,我们在写作时可以预设"文眼",在文章的开头、中间与结尾等处;当然高明的作者,在预留时要不露痕迹,要具有一定的迷惑读者的功夫。

要让读者不能一眼看穿，只有在思考和比较了一番后，才产生顿悟，这样的阅读才有获得感和幸福感。而阅读正是要透过这些语言之"雾"看到意义之"花"，这看到的过程，不仅是学习与积累语言表达经验的过程，也是审美与鉴赏语言表达之形式美、音韵美、节奏美、形象美、意蕴美和情感美的过程。

二、从语言表达的技巧潜入，与文本情意相会

文本产生多元意义的原因之一，是作者不仅会把意义寄托在关键词句这类较为明显的"文眼"上，还会通过讲故事的方式来寄托，通过语言表达技巧（实际上讲一个怎样的故事和怎么讲故事，也是语言表达的技巧和策略问题）来暗渡。也就是说文本的不确定点和空白点，也包括那些语言表达的技巧。而读者对表达技巧的理解与对其蕴含的意义的把握会有所不同，从而使作品意义呈现出多元性来。因此读者首先要看出这些语言表达技巧，并通过这些技巧与作者相会，与作品相通。语文教学也应遵循这个规律。

对文章的语言表达技巧的分析主要从两个方面入手：一是作者运用语体，在遣词造句方面的表达技巧；二是运用文体，在谋篇布局方面的表达技巧。这些都是语言的表达策略。

比如《散步》的开头，在语序上就很有特点，我们就需要带领学生细读品味，并从中领悟作者表达的情感。

"我们在田野上散步：我，我的母亲，我的妻子和儿子。"

首先，让学生读，追问：你怎么处理朗读的重音？为什么要重读"田野上""我的"等词？带母亲到"天气很好"的春天的田野上走走，感受鲜活而旺盛的生命力，为强身健体，更为让母亲增加生命的希望和信心——这是对母亲的关爱，对家人的关爱。而强调"我的"说明"我"与家人的亲密关系，"我"在家庭中的中流砥柱的位置，在"我"眼中他们都是亲人，都需要"我"关爱和承担责任。

其次，追问：你觉得"我们"一家四口人的排列顺序有哪几种？作者是怎样排列的？为什么这样排列？一般情况下，可以按年龄从大到小或从小到大排列，但作者显然是从重要性的角度来排列的，把"我"放在第

一位,就是要表达"我"这个中年人的重大责任与使命;把母亲放在第二位,强调了散步的原因,突出了文本的意蕴之一——表达对生命尤其是年老生命的关爱。

其实,文本结构也是语言表达技巧在谋篇布局方面的体现,而"文学作品往往以精巧的结构示人,读者的阅读使特定的语言形式、结构形成审美对象。每一部作品的特定结构都传达着作者的生命律动,潜藏着作者的意图,体现着作者的情感,表达着作者解构与诠释这个世界的独特方式,因此才有如欧·亨利式的结尾、莫泊桑小说的精巧构思。结构实在是不可忽略的解读小说的重要抓手,它导引着读者的解读方向,是整体感知的关键依据。"①

比如《七颗钻石》,作者借一个神奇的水罐故事来表达爱心的巨大力量这个寓意。因此要想理解作品的意义,就必须要抓住水罐的神奇来分析;水罐的五次变化构成了小姑娘的故事,更构成了这篇作品最大的结构特点。我教学时设计的主问题是:

1.在这篇童话中,水罐神奇在它会变化,阅读全文思考,它一共变了几次?是怎么变的?

2.水罐每次变化的原因是什么?

3.我们把每一次的变化连在一起来思考,你觉得作者借这个故事想歌颂什么?你从中受到了怎样的教育?

三、在综合性、实践性的语言活动中,领悟语言表达的智慧

作品是言意结构,作者因意的表达需要而选择最适合之言,而达到言意相称相成的局面,言近旨远、言有尽而意无穷乃是每一位作者追求的至高境界。在语文教学中,我们就是要循着"言",即语言表达的策略去探寻言中之"意"和言外之"意"。

我曾经做过这样的教学尝试,在发掘出文本"言"之特点后,设计与"言"之特点相得益彰的综合性、实践性的语言文字运用活动,来让作者

---

① 侯红宝.消解一堵墙 打开一扇"窗":由《窗》浅谈小说教学[J].语文建设,2012:11.

的情意"显山露水",让学生更好地学习作品的语言表达策略。

《与朱元思书》是一篇骈文,骈文的最大特点就是语言的对称美、音韵美、节奏美,以美的语言来表达寄情山水、厌弃世俗的美的情感。文言文教学免不了要让学生翻译课文。我则让学生用美的语言形式来意译本文,要求学生对每句话的翻译均用"啊"开头,尽量用对称的语言和抒情的表达方式。如开头第一句译成:"啊!那柔柔轻风暂时停歇,那袅袅炊烟消散净尽;那遥远的蓝天更蓝了,那高高的青山更青了。啊,多么美丽的景色,天颜山色仿佛融在了一起。"然后让学生仿照这样的句式翻译后文。这样的语言实践活动,我称为"以美会美"。

又如,读懂古诗词是理解作者情感的关键步骤,教学李煜的《相见欢》时,我则要求学生用整散结合的句式来翻译。我首先给出示例:

原句:"无言独上西楼,月如钩。"

译:默默无语,茕茕孑立,步履沉沉上西楼;如钩残月,似水清辉,流向万里回乡路。

接着让学生对照注释发挥想象口头翻译,然后组织学生小组讨论共同完成本组的翻译稿。最后是全班讨论,共同创作出最理想的答案:

梧桐落落,形单影只多寂寥;

庭院深深,凄神寒骨锁清秋。

怎能剪断,哪可理清,漫天离愁结心头。

岂堪回首,泪咽愁肠,别有滋味诉与谁。

在貌离而神合的语言形式转换的综合性与实践性的活动中,学生体验、感悟与理解着言之背后深藏的丰厚的情感意蕴。这又是一种披"语"入"文"、以"语"会"文"的教学方式。

我想披"语"入"文"、以"语"会"文"的教学,可以用课标中的话来阐释,语文"学习资源和实践机会无处不在,无时不有。因而,应该让学生多读多写,日积月累,在大量的语文实践中体会、把握运用语文的规律"。其实,每一篇课文都是学习、体会、把握语言运用规律的舞台,每一节课也都是听说读写的语言训练场。当然,关键在于我们老师要能整合出这样的"学习资源"和创造出这样的"学习机会"。

>>> "表达语文"：习得言意相称的表达智慧

从表达侧诠释文本

【原文发表于《镇江教育》2018（1）有改动】

  不少的老师在解读文本的时候，没有明确的解读角度、思路与方法，往往是"人云亦云"。他们把"韩军"们的解读，把教参的解读奉为"圣旨"，总是先钻研这些大家和权威解读的结论，做到熟记于心，然后"缘木求鱼"，寻找解读的依据，建构解读的思路与方法。所以在诸如基本功竞赛中需要独立面对一篇陌生的文章教学时，自己就不会解读，或者浅显，或者偏颇，或者不着边际。

  独立的解读能力从何处培养？从什么样的角度、用怎样的思路与方法来解读文本，就可以有自己独立独到、深刻而适切的解读？我的观点是："从表达侧"诠释文本。

  阅读的对象是文章（或文本），而写作的结果当然也是文章（或文本）。文章（文本）是语文教和学的凭借，是研究语言文字运用规律的重要对象；学生从文章中习得语言文字运用的智慧，学生在写作表达时运用语言文字的规律，尽情发挥个体的语言经验，以表情达意。

  那么一篇文章由哪些要素构成？从阅读侧来说，我们需要整体把握文章的内容，理清文章的思路，分析文章的表现（表达）技巧和语言特点（我认为语言特点实际上也是一种表达技巧），以探寻作者的原意或文章的意蕴。从表达（写作）的角度来考察，如果我是作者，我就需要在动笔之前要考虑好这样几个问题：我写这篇文章要表达一个怎样的主题，这个主题的表达要借助于哪些材料，运用哪些方法技巧，采用怎样的语言形式和结构形式，甚至选用怎样的标点符号等表达。

  而实际上，从阅读角度来考查的"把握文章的内容"之"内容"不就是写作时所要选择的"材料"吗？而文章的思路，也正是作者写作时精心预设的结构形式（比如散文的线索，比如文体形式，比如并列式、递进式、层层剥笋式、众星捧月式的结构等）。当然，从阅读角度考查的表现技巧与语言特点，也正是作者写作时调用的叙事写人、议论说明的各种方法、技巧和语言形式。而从阅读角度探寻的作者原意，也正是作者写作的目的——写作时想要表达的主旨或中心。

我再把上述问题作个概括，阅读与写作（表达），实际上都在围绕这三个问题进行：写什么？怎么写？为什么写？阅读是从写了什么和怎么写这两个问题出发去与作者的为什么写相会，写作是作者把为什么写寄寓在写什么和怎么写上。

从课程论的角度来看，阅读与写作（表达）研究的内容领域是一样的，完成阅读与表达任务所需要的思维方式是一样的，所需要的研究能力也是一样的。因此，读与写（阅读与表达）是一枚硬币的两面，是不可分割的一个整体。

在此，我建议我们的语文老师，换个角度诠释文章（文本）——从表达这一侧来独立的解读文章，不仅能让我们站到一个研究者、一个批判者的位置来更好地理解、分析与评价文章，而且更有利于提高语文教学的效率与效果，让教学更有利于培养学生的"表达"能力。因为从表达侧诠释文本的过程，就是选择教学内容的过程。而教学内容准确了、得当了，才谈得上教学目标的精准，教学活动的适切，教学评价的有效。

那么，如何从表达侧诠释文章？举个例子来说，如《明天不封阳台》。

假如我是这篇文章的作者，那么我首先要思考的问题是我为什么要写这篇文章，即写作的目的是什么，我想要通过这篇文章告诉人们一个怎样的生活感悟或生活道理，或发表怎样的见解、观点等——显然这篇文章，就是要反映人要与自然和谐相处、要保护环境的问题。——这是在探寻文章的主旨。

假如我是作者，我接下来要思考的问题是，表现这类主题的文章有很多，我如何独辟蹊径，选择什么样的材料，采用什么样的结构形式，运用什么样的方法技巧，选用什么样的语言形式来表达，来让人们理解与接受。

显然这篇文章的作者讲了一个鸽子的故事，围绕这只鸽子展开了观察体悟、想象与联想，发表议论与抒发感情。——这是在探寻文章表达主旨的语言形式，探寻其运用语言文字时所呈现的表达特点和智慧。

假如我是作者，我还要思考的是：我这样写好在哪里？亮点在哪？有无与众不同之处？这样一思考，本文表达上的特点就会显露出来：以小见大，使主题更加突出；以情感变化为线索，使文章有波澜；从一只鸽子展开想象与联想，让文章内容更丰富，表达情感更充分；记叙、描写、抒情和议论相结合。——其实，在这样解读文章的时候，我们已经同时在选择教学内容，确定教学目标了。

从表达侧解读文章，是不是很快就能从整体感知文章内容、把握文章思路、明确表达特点、理解文章中心了？长期坚持下去，是否会形成自己的解读方法与策略了，并进而实现读写能力的共同提高了？

当然，我觉得以上的解读方法，是一种建构式的方法，因为我们是从表达形式出发，建构起文章的意蕴或主旨来。我觉得我们的解读不应止步于此，还应该向更高层次迈进——运用批判性思维来理解、领悟与评价作者的表达智慧——在解读的过程中要不断地反问：删掉这个词、这句话或这段文字可以吗？增加点内容是否更好？换一种方式来表达，其效果是否更好？等等。这样我们就会用一种俯视的目光来观照和评判作者与文章，更深刻、更清晰地把握作者表达的智慧或不足。

比如，《柳叶儿》的结尾是这样写的：

对于柳，人们又是吟诗，又是作画，又是感叹它的多情，又是赞赏它的多姿。我却总忍不住要摘一片下来嚼一嚼。而且，我想告诉人们，它味苦，微涩，但能救人。如果你没东西吃，它能够让你活下去。

读的时候，我对这个结尾就有些不太满意，我就试着想如果我是作者，我会写个怎样的结尾呢？于是我把它改成：

对于柳，人们又是吟诗，又是作画，又是感叹它的多情，又是赞赏它的多姿。我却总忍不住要摘一片下来嚼一嚼。而且，我想告诉人们，它味苦，它微涩。

哪个结尾好?

原文做到了首尾呼应,再次强调了柳叶儿对当年的"我"及"我们"的重要作用,点明文章中心,简洁明了。但也是有不足的。

原文强调什么?作者品味的是"柳叶儿",让作者动情的是"能救人"。但作者关注的只是柳叶儿能吃能救人这些实实在在的事情,仅是就物论物,显得境界有点儿促狭。

改文强调什么?作者品味的是生活,那时那地的生活,触动作者感情的是"它味苦,它微涩",表达的情感更加丰富,让人想起那个时代,让那个时代的人去回忆那个时代,让不是那个时代的人去品味那个时代,从那个时代中品味出"味苦、微涩"来以及"味苦、微涩"背后的一些东西来。于是"柳叶儿"成了那个时代的一个符号,和柳叶儿有关的生活则是那个时代的一个缩影。

我以为改后的结尾具有了象征意义,意境扩大了,意蕴深广了,立意丰厚了,具有了更广阔的思想空间。而文章结尾就应该言近意远,让人回味无穷,这是文章结尾的艺术追求。

这样从表达侧批判性地解读文本,阅读能力是否也会日渐提高?

总之,从表达侧诠释文本,将给我们的阅读和教学开辟一片新的天地。

⋘ "表达语文":习得言意相称的表达智慧

从表达侧进行语文教学

【原文发表于《中学语文教学参考》2018(3)有改动】

表达能力最能体现一个人的语文素养。培养学生的表达能力是语文教学最为重要、最为核心的目标。从表达侧教学,就是试图还原作者表达(写作)的过程,研究作者想表达什么,选用了怎样的材料来表达,调用了怎样的结构形式、表现技巧和语言形式来表达,即紧抓"为什么写(说)""写(说)了什么""怎么写(说)"这三个核心问题进行教学。表达侧阅读教学,着眼于带领学生学习作者运用语言文字表情达意的经验、技巧、策略和智慧,并将其积累与内化成自我的语言经验,逐渐形成自己的语言表达策略和智慧。在培养语言智慧的过程中,学生的表达与阅读能力能实现共生共长。

一、在表达形式的特点中,预设课堂教学中的主问题和问题群

用一句话概括表达侧教学的要领,就是紧抓文章在表情达意上采用的最重要的、最突出的、最有特点的也是最有价值的表达形式来组织教学。

《河中石兽》告诉人们:实践出真知。再深的理论,不能得到实践的证明,就不是真理;只有经得起实践检验的理论才是正确的。同时还揭示了一个道理:任何事物都不可只知道事物的表面现象,更不可主观臆断,而是要知道它是这样的原因。作者为表达这个主旨而选择的材料是三类人三种寻找河中石兽的看法、方法和结果。而文章表达的思路也很简单:先按时间顺序叙述三类人寻找石兽的理由、方法和结果,然后以议论作结。那么,作者在表情达意的表达形式上有哪些特点呢?带着这样的问题再读文章,就会发现:文章中描写讲学家和老河兵的主要方法是语言描写,而

语言描写中使用最多的句式是反问句。讲学家用了反问句，老河兵用了反问句，作者以议论结尾时也用了反问句。这些句子反问的对象不同，反问的内容不同，通过反问表达的情感或意蕴也有同有异。讲学家的语言中有两个反问句，都是对寺僧的反问；老河兵的语言中只有一个反问句，只是对讲学家的反问。那么，为什么老河兵不反问寺僧呢？显然，这其中蕴含着作者的情感态度。

文章在材料的安排上也很有特点，详写了老河兵陈述的"物理"，略写了讲学家陈述的理由。对他们寻找的结果，作者也设计了不同的方式：一个是"众服为确论"，一个是"如其言，果得于数里外"。显然，这样的详略安排和情节设计都蕴含着作者的意图。我们不难发现，作者塑造人物形象时，用的最主要的方法是对比。比如，都有"笑"的神态描写，但"笑"的心理不同，"笑"出的形象也就不同；都有语言描写，但用词、用语不同，语气语调也不尽相同（如讲学家称寺僧为"尔辈"，语含讥讽；对老河兵用了"凡……当……盖……"等词，语言诚恳，态度坚决）；详略不同，所表达的人物心理和形象就不同；都交代了事情的结果，但交代的方式不一样，所表现出的作者对人物的态度就不同。显然，作者是在讽刺讲学家，讽刺他们的空谈空想、不重实践、轻浮浅薄，是在肯定与赞颂老河兵，赞颂他们重视实践、诚恳真挚。

议论结尾，卒章显志，也是这篇文章的表达特点。"天下之事"在文中当然是指寻找石兽这类事，"但知其一，不知其二"固然是说只看到事情的表面，未发现事情的深层原因，或者说是只看到了一个方面，没有看到其他方面，但这句话主要是讽刺谁的？结合上文内容来看，可知应该是讽刺讲学家的。"岂可臆断欤？"是说谁的？当然也是谈讲学家的。

思考以上问题后，再结合《阅微草堂笔记》中有关"讲学家"的描述，我们有必要补充相关资料以加深对本文主旨的理解。纪昀写作本文的目的主要是讽刺讲学家这类人和这类现象的。

本文表达形式的特点主要呈现在语言形式特别是句式运用、材料的选择与安排、描写方法的选用、故事情节的设计等方面。教师教学时应该行走在这些表达形式的最大特点之间，以彰显作者的表达智慧。对此，我是

按照以下三个环节教学的:

第一环节,从语言描写出发,分析人物形象。

1.请同学们思考并讨论以下问题,说说讲学家是个怎样的人。

(1)把"尔辈不能究物理"句的"尔辈"换成"诸君",如何?

(2)请你把"是非木柿,岂能为暴涨携之去?"和"沿河求之,不亦颠乎?"分别改成陈述句,并说说改后的句子与原句在表情达意上有什么不同。请想象并描述讲学家说这话时的心理和表情。

(3)"乃石性坚重,沙性松浮,湮于沙上,渐沉渐深耳"句中"乃"是什么意思?(A.表示判断,可解释为"应该是";B.于是;C.才;D.你,你们)你选择哪个义项,为什么?

2.思考并讨论下列问题,说说老河兵是怎样的人。

(1)"凡河中失石,当求之于上流"句中"凡"和"当"是什么意思?把"凡"去掉,把"当"改为"可",行吗?

(2)老河兵的话语中有两个"必"字,是否重复?能删去吗?

(3)把"求之下流,固颠;求之地中,不更颠乎?"句改成"求之下流,不亦颠乎?求之地中,不更颠乎?"或改成"求之下流,固颠;求之地中,亦颠矣",如何?

第二环节,从对比方法出发,分析作者情感。

作者是把讲学家和老河兵对比着写的,你觉得还有哪些方面的对比?从这些对比中你能看出作者的情感吗?预设的子问题如下(与前面讨论的问题不重复):

(1)(神态相同形象不同)关于讲学家和老河兵的神态,作者都写到了"笑",他们"笑"的心理有何异同?

(2)(名字中寄寓的情感)把"一讲学家"改成"一宿儒",好不好?同样,把"一老河兵"改成"一小河兵",怎么样?作者通过这些名字想表达怎样的情感?

(3)(交代结果时寄寓的情感)把"众服为确论"和"如其言,果得于数里外"这两句话互换位置,行吗?

(4)(详略安排上寄寓的情感)为什么作者简述讲学家的"物理",

而详写老河兵的"物理"?

第三环节,从议论结尾、卒章显志出发,探寻文本意蕴。

(1)文章点睛句主要讽刺的是谁?你是从哪些地方看出来的?讽刺他们什么?

(2)作者对讲学家的讽刺,采用了哪些方式?(A.反问句;B.含蓄而讽刺的语言:"然则天下之事,但知其一,不知其二者多矣。"言下之意是,这样的事情有很多,大家都知道要知其一也要知其二的道理,可就是你们这些讲学家不懂这些浅显的道理,真是愚蠢极了。所以朗读时应该用嘲讽批判的语气,尤其是"多矣"两个字要读成重音。)

(3)补充资料,拓展文本意蕴。

《阅微草堂笔记》中常常提到"讲学先生",又称"讲学家""道学先生"。他们的共同点是心胸狭隘、食古不化、外表端方,其实外强中干、虚伪自私;他们很自负,有了错误碍于面子也不会承认;他们崇尚空谈,不重实践……

纪晓岚平生不喜讲学先生,常常讲述故事对之进行抨击和嘲讽。本文就是如此。

这种表达形式的最大特点,不仅表现在语言形式、情节结构的设计和描写方法的运用等方面,我以为还集中体现在文体特征上。

散文抒写性灵,散文乃是个体情怀的见证,其第一要素是表现作者自我的真情实感。所以,散文在结构安排上往往是以情感变化为线索的。如果我们在教学中能紧抓这一表达形式上的最大特点来教学,就会收到事半功倍的效果。教学郑振铎的《猫》时,我是这样设计主问题的:

1.(整体感知课文)请大声朗读课文,思考文中"我"家一共养了几只猫?你能从外貌特点、性情特征、来源、结局和地位等角度分别给每只猫起个名字吗?你觉得哪只猫是作者想要表达的重点?能否删掉叙述与描写其他两只猫的内容?为什么?你觉得这是一种什么写法?(对比、铺垫与衬托)你觉得运用这样的写法有什么好处?

2.(细品作者情感)(1)请再读课文,找到描写"我"对每只猫的情感的段落,画出关键词,并概括"我"情感变化的过程。(2)作者在描述"我"的情感时，也用了对比的写法。"自此，我家好久不养猫"和"自此，我家永不养猫"两句，在表达情感上有什么区别？（3）其实我们细细想想，"我"对这三只猫的情感看起来是不同的，但实际上又有相同的地方，你觉得在哪些方面是相同的？（4）从"我"对猫的不同与相同的感情中，你能概括出作者在这篇文章中所表达的人生感悟吗？

3.（学习结尾技巧）文章结尾的方式有很多，你认为本文的结尾有什么特点？有哪些作用？尤其是在文章主题的表达方面有什么作用？

通过对这些问题的讨论与探究，由文本表达形式深入到语言所营造的世界，直抵作者的情感世界，触摸写散文的那个人，触摸那个人的心眼、心境、心灵、心怀，触摸他的情思，体认他对社会、对人生的思量和感悟。

二、依据学生的提问或学习中出现的问题，即时生成新的表达侧教学活动

沿着学生的提问或问题进行追问而生成表达侧的教学活动，要求教师还原作者表达（写作）的过程，着眼于对文本的整体理解，从写作内容、结构、方法技巧、语言和主旨等方面，或概括、或归类、或提升、或转换学生的问题，通过追问，带领学生深入地分析、理解与评价文本，学习与积累作者语言表达的经验。

我在教学《狼子野心》一课时，设计了让学生自读批注的环节，主问题是："我们分析人物形象时要有抓手，比如抓住关键词句、情节和表现技巧等。请大家自读思考，在读的过程中选出你最有体会的词句或描写做适当批注。"

生1：我选的是"乃杀而取其革"这句话做的批注，这句话表现了主人认清狼本性之后的果断。

我发现这名学生的理解不够具体深入，没有从语言表达技巧的角度去理解赏析，于是追问道：你是从什么角度来做的批注？发现学生还不明白时，我继续追问：是从情节呢，还是从句式特点呢？

生1（思考后回答）：从情节看，交代了故事结局，告诉我们狼最终被

主人杀死了。表现了主人认清狼子吃人本性后的果断。从句式看，不加任何修饰成分，不添枝加叶，是个短句，简洁有力。表明主人在认清了狼子的本性后，想都没想，就把这个忘恩负义的家伙杀掉了，表现了主人的果断。读这个短句的时候有种大快人心的感觉。

生2：老师，我批注的是"群犬呜呜作怒声"这句话。这句话是对犬的声音进行的描写，"呜呜"是拟声词，说明此时的狗看到狼要吃主人时非常愤怒而大声叫喊，生怕主人听不到，表现了狗的忠诚。

尽管这名学生的回答抓住本句的表达特点进行了合情合理的分析，但我仍然觉得还可以更全面地分析语言表达的方法与技巧，品味其表达作用。于是追问：这句话是对狗的叫声进行的描写，也是对狗进行的正面描写。而对于狼来说，你觉得这是什么描写？有什么作用？

生3（抢答）：对于狼来说，是侧面描写，并与狼形成了鲜明的对比，正面写狗的同时也从反面写了狼，反衬了狼的阴险狡诈，其吃人本性难移。

通过追问，不仅启发了学生的思维，而且引导学生从多个方面理解、分析与评价，使其领悟作者语言表达的智慧。

三、还原表达过程，批判性地学习表达智慧

在试图还原作者表达（写作）的过程中，领悟与借鉴作者表情达意的表达策略和所体现的表达智慧，是建构语言经验的教学策略。我觉得教学不应止步于此，还应该向更高层次迈进：运用批判性思维来理解、领悟与评价作者的表达智慧；围绕"为什么写（说）""写（说）了什么""怎么写（说）"这三大问题不断反思、比较、批判、鉴赏；删掉这个词，这句话或这段文字可以吗？增加点内容是否更好？换一种方式来表达效果是否更好？等等。这样，我们就会用一种俯视的目光来观照和评判作者与文章，更深刻、更清晰地把握作者表达的智慧或不足。比如，《柳叶儿》的结尾是这样写的：

对于柳，人们又是吟诗，又是作画，又是感叹它的多情，又是赞赏它的多姿。我却总忍不住要摘一片下来嚼一嚼。而且，我想告诉人们，它味苦，微涩，但能救人。如果你没东西吃，它能够让你活下去。

读的时候，我对这个结尾有些不太满意，就试着想：如果我是作者，我会写个怎样的结尾呢？于是我把它改成：

对于柳，人们又是吟诗，又是作画，又是感叹它的多情，又是赞赏它的多姿。我却总忍不住要摘一片下来嚼一嚼。而且，我想告诉人们，它味苦，它微涩。

哪个结尾好？

原文做到了首尾呼应，再次强调了柳叶儿对当年的"我"及"我们"的重要作用，点明文章中心，简洁明了。但是否有不足？原文强调什么？作者品味的是"柳叶儿"，让作者情动的是"能救人"。但作者关注的只是柳叶儿能吃、能救人这些实实在在的事情，仅是就物论物，显得境界有点儿促狭。

改文强调什么？作者品味的是生活，那时那地的生活，触动作者感情的是"它味苦，它微涩"，表达的情感更加丰富。让人们想起那个时代，让那个时代的人去回忆那个时代，让不是那个时代的人去品味那个时代，从那个时代中品味出"味苦、微涩"，以及"味苦、微涩"背后的一些东西来。于是"柳叶儿"成了那个时代的一个符号，和柳叶儿有关的生活则是那个时代的一个缩影。

我以为，改文的结尾具有象征意义，意境扩大了，意蕴深广了，立意丰厚了，更能引人沉思。而文章结尾就应该言近意远，让人回味无穷，这是文章结尾的艺术追求。

学语文就是学表达，学习别人运用语言文字表情达意的技巧和智慧，在学习、借鉴与训练的基础上形成自己的表达经验。教师应在这样的语言文字的综合性和实践性活动中发展学生的思维能力、审美能力和文化传承与理解的能力。

初成阶段　表达语文教学，习得言意相称的表达智慧

培育核心素养，应行走在语文的方法里

【原文发表于《中学语文教学参考》2019（6）有改动】

于漪认为：语言的背后是文化的深层编码，是一个民族的集体意识。要培养有中国心的现代文明人，必须用优秀的中华文化滋养孩子的心灵，而语文课不是为了简单地掌握母语，也不是简单地培养思维能力，而是教养和教化，这也是语文教育意义之所在。

可以说于漪老师指出了语文学科培育核心素养的本质特点和语文教学的基本规律：立足语言及语言文字的运用规律，解读语言背后文化的深层密码，培养学生语言表达能力，促进语文核心素养的整体的螺旋的提升。

一、遵循教材编者的教学要求

如何确定课文教学的基本内容？如何选用恰当的教学方法？教学的支点在哪里？教学的目标又在哪里？这些问题一直困扰着每一位一线的语文老师。

其实，我们只要静下心来，认真阅读语文课本和教师教学用书，就能从中探寻出编者预定的基本教学方案。

部编版初中语文教材，依然采用双线组合单元的方式，一条线索是人文主题，它依然是连缀课文的人文线索，另一条线索是语文要素，它是编

辑教材的螺旋上升点。语文要素是"语文素养"的各种基本"因素",包括基本的语文知识、语文能力、适当的学习策略和学习习惯,以及写作、口语训练,等等,分成若干个知识或能力训练的"点"。编者正是通过这两条线索的解说,向一线教师指明了基本的教学内容和教学方法。

莫怀戚的《散步》是七年级上册第二单元的第二课。我们先看本单元的提示语:

亲情,是人世间最普遍、最美好的情感之一。本单元课文,从不同角度抒写了亲人之间真挚动人的感情。阅读这些课文,可以加深我们对亲情的感受和理解,丰富自己的情感体验。

学习本单元,要继续重视朗读,把握文章的感情基调,注意语气、节奏的变化。在整体感知全文内容的基础上,体会作者的思想感情。有的文章情感显豁直露,易于直接把握;有的则深沉含蓄,要从字里行间细细品味。

从这两段话中,我们可以窥见教材编者赋予的本单元教学的基本要求。"亲人之间真挚动人的感情"是这个单元的人文主题和编辑线索之一,它告诉我们这个单元的教学就要"引导学生调动自己的生活经验和情感体验,实现'理解作者情感'与'陶冶自身情感'的双重目的"[①]。这是情感态度与价值观这一维的教学目标。当然这种情感主要是"亲情",还包括如《散步》的"生命的轮回或延续的感慨""人生的选择""人到中年特有的责任感"等多元而合理的解读。

实现这一"教养和教化"目标的基本教学方法是什么?教学从哪里出发?单元提示语的第二段话则明确指出了这些语文要素。从阅读技能方面看,本单元要继续重视朗读,加强朗读技能训练(在前一个单元"把握好重音和停连"的基础上,注意语气、节奏的变化)。而"把握文章的感情基调",既是朗读的技能之一(本单元朗读技能训练的重点之一),也是以朗读为方法实现的阅读目标之一。从阅读的方法方面看,是"整体感知

---

① 义务教育教科书:教师教学用书(语文·七年级上册)[Z].北京:人民教育出版社,2016:57.

全文内容",实现的阅读目标是"体会作者的思想感情"。从写作方法的角度看,是要了解不同文章的抒情特点,"有的文章情感显豁直露,易于直接把握;有的则深沉含蓄,要从字里行间细细品味"。

我们再看《散步》的课后练习,共五道题:

思考探究

一　朗读课文,说说文章为什么取题为《散步》。如果换个角度另拟一个题目,你会以什么为题?说明你的理由。

二　品味下面的语句,结合全文,说说你对课文深层意蕴的理解。

但我和妻子都是慢慢地,稳稳地,走得很仔细,好像我背上的同她背上的加起来,就是整个世界。

三　本文以叙事为主,其中穿插了一些写景的语句,把它们找出来,品味这些景物描写的作用。

积累拓展

四　课文多处运用对称的句子,说说这样写的好处。

例句:

我的母亲老了,她早已习惯听从她强壮的儿子;我的儿子还小,他还习惯听从他高大的父亲;妻子呢,在外面,她总是听我的。

五　本文与《秋天的怀念》有着不同的感情基调。与同学一起探究本文的感情基调,并试着通过朗读来准确传达作者的情感。

第一题,是通过拟题的方式,整体感知全文内容,体会作者的思想感情。同时进行语言表达技巧的训练。第二题,是通过品读关键句的方式,深入思考文章的主旨和情感。第三题,通过品读写景的句子,分析写景的方法,指向于理解"文章的感情基调":清新、明朗、愉悦、亲切、舒缓、从容,以及"显豁直露"的抒情特点。第四题,继续用朗读的方式,探究对称句和回环句等语言表达的技巧,体会其表情达意的作用。第五题,是用比较的方法,通过朗读来理解并表现本文的感情基调,理解"显豁直露"的抒情特点。

因此,我们通过研读单元提示语,研读"预习"和课后练习,可以领悟到编者的"芳心",知晓本课教学的基本知识或能力等训练的"点":

读出语气、节奏和感情基调的朗读训练；整体感知全文内容以把握主旨和思想感情的阅读方法训练；品读写景句、对称句和回环句等有特点的句子，以理解作者运用的表达手段与表达技巧的智慧，并从中把握文章的感情基调，理解抒情特点的能力训练等。本课教学的基本思路就应该是，在朗读训练、整体感知与语言品味中，理解文章表情达意的特点和技巧，实现语文素养的整体提升。

语文教学就是要求教师理解教材编者赋予的课程目标和教学提示，立足语文要素设计具体的教学方案以全面培育核心素养，让"人"站立起来，让"必备品格和关键能力"树立起来。唯有立足语文要素的教学才是符合教材编者意图和语文教学规律的教学。

二、把知识教到意义层面

每门学科都是由知识构成，知识是每门学科赖以生存的物质基础，离开了知识，就没有了学科。语文也是如此。

任何知识都具有三个不可分割的组成部分：符号表征，这是对世界认知的符号表达；逻辑形式，是指人认知世界的方式，具体包括知识构成的逻辑过程和逻辑思维形式；意义，知识的意义是其内具的促进人的思想、精神和能力发展的力量。作为人类认识成果的知识蕴含着对人的思想、情感、价值观乃至整个精神世界具有启迪作用的普适性的或"假定性的"意义。知识"意义"的存在，使价值观的引领成为可能。

知识是每门学科教学的基本内容和主要内容，知识的"意义"应成为教学的应有高度。

语文知识包括语文学科本身的知识，也包括文本内容中所涉及的"百科"知识。语文教学绕不开知识，必须基于语文知识，并且很多的时候，我们都在教学语文知识，语文的学科育人，很重要的方面就是以语文知识育人（当然着眼于知识的功能教学）。完整的知识教学就是要把知识从符号表征（知识是什么）和逻辑形式（知识是怎么来的，人类是怎么认知的）层面教到意义（有什么作用，能解决哪些问题）层面。学科知识本身不是学科能力表现，但是逻辑形式、意义系统等核心要素是学科能力表现的重要源泉。有效的学科知识教学，必须促进知识向学科能力转化，向情感态度和价值观转化。

《花儿为什么这样红》中有科学知识，《本命年的回想》中有春节的知识。如何教？我想我们应该追问：为什么要写这些知识？作者是如何写这些知识的？运用了哪些方法？表现出怎样的表达智慧？作者借这些知识表达了怎样的情感态度？披"语"入"文"，执"言"寻"意"，探求言何以解意，解开以"言"达"意"的密码，理解作者借助这些语文知识所表达的"意义"，带领学生领悟知识功能，感受知识之美，感悟语文思维之美，体验作者表达之美，传承知识背后的文化之美。我以为这是语文课程教学的应有指向。

《天上的街市》运用了"想象与联想"的方法，这是作者表情达意的重要手段和策略，是本课必须要教的内容之一。有的老师则先告知学生什么是想象，什么是联想，然后带领学生寻找诗中想象和联想的诗节，最后背诵本诗，背诵想象与联想的定义。这样的教学是就知识讲知识，把作者丰富而鲜活的表情达意的语言手段，变成了静止的毫无生机的琐碎的知识。这样的教学是只见知识不见文，窄化了、矮化了、转移了语文教学目标。

我在教学《狼》一课时，设计了这样的启动环节：第一环节：让学生写出有关"狼"的成语，每人至少写4个。第二个环节：请你说说这些成语分别是什么意思？是对狼的哪些方面进行的概括？第三个环节：从这些成语中，你可以看出人类对狼是什么样的情感？然后过渡到本课的教学：今天我们要学的这篇课文，说的是狼的哪些方面？作者对狼是什么态度呢？

让学生知道有关成语，知道这些成语背后蕴含的人类认知狼的思维方式，感悟这些成语中包含的人类对狼的认知与情感，这样的知识教学，才能实现杜威所言"让指向于过去的知识，安全地可靠地服务于未来"！只有服务于人的精神发育与成长的知识，才能真正成为生产力！

课程理论告诉我们：每门学科都由两条河流构成，一条是由知识组成的明河流，一条是隐藏在知识背后的学科思想方法的暗河流。而知识的"意义"，正属于学科思想方法。在学科思想方法烛照和统摄下的教学，才是全面培育核心素养的教学。

三、立足语文的方法

什么是语文的方法？我以为就是遵循语言文字运用规律来解决语文问题、培育核心素养的方法，而不是数学或物理学科的方法，也不是道德与法制课的方法。

我教《范进中举》时，设计了以下环节：

1.解读语言文字的表达密码：请大家朗读下面的句子，思考胡屠户的语言在语体上有哪些特点？

范进因没有盘费，走去同丈人商议，被胡屠户一口啐在脸上，骂了个狗血喷头，道："不要失了你的时了！你自己只觉得中了一个相公，就'癞蛤蟆想吃起天鹅肉'来！我听见人说，就是中相公时，也不是你的文章，还是宗师看见你老，不过意，舍与你的。如今就痴心想中起老爷来！这些中老爷的都是天上的'文曲星'！你不看见城里张府上那些老爷，都有万贯家私，一个个方面大耳？像你这尖嘴猴腮，也该撒泡尿自己照照！不三不四，就想天鹅屁吃！趁早收了这心，明年在我们行事里替你寻一个馆，每年寻几两银子，养活你那老不死的老娘和你老婆是正经！你问我借盘缠，我一天杀一个猪还赚不得钱把银子，都把与你去丢在水里，叫我一家老小嗑西北风！"一顿夹七夹八，骂得范进摸门不着。

这段文字，在句式选择上，多用反问句、感叹句和否定句。反问句和感叹句的共同点都是命令与教训语气，在这里表达胡屠户对范进的强烈斥责、讽刺、挖苦、嘲弄、鄙视之情。而诸如"不要失了你的时了""也不是你的文章""你不看见……"等的否定句，则是尽全力否定范进的能力，打击范进的自尊，认为范进简直是个白痴，这等"尖嘴猴腮"之人永远也不可能一朝中举飞黄腾达，仍然表达着嘲弄、鄙视与厌恶之情。

在修辞方法的运用上，突出的特点是引用俗语，如"癞蛤蟆想吃起天鹅肉""撒泡尿自己照照"。而引用的俗语中还隐含着对范进的称谓，"癞蛤蟆（暗含比喻）""尖嘴猴腮""不三不四"等，这些称谓都表达着人们对自不量力者、形貌丑陋者、品德败坏者的嘲讽、贬低、厌恶、挖苦与污辱。

另外还运用了对比的方法，把张府上那些老爷与范进从长相、文章和家产等方面进行比较，其目的仍然是羞辱、嘲笑。

2.解读语言背后的文化编码：从这段话中，我们可以看出胡屠户最基本的表达目的就是拒绝借盘缠。拒绝别人的方式有很多种，可胡屠户为什么采用这些丰富的语言手段和这样刻薄的语言方式？我们不要忘了范进可是胡屠户的女婿，既然胡屠户这么鄙视与厌恶范进，可当初为什么把女儿嫁给他了呢？这些又能说明哪些问题？

学生在阅读与讨论中，自然而然地理解了作品的意蕴：对封建教育制度毒害下的趋炎附势、热衷仕途、追求功名利禄且世态炎凉的社会风气的讽刺与批判。教学由此也就上升到了文化的层面，只不过这里是需要批判与否定的文化。当然优秀的文化是对庸俗、丑陋文化的否定。

再如，笔者在教学《狼子野心》一课时，设计了这样的教学环节：

1.提供学习支架，本课学习可能会用到语文知识之一的标点符号，如逗号、顿号、叹号、问号等，请思考它们的作用。

2.读文章，请大家为本文加标点符号（课前发放没有标点符号的《狼子野心》一文）。

3.讨论：你是怎么加标点符号的？说说为什么用这样的标点符号。

4.当学生说到"惊起周视"和"再就枕将寐"处时，我追问：

老师认为，这两句中间有三种标点法，可以加逗号，也可以加顿号，当然还可以不加标点符号。你觉得哪一种合适，为什么？

在充分比较逗号、顿号等的作用后，学生认识到，"惊起周视"处可以不加标点符号，因为不管是用顿号还是逗号，都表示这两个动作之间有一定的时间间隔，而不用标点符号，表示这两个动作之间的时间间隔最短，最能表现主人的警觉与敏捷。而正因为主人有这样的性格特点，才会产生后文识狼与杀狼的情节。"再就枕将寐"处，加个逗号更好（文章中没有标点符号），因为逗号表明的时间间隔比顿号还要长一些，既能再次说明主人的警觉，而且更能表现狼的耐心、狡诈和险恶。

通过这样的教学，让学生领悟到语言文字运用的魅力，学习作者的表达智慧，建构自己的语言表达经验，把握语文独特的思维方法，并进而对语言及其作品进行审美,以及体悟其美好的情感和蕴含的文化。

培育核心素养,就是要求我们在语文、数学、英语、物理、化学等所有国家课程、地方课程和校本课程的教育教学过程中,坚定不移地从学科特点和教学规律出发,从知识与能力、过程与方法、情感态度与价值观等维度立体地、整合地、螺旋上升地培养学生"能够适应终身发展和社会发展的必备品格和关键能力"。

细品语体妙用 提升语言素养

【原文发表于《中学语文教学》2020（6）有改动】

阅读就是读者借助并透过作者运用的语言文字形式，看到纸的背面，进而理解作者原意，感悟作品意蕴的活动。语体是语言文字运用规律之一，是读者看到纸的背面的主要载体和媒介之一，它指的是人们运用语言文字进行交际时，根据不同的交际领域和交际活动，在运用语言材料和表现手段上形成的具有不同特点的语言表达体系。尽管语体是语文教学的重要内容，但在实践中并没有受到足够重视，其教学价值没有得到充分彰显。大多数的课堂往往把语体教学有意无意地缩小或限定在"语言品味"中，为学生建构语言运用考题的万能答题模式。而语体教学又必然涉及语文知识，但"随文而教"的语文知识教学观，不仅使其教学价值仍局限在知识的内容层面，没有或较少上升到语言文字运用的策略和智慧的高度，而且限制了教师作为的空间，他们生怕被批为琐碎的知识教学。

我以为我们应该强化语体教学。在体验感悟、理解鉴赏等语言实践活动中，引领学生积累语言材料，培养和提升语感，把握语言文字运用的规律，形成学生个体的言语经验，发展语言文字的运用能力，包括阅读理解、表达与交流的能力，直至形成语言智慧和个性风格。

一、明确语体运用的基本要求——准确与得当

语体运用的基本要求就是准确、得当，正所谓"到什么山唱什么歌"，交流与表达就是作者依据"山"唱语言文字运用之"歌"。作家"吟安一个字，捻断数颈须"，为的就是找到那一个名词，那一个动词，

那一个形容词,那一个句式,实现言意相称。

我们可以借鉴古人锤炼词语的经验,采用咬文嚼字的方法进行语体教学,带领学生参悟作者选用语言材料的匠心,同时培养和提升学生迅速透过语言文字的表面,洞悉其内涵的语感能力。

《老王》的第一句是"他蹬,我坐,一路上我们说着闲话",我则带领学生细细品读句中的"闲"字:请大家联系生活说说这个"闲"字用得是否合理、准确?

学生如果只是简单地联系生活经验,大多会认为用得合理,准确。因为在生活中,我们打个车去办事,途中是会与司机谈天说地的。但如果联系全文,从老王心中的"我"和"我"眼中的老王这两个角度来思考双方此时的心理和情感,就会觉得冰山之下意味深长。对于老王来说,早已把"我"和"我家"当作了亲人,所以应该是毫不掩饰地倾诉。而"我"由于两个群体的天然距离,一个知识分子的优越感和自命清高,以及当时的处境等,只能放在生意关系上对待他。所以,"闲"应该是"我"在各种原因驱使下的故意淡化、包装和自保。因此,"闲"用得完全合乎"我"当时的心理与情感!

语体教学就是要通过"对谁来说是'闲',是老王'闲'说,还是'我''闲'听"等的追问,带领学生品悟语言材料的深层意义和情味,让学生更切实地理解"准确、得当"这语体运用的基本要求,而且学会了分析"准确、得当"的方法和技巧:既要联系生活,更要联系语境以理性洞悉其深层含义。

作者钟情的语言文字之"歌",还往往偶得于同义词的比较和辨析中。教学《卖油翁》时,我带领学生研读陈尧咨对卖油翁的称呼变化,探寻其表达旨趣。第一次用"汝"而不用"君",既表明他对卖油翁"睨之""但微颔之"的愤怒与不满,也表明他自视甚高、盛气凌人的个性。第二次用"尔"不用"汝"则完全表现出他对卖油翁的轻慢与蔑视。由"汝"到"尔"的变化,准确而得当地塑造了脾气暴躁、性格刚烈的人物形象,再现了陈尧咨愤怒情感的产生到爆发的过程。

作家要准确、得当地选用同义词,就要辨析其概念义存在的轻重大小等的区别，更要辨明其附加义，诸如感情色彩、语体色彩、文化色彩、形象色彩等的显著差异。教学就要带领学生循着这些区别和差异，解读其准确与得当的语理。坚持这样的语言训练，不仅可以让学生获得并不断提高语感，而且可以积累丰富的言语经验和大量的语言材料。在这丰富和积累的进程中，观察力、体悟力、辨识事物间细微差异的能力就会随之增强。于是，在交际和写作时，不仅能比较出最为准确的词语再现事物的特征，而且能从不同的侧面和角度传神地描绘事物的情状，传达自己的思想感情。

二、理解语体运用的根本要求——得体与得意

如果说准确得当是语体运用的基本要求，那么得体得意则是最高原则。我们在生活中往往会有所感悟而产生表达冲动，如果想直接地表达这种感悟，就会选择议论的话语方式；如果追求诗意的表达，可能就会运用比喻、拟人、排比等表现手段。语言材料有准不准的问题，而运用表现手段而组合成的话语方式则有妙不妙的考虑。评判准不准的依据当然是"山"之特征，评判妙不妙的依据还包括作者追求的艺术效果等。

在《愚公移山》的公开课上，我带领学生深入讨论作者运用"甚矣，汝之不惠"这个倒装句和短句的原因和妙处。第一，对话场合，对话的基本要求是让对方一听就懂，而短句表意更直接，表达要点更清晰。第二，双方在论辩，辩词的开头用短句，可以旗帜鲜明地亮出观点，而且斥责、嘲讽之情更强烈。第三，从交际目的看，短句最能体现智叟急于先声夺人，一举击倒对方的心理和情绪。由此归纳得体应是语言表达对语言环境的适合。

以前教学《卖油翁》时，往往注重分析对话描写的作用，追求给学生一个统一的答案，让学生背记，以应付考试。诸如本文的对话描写表现了人物情感，塑造了人物形象，推动了情节发展，推进了矛盾冲突等。

如今教学时，我则紧抓作者为两人采用的不同句式（陈尧咨的语言都是反问句，卖油翁的都是陈述句），一方面带领学生从交际对象、对话场合以及交际目的等角度探究人物心理，分析人物形象，理解得体的含义。

另一方面带领学生分角色朗读，体会语气、语调的不同，感悟情感与人物性格的不同，分析因句式不同而产生的表现技巧和表达效果，推想作者言外的艺术追求，理解什么是得意。如对比，衬托卖油翁沉稳睿智、英勇无畏、怀技而谦谨的形象；如渲染气氛，让情节更具有"火药味"，让故事更有张力，激发了读者无限想象，激荡着读者无尽情思，也让语言更有意蕴和魅力；如推动情节发展，用人物的语言描写揭示矛盾冲突发生、发展到高潮的过程（尤其是陈尧咨的三个反问句，表现出他的愤怒情感逐渐加深的过程，把情节推向了高潮），展示了讲故事的技巧。

我想，通过这样的教学，就是要让学生懂得，语体形成于我们的语言生活中。交际与写作时，遣词造句要得体，与身份和语境（情境、背景、表达目的等）完美统一，正所谓修辞立其诚；语言表达要得意，实现作者的"非分之想"——恰如其分之外的艺术追求，正所谓语言讲智巧。

三、领悟语体运用的艺术追求——智慧与风格

王尚文说"写文章，归根结底就是字句的安排"，作家在长期的斟酌与安排字句，寻求准确得当、得体得意之言的过程中，还会逐渐形成语言风格，诸如李白的雄奇飘逸，白居易的清浅通俗，鲁迅的冷峻犀利。带领学生理解这样的语言表达智慧与个性风格，虽然是语文教学的较高追求，但也已偶见于名师的课堂教学。教学《老王》时，我也做过尝试。

首先是品读体验，透彻理解这一处的语言智慧：

"老王给我们楼下人家送冰，愿意给我们家代送，车费减半。"

"他送的冰比前任送的大一倍，冰价相等。"

讨论了三个问题：这两句话在句子的组合方式上有什么特点？从这样的叙述中，你能看出老王的心理，或者说"我"看出了老王怎样的心理吗？从文章的叙事技巧看，是两个怎样的"我"在叙述？

学生发现，把"车费减半""冰价相等"这些意想不到、展示老王"高风亮节"的内容放在句后说，使句子表达的意思和情感有个突然的转折，能强烈刺激读者的情感，引发读者的深思。而透过字句表层，我们可以窥见老王的心理，他乐意用切实的行动、自我牺牲的方式来表达对

"我"及"我家"的敬重、同情与关心,来争取"我"和"我家"对他的同情与关心!同时,这样的表达形式蕴含两种叙事视角,一是当时因各种原因把自己"包裹"起来的"我",二是写作时早已产生了"愧怍"之情的"我"。两种视角的融合决定了句子的特殊组合方式,既表达当时的"我"内心和情感的复杂,又表达写作本文时"我"的自责、愧疚和至今仍有的震惊。

其次,在学生有了上面的言语经验后,我带领学生学习本文同样的话语方式,以纵横联系,领略作家的语言风格。

"有个哥哥,死了,有两个侄儿,'没出息'……"

"另一只是'田螺眼',瞎的。"

用"死了""没出息""瞎的"这样极其简洁的语言直陈其让人揪心的悲惨境况,并且放在后面说,让读者的情感也经历从燃起希望到骤然失望的过程,实则也是当时与写作本文时"我"的情感态度的流露。

接着我带领学生由这些句子概括杨绛散文的语言风格:用词用语平实、简洁、质朴,但平中见奇,简中意丰,朴中情炽!课后则让学生选读《我们仨》等,摘抄自己有感悟的句子,赏析杨绛散文的语言特色。

交际或写作就是人们创造属于自己的语言表情达意。"为人性僻耽佳句,语不惊人死不休",作家总是追求词必己出,出于己心,所以会点化俗语,妙用陈词,佳句层出,惊人语妙手常得,文章语言新颖别致,意味无穷。另一方面,不同的文体也有相应的语言风格。我们可以通过群文教学来归类与概括它们的共同特点,比如说明文,其语言基本要求是准确简明,而作者往往还会追求生动形象的说明,呈现出语言文字运用的智慧和风格。让学生鉴赏这样的语言风景,审美作家的表达智慧,不仅可以丰富学生的语言表达经验,提高语言表达能力,更可以提升学生的审美能力和表达品质,进而形成自己的语言表达策略和艺术风格。

叶圣陶说:"学习国文就是学习本国语言文字。"目的在于"去掉平常语言任意粗疏的弊病,达到精粹的境界,能够尽量运用语言"。[①]实

---

① 王尚文.语文品质谈[M].上海:华东师范大学出版社,2018:108.

际上，体味语体运用之妙，就是让学生看到并领悟语言文字运用的"精粹"，培养并不断提升语言素养，使之"能够尽量运用语言"阅读与表达。而"尽量运用语言文字，并不是生活上一种奢侈的要求，实在是现代公民所必须具有的一种生活能力"。①

---

① 叶圣陶语文教育论集[M].北京：教育科学出版社，1980：88.

依体教学《穿井得一人》

我所谓的"依体教学"之"体",有两个方面的内涵:一是文体,是文章独立成篇的体式或体裁。二是语体,是文章运用语言上呈现出的话语方式。作者为了实现自己的表达目的,总会自觉或不自觉地选择最为恰当的文体和语体。因此,在阅读教学中,我们就应该以探寻作者谋篇布局和遣词造句的密码为基础,在体悟表达智慧的过程中,理清作者的表达思路,体验作者的思想感情,相会作者的表达意图。

文言文不特殊、不神秘,它同现代作品一样,依然是表情达意的载体和工具。每一篇文言文的深处都是一个酣畅淋漓的表达者,他们借助文言,把生命讴歌成文章,把情思流淌成文学,把思想酿造成文化。只不过其"言"是古人对日常语言的聚焦、强化、变形和系统地偏离而形成的话语方式,其基本目的仍然在于实现作者的表达目的。

文言文教学不特殊、不神秘,也需要依体教学:解读作者为实现表达目的而运用语体和文体生成内容、思想、情意的原理,学习表达智慧,提高表达能力,培育语文素养。

一、变疏通字词为词语品味

文言文教学中,我们往往把主要精力和时间都花在字句疏通上,逐字释义逐句翻译,除了让学生背记课本中的注释外,还要补充很多的字词解释,并指出词性、用法等。却没有把"文言"放到语体规律中考量,很少带领学生品味作者选用语言材料的精妙,让学生习得遣词造句的艺术。

教学《穿井得一人》时,我则有意识地抓住了文中的几个关键词,带领学生从品读其语境义出发,体悟语体的表达智慧。

"宋之丁氏,家无井而出溉汲,常一人居外"中的"居"字该如何解释?我先给出这个字的本义"睡觉的地方或住所",然后与学生一道进行引申。从"住所"可以引申为动词"居住",再由"居住"可以引申为"停留"。

我适时点拨:这句话中的"居"字,用得很有深意,暗含着作者设计情节的密码,那么,在这句话中,哪一种解释更切合作者的表达目的呢?

经过争辩,学生认为解释为"居住"更具有表现力。因为从这句话中可以看出,对于种田人家来说,打水灌溉应该是一件重要的农活,灌溉不及时不彻底,都会影响一年的收成。所以,丁家农忙时节人手紧张却还要常常安排一人住在外面专门打水灌溉,这就严重浪费了劳力,从而突出了"井"的重要性,为丁氏打井成功而得意炫耀做了铺垫。

接着,我再抓住"穿"字做文章:我们都会说"挖井",而不说"穿井"。但文中偏偏用了这个"穿"字,这是为什么?

我要求学生给这两个字组词,在两组词汇中比较词义的差别,领悟其表现力。"挖"有"挖掘""挖墙脚"等词语,"穿"有"穿越""穿衣服""穿透"等词语。学生发现:"挖"侧重于动作,而"穿"强调"破""透",用在这里意在强调挖井要挖通、挖透,挖到"地透而水出"。为彰显汉字特点,我补充了有关资料,《说文解字》上说:"穿,通也。从牙在穴中。"以牙打通洞穴是穿之范式,让学生更深入地理解作者用"穿"的深意:不是每一家挖井都能成功,不是每一次挖井都能成功,这也就又交代了丁氏挖井成功得意炫耀的原因。

于是我又把教学的视点集中到"及"字的理解与感悟上:这里"及"字用得也非常有意蕴,表现出人物怎样的心情?学生兴趣浓厚,纷纷举手回答:

"及"是"等到"的意思,"及""穿井"成功,这不容易做到的事做到了,这不是每一家都能拥有的!这向往已久、渴慕已久的井在不断的酝酿与奋战下,挖好了!丁氏一定很有成就感、自豪感,因此早就要迫不及待地"告人曰"了。

语体分析的重点之一是品析作者的遣词艺术:结合词语的基本义,

分析语境义，辨析其附加义（诸如感情色彩、语体色彩、文化色彩、形象色彩等），品析选用语言材料的准确、得当，探究其表达效果的精彩、精妙，感悟作者"推敲"的智慧和艺术。

二、变知识讲解为情感揣摩

语体分析的重点之二是品析作者的造句艺术。

文言文教学，我们也特别喜欢讲解知识，诸如主动句、被动句、宾语前置句、词类活用等，其实，知识是手段，也是认知工具，更是表达情意的工具。作者用这种特殊的组合方式或表现手段造出这样的句子，一定有特殊的表达目的和艺术追求。而对读者来说，这样的句子很可能是理解文本的钥匙，它牵一发而动全身。而让学生记住这些知识不是目的，领悟作者的语言智慧，并积累成自己的表达经验，才是语文教学的职责。

《穿井得一人》当中自然也有这样的特殊句式，如"求闻之若此，不若无闻也"，用现代汉语语法来考察，这是个状语后置句。教学中我则把学生的关注点引导到这个句式的表达功能上：

我们把这句话改成"若此求闻，不若无闻也"，请大家比较一下，这两句话在表达上有哪些区别？

经过讨论，达成三点共识：一是朗读的重音不同，改句重音是"求闻"，原句重音是"若此"。二是语意重心不同，改句重心是"求闻"，强调的是得到听闻；而原句后置了"若此"，重心在"若此"，强调求闻过程中的方法与习惯——不辨别，不审察，不关心事情的真相，甚至是故意传讹。三是表达的情感不同，原句比改句表达的情感更强烈，对这种人生态度强烈不满，甚至是谴责批判，这就增强了寓言对人们的警醒作用。

三、变告诉寓意为文体解码

因为"文言"的教学几乎占满了课堂教学的时间，所以文本诠释往往被简化为架空分析，甚至是直接告诉。而这种分析与告诉，也没有把文章放到文体的视野内解读。本文是寓言，它通过讲述简短的故事、塑造鲜明的"人物"来寄寓意味深长的道理。因此，教学本则寓言时，我则带领学

"表达语文"：习得言意相称的表达智慧

生从人物和情节这两个方面来解码寓意。

主问题从文章最后一句话"求闻之若此，不若无闻也"中产生："若此"指的是哪些人的哪些做法？他们这么做是出于什么心理？因为这是揭示寓意的关键句。

1. 一个"告"字，展示了丁氏的迫不及待、激动炫耀之态。

"吾穿井得一人"，怎么理解这句话？

从这个对话环境上看是"我家挖井成功节省了一个劳力"之意。"得"是个多义词，其基本义是"得到（跟'失'相对）"，但在这个特定的交际语境中，可理解为"节省"。"人"的属性有很多方面，在这个语境中，指人的价值或功用。

这样的表述可能会产生怎样的后果？这样的话语方式一定会造成歧义，一旦脱离了这个交际语境，从字面上理解，或者听者断章取义，这句话的意思就是"我家打井得到了一个人"，就是"我家挖井挖出一个人"。这可就骇人听闻了！

丁氏不会准确表达吗？为什么这样表达？后文丁氏回答宋君的句子"得一人之使，非得一人于井中也"的表达就非常准确。丁氏之所以这样主动地"告人曰"，乃是出于得意炫耀心理，故弄玄虚。

2. 一"而"一"传"，再现了传者追求新奇、故意传讹的心理。

"有闻而传之者：'丁氏穿井得一人。'"塑造了传者怎样的形象？

在"传令""传达""传旨"等词语中，"传"都有忠实于事实传播之意，但脱离了"告人曰"那个特定的言语环境，"丁氏穿井得一人"就由价值判断变成了事实判断：丁家挖井挖出了一个人。

"而"字也用得极其精妙。"而"是连词，相当于"接着""就"的意思，表承接关系，连接了两个动作"闻"和"传"，表明这两个动作很连贯，没有停顿，尤其是没有思维的停顿。

"闻"到即"传"，突出表现了"有闻"者的不辨察真伪，不关心真相，急于传播的心态。也许对于"有闻"者来说，这可是一条不可多得的有传播价值的信息，一定能够博人眼球、引起轰动，机会难得，所以要在第一时间传播出去。

3.一个"道",绘尽了国人以讹传讹、猎奇好胜的心理。

"国人道之,闻之于宋君。""道"字用得精确而传神!上课时我也带领学生联系"道"在"讲述"这个意思上的有关成语,来分析它的附加义。比如:津津乐道,说东道西,道三不着两。"道"都隐含着夸大、歪曲、不着边际等的意思。"道"者只关心其离奇和怪异的情节,并添枝加叶,改编再造,以追求"道"的奇险惊心、离奇诡异。

"道"出了一场以讹传讹、愈传愈广的谣传"狂欢"。

而"闻之于宋君"这个情节的设计,也是匠心独运。

一方面说明谣传已是"满国传""满天飞"了。另一方面说明事体重大,后果严重了,也许这已经关系到国家治理,到了不可不治理的地步了,所以要汇报。而后文"宋君令人问之于丁氏"也印证了这一点。

4.一"令"一"问",塑造出察传慎行的正面典型。

"宋君令人问之于丁氏。"一"令"一"问",表现了宋君研判舆情后因势而为,精准处置;一个"问"字,还含有问责问罪之意,所以此时的丁氏思路清晰,表达准确,没有丝毫的模糊了。

谣言止于智者。宋君明察秋毫、英明睿智,是"察传"与"慎行"的正面典型,他抓住了问题的关键,直抵讹传的源头,查清了真相,平息了谣传,匡正了风气。

5.从"告"到"问",让寓意水到渠成。

"告"者故弄玄虚,成了讹传之源。"传"者故意脱离语境,断章取义,谣传正式开启。"道"者则是不问所以,猎奇传讹,推波助澜。这三处重要情节,展示了信息变形、不断夸大、日益严重的过程。"问"则让谣言水落石出,真相大白。由"告"到"问"从反面和正面完美地诠释了"察传""慎行"的深刻内涵。

四、由篇到类,概括寓言特点

依体教学,还需要帮助学生建构"体"之特征,教给学生由篇到类的阅读方法。于是,在课的最后,我则带领学生概括寓言在文体和语体上的特征。

寓言不是小说，不需要讲述曲折而多变的故事、塑造丰富而复杂的形象来寄寓一个道理（虽然我们可以从多个维度去解读）。所以寓言直指寓意讲故事，不添枝加叶；聚焦一点写人物，不旁逸斜出。

因为寓言短小精悍，所以语言简洁凝练、生动传神、一字千金。同时，寓言也是一种文学性体裁，所以语言又具有生动性、形象性、情感性等特点。

因此，阅读寓言，可以从情节、人物和语言等维度去解读寓意，学习表达智慧。

下编 探索与实践

《河中石兽》主要教学过程

执教时间：2017年5月22日
执教地点：新疆建设兵团农四师一中
课文来源：部编版义务教育教科书七年级下册第25课

同学们好：

我是来自江苏省句容市第二中学的侯红宝老师，很高兴能和大家一道度过一段美好的学习时光。今天我们共同学习的课文是《河中石兽》。

这篇文章的作者是谁？请你来读一下。注意读音。（纪昀 jǐ yún，注意"纪"作为姓的时候，读第三声）

标题"河中石兽"告诉我们哪些信息？（文章记叙的是关于河中石兽的事情）

那么，这篇文章讲了关于河中石兽的哪些事情呢？要告诉我们怎样的道理呢？下面我们来共同学习这篇课文。

一、我朗读——读准字音，读清句读

友情提醒，要读准下列画线字的读音。

寺临河干（gān）　　圮（pǐ）于河　　募（mù）金重修

棹（zhào）数小舟　　曳（yè）铁钯（pá）　　木杮（fèi）

湮（yān）没　　啮（niè）沙　　转转（zhuǎn）不已

溯（sù）流逆上　　欤（yú）

二、我解释——读通句意，了解规律

1. 请用现代汉语中的双音节词解释下列句中画线的词语。

沧州南一寺临河<u>干</u>，山门<u>圮</u>于河，二石兽<u>并</u>沉焉。

<u>阅</u>十余岁，僧<u>募</u>金重修，<u>求</u>石兽于水中，<u>竟</u>不可得。

<u>棹</u>数小舟，<u>曳</u>铁钯，寻十余里无迹。

尔辈不能<u>究</u>物理。

乃石性坚重，沙性松浮，<u>湮</u>于沙上，……

沿河求之，不亦<u>颠</u>乎？

<u>凡</u>河中失石，当求之于上流。

……必于石下迎水处<u>啮</u>沙为坎穴。

转转不<u>已</u>，遂反<u>溯</u>流逆上矣。

<u>然则</u>天下之事，但知其一，不知其二者多矣，可据理<u>臆断</u>欤？

思考：文言文和现代汉语中词语在音节上有何区别？

我积累：以单音节词为主，是文言文的一个基本特点。由于历史发展和语言的演变，双音节词已成为现代汉语的主体。阅读文言文，要有较强的单音节词意识，要善于用现代汉语中相应的双音节词去替换单音节词，以准确理解原文。

2. 请解释下列画线词语的意思，并概括这种语言现象的特点。

第一组：<u>如</u>是再啮   <u>如</u>其言

第二组：山门圮<u>于</u>河   求石兽<u>于</u>水中

湮<u>于</u>沙上   果得<u>于</u>数里外

第三组：岂能<u>为</u>暴涨携之去   啮沙<u>为</u>坎穴

我积累：一词多义的现象在汉语中是普遍存在的，在学习文言文的过程中，我们要注意整理和积累常见的多义词，要养成根据语言环境推断多义词意思的习惯。

3. 请解释下列画线词语的意思，思考这个词在现代汉语中的基本意思，并概括这种语言现象的特点。

<u>是</u>非木杮   尔辈不能究<u>物理</u>

我积累：阅读文言文还要注意那些古今意义发生了变化的词语。随着语言的不断变化，有的词义扩大了，有的词义缩小了，有的词义转移了。面对这些词义有变化的词语，如果我们用现代汉语中的常用意义去理解，就会误解原意，读不懂原文。所以我们也要注意积累这些意义有变化的词语。

4. 请翻译下列句子，想一想括号内应该补上怎样的词语，你能否概括语言规律？

僧募金重修（　　），求二石兽于水中，竟不可得（　　），（　　）以为（　　）顺流下矣。（　　）棹数小舟，曳铁钯，寻十余里无迹。

（　　）求之（　　）下流，固颠；（　　）求之（　　）地中，不更颠乎？

我积累：省略句是文言文常见的句式，省略的成分往往是主语、宾语或介词，在阅读时我们要注意根据语言环境补上被省略的成分，使句子完整，以更准确地理解原意。

三、我理解——文本意蕴

（一）我发现：文章内容

再读文章，思考下列问题（提醒：要找出原文有关语句，并用现代汉语解说）。

1. 文章记叙了一件什么事情？作者想通过这个故事告诉我们什么道理？

2. 围绕寻找石兽，出现了几个人？他们解决问题的办法分别是什么？

3. 他们中思考问题最全面、最准确的是谁？其他两个人考虑问题都有不同程度的"据理臆断"，他们只知的"其一"是什么？未考虑到的"其二"是什么？

老河兵——求之上流

石性坚重，沙性松浮，反溯流逆上矣

僧——求之原地，后求之下流

以为顺流下矣

>>> "表达语文"：习得言意相称的表达智慧

讲学家——求之原地深处

石性坚重，沙性松浮，渐沉渐深

（二）我发现：人物形象

1. 讲学家：

请你思考下列问题，并想象讲学家说这些话时的神情和态度。

（1）"尔辈不能究物理"句中把"尔辈"换成"诸君"如何？

（2）把"是非木柿，岂能为暴涨携之去？"改成"是非木柿，不能为暴涨携之去。"如何？

（3）"乃石性坚重，沙性松浮，湮于沙上，渐沉渐深耳"句中"乃"是什么意思？请选择，并说明原因。

　　A. 表示判断，可解释为"应该是"　　　　B. 于是

　　C. 才　　　　　　　　　　　　　　　　D. 你，你们

（4）把"沿河求之，不亦颠乎？"改成"沿河求之，是亦颠也。"如何？

2. 老河兵：

请你思考下列问题，也想象老河兵说这些话时的神情和态度。

（1）"凡河中失石，当求之于上流"句中"凡"是什么意思？塑造出老河兵怎样的形象？

（2）老河兵的话中有两个"必"字，能删去吗？为什么？

（3）把"求之下流，固颠；求之地中，不更颠乎？"一句改成"求之下流，固颠；求之地中，亦颠矣。"如何？

（三）我发现：作者情感

请你思考下列问题，体会作者情感，理解文章主旨。

（1）把文章点睛句改成"然则天下之事，但知其一，不知其二者多矣，故不可据理臆断。"如何？

（2）把"一讲学家"改成"一宿儒"（宿儒：老成博学的读书人）如何？同样，把"一老河兵"改成"一小河兵"如何？作者通过这些名字，想表达什么？

（3）把"众服为确论"改成"如其言，求之未果"如何？

（4）把"如其言，果得于数里外"改成"众服为确论"如何？

（5）作者用这样的叙事方式，想表达什么？字里行间，蕴含着作者怎样的情感态度。

补充资料：《阅微草堂笔记》中常常提到"讲学先生"，又称"讲学家""道学先生"。

他们的共同点：心胸狭隘，食古不化，外表端方，其实外强中干，虚伪自私；他们很自负，有了错误碍于面子也不会承认；他们崇尚空谈，不重实践……

纪晓岚平生不喜讲学先生，常常讲述故事对之进行抨击和嘲讽。

我总结：读文知人，从这一篇文章出发了解作者及其作品的特点。

纪昀，清代有名的才子，学识渊博，自幼聪慧过人。曾任《四库全书》总编纂官十余年，其作品涉猎文学、历史、哲学、政治、经济、地理等各个领域。

从这篇课文中，我们可以看出《阅微草堂笔记》的特点：该书主要记述狐鬼怪谈、奇闻逸事，其中有不少都包含着作者的寄托和感慨。文字质朴简约，有魏晋之风，是明清笔记小说中较著名的一部，与蒲松龄的《聊斋志异》并行享誉文坛。

四、我再读——读出语气，读出情感

五、我思考——探究发现

材料链接：山西永济蒲津渡是黄河上的重要渡口，蒲津渡浮桥在历史上很有名。唐代开元年间在渡口两岸各铸造了四尊铁牛（平均每尊重约36.5吨）、四个铁人、两座铁山等，组成了拴系浮桥所必需的锚碇系统。后因黄河改道，铁牛等没入水中，埋在地下。1989年，东岸铁牛由河滩下挖出，铁牛和铁人排列整齐，还在原址。

（资料见《唐铁牛与蒲津桥》，《山西文物资料》1999年Z1期）

结合课文内容，阅读以上链接材料，你又有了哪些思考？课后写下来，大家讨论一下。

"表达语文"：习得言意相称的表达智慧

《狼子野心》主要教学过程

执教时间：2017年11月24日
执教地点：南京市第十七中学
课文来源：自选

课前准备：教师发放没有加标点符号的《狼子野心》中的故事部分：
有富室偶得二小狼与家犬杂畜亦与犬相安稍长亦颇驯竟忘其为狼一日主人昼寝厅事闻群犬呜呜作怒声惊起周视无一人再就枕将寐犬又如前乃伪睡以俟则二狼伺其未觉将啮其喉犬阻之不使前也乃杀而取其革

一、好文章要有恰当的标点

1. 学生先加标点。
知识链接一：本课可能用到的标点符号
句号，表示一句话完了之后的停顿。
逗号，表示一句话中间的一般性停顿间隔。
顿号，用于句子内部并列的词或是词组（短语）之间的停顿。
提醒：完成之后，可以互相交流看一看。
2. 学生读课文，注意读出标点符号，教师追问加标点符号的原因。
3. 重点研讨，深入体会标点符号的作用。老师找到这两处，觉得中间可以加顿号，你同意吗？
（1）惊起周视（惊起、周视）
（2）再就枕将寐（再就枕、将寐）
老师小结：小标点可有大作用，有助于叙述故事，有助于塑造人物形象，提高表达效果，让文章更有艺术魅力。

二、好文章要写出好故事

1. 整体感知故事：这段文字字数虽少，却说了一个完整的故事，你能用自己的话复述这个故事吗？

提醒：建议你由人物切入。故事中涉及的人物有3个，分别是主人、二小狼、犬，请你模仿其中的一个人物，从他们的角度复述故事。同时提醒注意，在复述故事的过程中需要合理补充一些内容（尤其是心理活动）。

知识链接二：补充词语的解释

请大家把自己不懂的词语的解释记下来。

驯：驯良，驯服善良。

寝：睡，卧

厅事：这里指私人住宅的堂屋，可以解释为客厅。

再：特指第二次。

就：靠近。

寐：入睡，睡着。

前：从前，先前。

以：来，表示动作行为的目的。

前：上前，动词。

革：狼皮（去毛的兽皮）

2. 请你对同学的复述进行评价，评价要求：

（1）有没有讲错的地方？

（2）补充的内容是否符合故事情节的逻辑？

（3）是否生动形象？

老师小结：阅读文章的过程中，需要加进我们的联想和想象，这样体验才会深刻，理解才会更透彻。

3. 由情节切入，深入解读故事：

好文章就是要写出好故事。这篇文章与一般文章相比，在形式上还有一些不同，比如一般文章都会分段叙述，这样可以使文章脉络更加清晰，也更加好看。但这篇故事就是一段话。

想一想如果把这个故事分成几段话来叙写，你觉得可以分成几段，理由是什么？

知识链接三：关于故事的情节结构

从矛盾冲突的角度，一般可分为开端、发展、高潮和结局，还可以在开端前有序幕，在结局后有尾声。

提醒：本故事前有序幕，学生可能会误以为是开端。

4.讨论情节设计的特点：

（1）你觉得这个故事的情节设计有什么特点？（如悬念，让情节波澜起伏，扣人心弦）

（2）全文仅89个字，可作者却用了28个字写序幕，你觉得有哪些原因？（详写序幕，为故事做铺垫，突出二小狼和主人的形象与性格，以突出寓意等）

5.总结：短短89个字，作者不仅把故事叙写得条理清楚，情节完整，而且波澜起伏，扣人心弦，这样的文章有魅力。

三、好文章要写出好人物

1.讲好故事就是要塑造好人物形象，并通过人物的所作所为、所思所感寄寓深刻的道理。请你结合故事情节，紧抓关键词句，分析人物形象，包括二小狼、主人和犬。

知识链接四：如何分析人物形象？

我们可以从情节、表现技巧和关键词句等角度分析人物形象。

比如从用词用语的角度分析：二小狼，强调其"小"，说明狼此时力量薄弱，还不具备足够强的吃人本领，所以与犬相安，表现了狼的阴险狡诈，突出其本性难改。

比如从情节的角度分析："亦与犬相安"和"亦颇驯"，"相安"和"颇驯"，说明小狼伪装隐藏之深，心机之重，可谓处心积虑，目的就是为了迷惑主人。两次用"亦"也突出了狼处心积虑的时间之长，伪装之"真"，表现出作者用词的精妙。

分析人物形象时，你可能还会用到语文知识。

文章的表现技巧有：悬念、铺垫、正面描写（语言、动作、神态、心理描写等）、侧面描写、衬托、对比等。

在学生的回答中相机引导，点拨分析的角度和方法，比如：

（1）啮其喉（喉，直接攻击关键部位，写出狼的阴险狠毒）；

（2）竟忘其为狼（竟，写出了主人的疏忽粗心，含有责备之意）；

（3）主人昼寝厅事（正面写出了主人的毫无警惕，侧面写出了狼的胆大妄为，阴险狡诈），等等。

2. 请你从这些人物出发，分别概括寓意。

四、好文章也要写出好结尾

1. 回顾《狼》和《黔之驴》等课文，讨论其结构特点。（先说故事，后点明寓意）

2. 仿照《狼》和《黔之驴》的结尾形式，为本文补写结尾，以议论的方式点明寓意。可以用现代汉语，也可以模仿课文中的文言文写法。要求：观点鲜明，语言流畅，方法得当（如正反说理，或摆事实讲道理）。

五、好文章还要拟出好标题

1. 标题是文章的眼睛。这篇文章还缺个标题，请大家用四字成语的形式为文章拟个标题。（如引狼入室、狼子野心、狼心狗肺、忘恩负义等）

2. 为什么以"狼子野心"作为标题好？

六、请大家概括本课的学习收获

好文章要做到：

1. 正确、准确地使用标点符号，能为文章增光添彩。

2. 设置悬念，层层剥笋，不仅使情节完整，而且波澜起伏，扣人心弦。

3. 突出细节描写，可使人物形象鲜明、突出。

4. 文章标题要简洁、醒目。

5. 卒章显志，结尾可以议论点睛。

特级教师余志明点评

侯红宝老师执教的《狼子野心》是文言文阅读课，是非常精致的浅文深教的示范课。加标点的过程就是对语言理解的过程；分析人物形象建立在对字、词、句的理解上，从关键词语的体悟中来理解；给文章拟标题，给文章写结尾，都是不露痕迹的读写结合的典范。文言文教学要做到言文并重，怎样去落实？复述故事就是言文并重，读写结合就是言文并重。而且我始终认为，读写结合的阅读，才是深度阅读。

与会教师学习心得

李老师（周口商水县）：最喜欢侯老师执教的《狼子野心》，从加标点符号、复述故事情节、分析人物形象、拟写标题、补写结尾五个方面进行学习，改变了以前我们讲授文言文的套路，调动了学生的积极性，收到了很好的教学效果。

徐老师（开封杞县）：侯红宝老师执教《狼子野心》一文，更是妙不可言。侯老师从添加标点、设置情节、刻画人物、拟写标题和写好结尾入手，教给学生方法，培养学生语文能力，使学生的思维能力得到发展和提升。教学环节的推进如行云流水，自然流畅，滴水不漏，严谨有序。

吕老师（汝州陵头）：侯红宝老师的文言文《狼子野心》一课的教学，非常朴实，毫无花哨之处，满堂课就是点拨、启发学生，让学生处于读书、思考、归纳，然后发表自己的见解之中。我觉得一节好的语文课就是要让学生在读中思考，读中质疑，读中理解。

李老师（安阳龙安区）："授之以鱼，不如授之以渔。"这是侯红宝老师的课带给我的顿悟与深思。侯红宝老师执教的文言文《狼子野心》，精心设计教学环节，而每个环节设计的问题都有相应的答题方法、技巧的提示。学生不仅根据提示解决了本课中的问题，而且掌握了解决此类问题的诀窍。

【让思维不断发生的课才是好课】

这次学习促使我对自己的教学进行了深刻的反思。自己在平时教学中因为课时的关系，为了追求分数，有时忽略了对学生语文思维的训练。庭院深深深几许，有人认为语文是浅浅的教，这次专家的每节课都是浅文深教，尤其是《狼子野心》，短短89字的一篇文言文，侯红宝老师通过加标点、分析情节、分析人物、做批注、补结尾、谈感悟等环节带着学生把这篇小文重新写了一遍，这种教法对于平时教短文言文感到困惑的老师无疑是一个很好的借鉴。生有涯而知无涯，活到老学到老，只要用心思考，用心研读文本，用心研读课程标准，用心研读新教材的阅读提示、批注和课后习题，用心设计教学环节，用心了解学情，就能上出一节节受学生欢迎、让学生有收获的语文课。

> "表达语文"：习得言意相称的表达智慧

《写好考场作文》主要教学过程

执教时间：2016年9月22日

执教地点：淮北师范大学

学生：七年级

教材来源：自编

一、出示照片

讨论：你知道他是谁吗？

追问：莫言他自己认为获得诺贝尔文学奖的原因是什么？

（我是一个讲故事的人。因为讲故事我获得了诺贝尔文学奖。——莫言）

提问并讨论：在考场中，如何把故事写好，并且能得高分？

二、出示学生考场作文的开头

题目：抿嘴一笑

"哈哈哈哈，我竟然考了第一名！第一名！哈哈！"我得到这个喜讯后高兴得一蹦三尺高，放声大笑起来。我的几个好朋友闻讯立即跑到我面前，竖起大拇指："你太厉害了！""是啊，真不简单！""真了不起，给哥们争光了！"一听这些话，我更加得意了，跳到了桌子上，手舞足蹈着："哈哈哈哈，谁说我不行！我考了第一名！第一！"

"切，有什么了不起的！"忽然背后传来了一句很小的声音。"你竟敢不尊重我？我可是第一名！"我愤怒地说道。

请你诊断：文章写到这里，有没有出现问题？

知识链接：

抿：（嘴、耳朵、翅膀等）稍稍合拢；收敛：~着嘴笑。

——《现代汉语词典》第7版第910页

三、考场作文妙招一：情境审题法

1. 设计具体情境，体会题目中蕴含的主题：

当别人赞美我时，我抿嘴一笑。

当别人误解我时，我抿嘴一笑。

当知道自己考了第一时，我抿嘴一笑。

当知道自己失败未能如愿时，我抿嘴一笑。

……

2. 确定写作中心，在以上具体情境中"抿嘴一笑"蕴含的中心有：

谦逊、不张扬、内敛

宽容、大度、友善、不斤斤计较

自信、豁达

积极、乐观、奋进

……

3. 有没有同学认为，文章写到这里没有任何问题？如果没有问题，那么如何理解这个开头？

知识链接：文章的写作技巧

《醉翁亭记》开头的写作技巧。

环滁皆山也。其西南诸峰，林壑尤美，望之蔚然而深秀者，琅琊也。山行六七里，渐闻水声潺潺而泻出于两峰之间者，酿泉也。峰回路转，有亭翼然临于泉上者，醉翁亭也。

环滁——西南诸峰——琅琊——酿泉——醉翁亭：层层渲染铺垫，众星捧月，正面衬托。

思考：这篇考场作文的开头是否也可用"正面衬托"的写法？

《白杨礼赞》一文第一段的写作技巧：

作者情感变化过程：雄壮、伟大——单调——惊奇——赞美

写作技巧：欲扬先抑，思想情感变化。

作用有：为下文铺垫、蓄势；构成文章情感的波澜，造成鲜明对比，更具文学性；衬托主要"人物"的形象，突出文章中心。

思考：这篇考场作文的开头是否也可运用这样的写法？

四、考场作文妙招二：以思想情感变化为线索

1. 请你回顾，哪篇课文在运用这种写作技巧方面给你留下了深刻印象？

知识链接：以思想感情变化为线索

《我的叔叔于勒》

盼于勒——赶于勒——怕于勒——躲于勒

2. 请你献策：如果接着写下去，后面可能会发生哪些事情？

提醒：

（1）注意最终的结果应该是"我"抿嘴一笑。

（2）能够写别人想不到而又合情合理的事情。

（3）请你先设计好思想情感变化的过程，再写作：

得意 ⇨ 愤怒 ⇨ ☐ ⇨ ☐ ⇨ ☐

五、互评作文，推荐共享

同座位同学互换作文阅读，要求：

1. 读同座位同学的作文，用几个词概括其情感变化的过程。
2. 画出描写生动的地方，并指出他使用的方法。
3. 依据故事要生动曲折的要求给作文评分（优秀、良好、一般）

六、考场作文妙招三：写好结尾

1. 思考并讨论：文章结尾有什么作用？

知识链接：文章主题要鲜明

他（作家）用自己的故事来表达对人生社会的种种看法。他要用他的故事来歌颂真善美，揭露和鞭挞假丑恶。

——莫言

主题是作者在文章中通过一系列精心选择、剪裁并编织起来的具体材料所表达的最主要的思想和倾向。

2. 请你给自己的文章改写或补写一个简短而又能深化中心、升华情感的结尾。

七、思考：这节课你有什么收获？

写好考场作文：

在于切题

在于波澜

在于感悟

在于细节

附　写作《抿嘴一笑》这篇考场作文，你可能会用到的诗句

1. 关于人生得意的诗句：

人生得意须尽欢，莫使金樽空对月。

人生得意定谈夸。除却西湖，不记谁家。

天生我材必有用，千金散尽还复来。
诗情驰骋大江北，画意纵横大江南。
人生得意无南北，蝇利蜗名等鸡肋。
漫漫阳春不见秋，人生得意总忘愁。

2. 关于经受磨难的诗句：

长风破浪会有时，直挂云帆济沧海。
不经一番寒彻骨，怎得梅花扑鼻香。
宝剑锋从磨砺出，梅花香自苦寒来。
千淘万漉虽辛苦，吹尽狂沙始得金。
衣带渐宽终不悔，为伊消得人憔悴。

3. 关于虚心的诗句：

虚心竹有低头叶，傲骨梅无仰面花。
未出土时先有节，已到凌云仍虚心。
谦受益，满招损。
尺有所短，寸有所长。
梅须逊雪三分白，雪却输梅一段香。
恬淡游莲幕，谦虚践玉常。

4. 关于宽容、大度等的诗句：

海纳百川，有容乃大。
壁立千仞，无欲则刚。
意志坚如铁，度量大似海。
大足以容众，德足以怀远。
君子量不极，胸吞百川流。
忍一时风平浪静，退一步海阔天空
宽而栗，严而温。
事不三思终有悔，人能百忍自无忧。
东海广且深，由卑下百川；五岳虽高大，不逆垢与尘。
不以物喜，不以己悲。

《卖油翁》课堂教学实录

开课时间：2018年3月22日
开课地点：淮北师范大学
教材来源：部编版义务教育教科书七年级下册第13课
时长：2课时

一、导入

师：同学们，大家好！

在正式上课之前，先自我介绍一下我的上课特点，我上课的风格可能跟你们老师不太一样，我喜欢把这节课有可能会用到的语文知识先提供给大家，它们有可能会用到，也有可能会用不到，但我希望你们能够尽量地全部用上。（出示投影片）

> 友情提醒：本节课可能用到的语文知识
> 1.关于情节结构（开端、发展、高潮、结局。还可以前有序幕，后有尾声）
> 2.关于人物描写方法（神态、动作、语言、心理等）
> 3.关于句式的语气类别（陈述句、疑问句、祈使句、感叹句等）
> 4.关于标点符号（问号、句号、叹号等）
> 5.关于标题的作用
> 6.关于文章的详略安排

师：请大家自己小声地读一遍。

师：现在我们开始上课。我们先从一则趣事说起，我们中国历史上有一位大文豪，才华出众，官居高位，同时还是一位历史学家。文章写好以后，他要抄很多份贴在家里，早上起来的时候要看一看，晚上睡觉的时候再看一看，看的目的是思考文章还有没有需要修改的地方。有一次他写了一篇文章叫《醉翁亭记》，写好以后他自己修改了很多遍，但他还是觉得不太满意，于是他就抄写了很多份。这次不仅是贴在家里，还贴在了滁州城内，让过往行人看一看，提建议。

过往行人看了以后都说这篇文章写得非常好，文字精练，文辞优美，而且气度雍容。但有一个砍柴的老樵夫，他觉得这篇文章有值得修改的地方。这位大文豪立刻就把他请到家里来，虚心向他请教。大文豪就开始读他的文章给樵夫听："滁州四面皆山也，东有乌龙山，西有大丰山，南有花山，北有白米山。其西南诸峰，林壑优美……"读到这里的时候，老樵夫说停一停，停一停，问题就在这儿，啰唆的地方就在这里。他说："我经常去山上砍柴，往那儿一站，一转身就可以看到四周都是山！"欧阳修听后忙说："言之有理！"随即修改为"环滁皆山也"五个字。这就是我们今天看到的《醉翁亭记》的言简意赅的开头。这个开头改得太妙了，被称为古代文言文开头的典范，这不仅仅改的是文字，更重要的是改出了作者的那种雍容的气度和阔大的胸怀，所以《醉翁亭记》成为千古美文。这位大文豪是谁？

生：欧阳修。

师：是的，一代文坛领袖欧阳修。从这个故事中，你得到什么启示？

生：虚心接受别人的建议，好文章是改出来的。

师：文章不厌百回改，好文章是改出来的，同时，老师还要提醒大家。修改文章不仅仅是文字的修改，更重要的是精神境界要同步提高，只有精神境界提高了，文章才能写得好。欧阳修就是这样，他的一生都在修炼他的精神境界，所以他的文章能开一代文风。我们今天学习的《卖油翁》这篇文章，就是这位大文豪的代表作，它一直是我们初中语文课本中的一篇必读课文，必学课文。不仅你们在读，我们那个时候也读，这篇文章写得太好了，那么这篇文章好在什么地方呢？作者是怎么把它写好的呢？今天的课，我们就重点研究这些问题。

二、出示投影

> 阅读文言文的第一境界：读顺课文
> 要求：
> 1.读准字音
> 2.读对节奏

师：本文是一篇文言文，与现代文不同，老师觉得读文言文有三个境界，第一个境界叫读顺，要读得通畅，读得顺畅。有两点要求，第一是读准字音，第二是读对节奏。

我想随机请一位同学来读一读课文，好不好？你来读一下。请大家认真听读，思考读音有没有错误的地方，节奏有没有不对的地方。

生1：（读课文）

生2：有读得不准的字音，"释担（dàn）"而不是"释担（dān）"。

师：为什么读dàn呢？这个词有几个读音？

生2：有两个读音。读dān的时候是动词，"挑"的意思。在这句话中这个字应该读dàn，是个名词，意思是"担子"。"释担"就是"把挑的担子放下来"。

生3："见其发矢十中八九"，"矢"应读shǐ，第三声。

师："矢"是什么意思？

生3："箭"。

师："发矢"就是发箭，他的技术怎么样？

生3："十中八九"。

师：读得很好。这句话中的"中"，读zhòng，"射中"的意思。还有吗？

生4："睨之，久而不去"句中的"睨"，应该是第四声。

师：好的，那么"睨"是什么偏旁？是什么意思？

生4：目字旁。

师：所以这个字的意思跟人的什么有关？

生4：跟"目"有关，"看"的意思。

师：看，那他的"看"是一种什么样的"看"？

生4：斜着眼睛看。

师：看的方式，可传达着"看"的人的感情与态度。你从"斜着眼睛看"中可以看出这看的人看的时候是什么样的感情或态度吗？

生4：有点不尊重，小看他。

师：哦，是的，我故意不正眼看你，就是有点儿不尊重你、看不起你的意思。好，还有吗？

生5："徐以杓酌油沥之"这句话，读的节奏不对，应该在"杓"处停顿。

师：为什么要这样停顿？

生5："徐"是"慢慢的"，"杓"是"勺子"，"酌油沥之"是动作。

师："酌油沥之"是动作，"以杓"是动作行为的方式，所以这里的朗读节奏应该是在修饰语和中心语之间停顿。请坐。

师：（出示投影）老师再提醒一下，大家在读的过程中，有的同学有读错的地方，有的同学读得完全正确，但是我这里提出的需要注意的几个字的读音，是面向全体同学的提醒。我们一起读两遍。

> 1.注意下列词语的读音
> 释担dàn　　自矜jīn　　睨之nì　　颔之hàn
> 尧咨yáo zī　　矢shǐ　　忿然fèn　　杓sháo
> 酌油zhuó　　沥之lì

（生齐读）

师：老师也提醒大家需要注意几个句子的朗读节奏。我们先来齐读第一句，注意在你认为停顿的地方，停顿的时间稍微长一点。（出示投影）

> 2.注意下列句子的朗读节奏：
> 陈康肃公善射
> 尔安敢轻吾射
> 徐以杓酌油沥之
> 你发现，一般情况下怎么划分朗读节奏？

（生齐读）

师：很明确，分两个节奏，再读一遍。

（生齐读）

师：在"公"的后面断一下。为什么呢？你来说。

生6：前面是人，后面是动作。

师：从语法的角度看，前面是？

生6：前面是主语，后面是谓语。

师：那就是说在主语和谓语之间断一下，这是根据语法来断句的。关于朗读节奏，前面说过了一个注意点，就是修饰语与中心语之间要断一下。现在补充第二点，主语和谓语之间可以断一下。如果有宾语，在宾语那里还可再断一下。朗读节奏根据这几个标准去划分。

师："陈康肃公善射"的"公"是什么意思？

生6：对男子的尊称。

师：尊称，对他表示非常尊敬，可见欧阳修对陈康肃这个人尊重不尊重？

生6：尊重。

师：陈康肃这个人，是个状元，文武全才，做了大官，"康肃"是什么意思？

生6：是他的"谥号"。

师：什么是"谥号"？大臣去世之后，皇帝给他的一个评价。皇帝给这个人的评价是"康肃"，从这里看出来，欧阳修写这篇文章的时候，陈康肃已经去世了。这是第一句，第二句怎么读？你来读一下。

生7：尔安敢轻吾射

《《"表达语文"：习得言意相称的表达智慧

师：为什么这么读？

生7：这句话的意思是你怎么敢轻视我的射术。

师：它符合刚才说过的哪一个划分节奏的标准？

生7：主谓宾。

师：太好了，请坐。"尔"是主语，"安敢"是谓语，"轻吾射"是宾语。就要这样去读。第三句我们刚刚已经说过了，将三句话连起来读一遍。

（生齐读）

师：大家学得很快，出乎我的意料。下面我们一起来将文章读一遍，注意读顺畅。当然，读出情感就更好了，准备好了吗？

（生齐读）

三、出示投影

> 阅读文言文的第二境界：读懂课文
> 要求：能借助注释、工具书，尤其是借助学过的知识，做到：
> 1.理解重要词语的意思；
> 2.会用现代汉语正确翻译课文。

师：阅读文言文的第二个境界是读懂课文，也有两个要求：一是理解重要词语的意思；二是会用现代汉语正确翻译课文，以知道文章所写的内容。方法是借助注释、工具书，在这里，老师要特别提醒同学们，要借助学过的知识，运用学过的知识来学习文言文，如刚才说的"睨"字，它是目字旁，所以字义跟眼睛有关，是"斜着眼睛看"的意思。再比如"沥"字，偏旁是三点水，"液体一滴一滴地落下"叫"沥"，有个成语叫呕心沥血，就是说血一滴一滴往下滴。下面请大家对照注释去读课文，有问题可以先标出来。开始。

师：好，现在我们互学讨论，相互讨论不懂的问题。

生8："因曰"的"因"，我不懂是什么意思。

师：哪位同学来帮他解疑？

生9："因曰"是"接着说"，"因"是"于是，就"的意思。

生10："尝射于家圃"句中的"尝"是什么意思？

生11：这句话的意思是：曾经在家里的园子里射箭。所以"尝"是"曾经"的意思。

生12："乃取一葫芦置于地"句中"乃"是什么意思？

师："乃"解释为"就，于是"。还有吗？

生13："以钱覆其口"句中的"覆"。

师：你能给这个字组词吗？试试？

生13：覆盖。我知道了，"以钱覆其口"就是"用钱盖住葫芦的口"。

师：你很会学以致用。我很欣赏你。

生14："吾射不亦精乎"句中的"亦"是"难道"的意思吗？

师：这个句子是反问句，在翻译反问句的时候可以加上"难道"一词来表达反问语气，但"亦"不是难道的意思，它仍然是"也"的意思。

师：（出示投影）好，现在我来检查一下大家的学习效果：下列词语或者短语的意思你是否知道？一个个地说，这一排同学先来，第一个词："公"？

1.你能解释下列词语或短语的意思吗？		
公	以此自矜	睨之
但微颔之	但手熟尔	笑而遣之
公亦以此自矜	以我酌油知之	徐以杓酌油沥之
但手熟尔	惟手熟尔	尔安敢轻吾射

生：对男子的尊称。

师：第二个"以此自矜"？

生：因此自我夸赞

师："睨之"？

生：看。

师：正眼看还是斜眼看？

生：斜眼看。

师：看谁？

生：陈康肃，这句话的意思是"卖油翁斜着眼睛看陈康肃射箭"。

师："但微颔之"？

生：只不过微微点头。

师："但手熟尔"？

生：只不过手熟罢了。

师：用一个词来形容？

生：熟能生巧。

师：后面的解释请这一组右边这一排的同学依次回答。"笑而遣之"？

生：笑着打发他走了。

师：谁笑着？打发谁走了？

生：陈康肃笑着打发卖油翁走了。

师：下面有点难度，解释多义词的意思。

生："公亦以此自矜"句中"以"是"因为"的意思，"以我酌油知之"中的"以"是"凭借"的意思，"徐以杓酌油沥之"句中的"以"是"用"的意思。

生："但手熟尔"句中的"尔"是"罢了"的意思，是通假字。"惟手熟尔"句中的"尔"也是"罢了"的意思，"尔安敢轻吾射"句中的"尔"是"你"的意思。

师："你"是第几人称代词？

生：第二人称代词。

师：好。下面我再检查大家学习的效果，请这一排的同学依次翻译句子。（出示投影）

> 2.你能用现代汉语翻译下列句子吗？
> 陈康肃公善射，当世无双，公亦以此自矜。
> 尝射于家圃。
> 汝亦知射乎？吾射不亦精乎？
> 尔安敢轻吾射！
> 徐以杓酌油沥之。
> 我亦无他，惟手熟尔。

生：陈康肃擅长射箭，举世无双，他也凭着这一点自夸。

生：他曾经在自家园子里射箭。

生：你也会射箭吗？难道我的射箭技术不精湛吗？

生：你怎么敢轻视我的射箭技艺！

生：慢慢地用勺子把油滴进葫芦。

生：我也没有别的奥秘，只是手熟罢了。

师：大家学得很认真，很积极主动，所以掌握得很好。

四、出示投影

> 阅读文言文的第三境界：读通课文
> 1.正确理解文章的内容和写作技巧；
> 2.正确理解文章的主旨、意蕴。

师：现在我们来到了阅读文言文的第三境界，这可又增加了学习的难度了。学习文言文的第三境界，是要读通课文，也有两点要求：第一是能正确理解文章的内容和写作技巧；第二是要正确理解文章的主旨、意蕴。

我们先讨论第一个问题：文章讲了一个怎样的故事？请考虑人物，事情的起因、经过和结果等要素概括。

师：我们还可以把这个问题分解成几个小问题：第一，关于谁的故事？

生15：陈康肃

师：主人公是谁？

生15：陈康肃

师：文中可是有两个人物的哟，陈康肃和卖油翁，到底谁是主人公呢？

（生有说陈康肃，有说卖油翁。）

师：我们在概括故事的时候是从陈康肃的角度，还是从卖油翁的角度呢？文章讲的是关于卖油翁的故事，还是关于陈康肃的故事？

（生产生疑问）

师：老师提醒一下，眼睛是心灵的窗户，标题可是文章的眼睛哟！标题蕴含着作者的情感态度，标题暗示着文章的中心。所以我们考虑问题的时候千万不能跳过标题。而本文的标题是《卖油翁》，暗示本文是把卖油翁这个人物作为重点来讲述故事的。

师：考虑谁是主人公的问题，除了从标题的角度考虑，我们还可以从文章的详略安排的角度来分析。大家看文章，写谁的文字更多些，更详写，详在哪里？

生15：老师，我认为写卖油翁的文字更多些，更加详细些，不仅有语言描写、神态描写，而且突出描写了他倒油的细节。

师：那么，你能猜测一下作者详写卖油翁的原因吗？

生15：表现了他的倒油技艺更高超，比陈康肃的射箭技术更精湛。

师：很好。是的，我们再从文章的详略安排来考察：两个人物都很重要，都是这个故事中的重要人物，文章对两个人的描写也都生动形象，但相比之下对卖油翁的描写要更加详细些。

所以，我们可以从卖油翁的角度概括故事。下面，我们接着思考第二个问题：故事发生的原因是什么？这个问题有一定的难度，所以要深思。

生16：陈康肃正好在家中的园子里射箭，被卖油翁看见了。

师：就此产生矛盾了吗？为什么会产生矛盾呢？

生17：陈康肃射箭十中八九，卖油翁表示肯定点了点头，但却是睨之，陈康肃就想一个卖油翁也敢质疑自己射箭的本领？

师：睨之，表明了什么？

生17：不是很尊重。

师：陈康肃认为，这个卖油翁看了自己的射箭技艺应该拍手称赞才对，但是卖油翁没有，所以矛盾产生的原因是什么呢？我们将第一句读一下。

（生齐读第一句）

师：把第一句后半部分"以此自矜"去掉行不行？为什么？

生17：不行。以此自矜，是说陈康肃因为自己的本领高强而骄傲自满，自夸自大。

师：对，同时也说明，陈康肃射箭本领高强在当时也得到广泛的赞誉，人们都认为这是他值得骄傲的资本。

生18：不能去掉。就是因为卖油翁没有称赞陈康肃，让陈康肃很不高兴，他骄傲自满的心理没有得到满足，两人就产生了矛盾。

师：陈康肃射箭举世无双，本领高超，以此自矜，满心以为看到他射箭的所有"观众"，都一定会赞赏他，敬佩他，成为他的"粉丝"。但卖油翁却没有拍手称赞，从而产生了矛盾。概括地说，就是陈康肃的自傲、自以为是和卖油翁的不赞美、不在意产生了矛盾。

好，下面我们讨论第三个问题，这个矛盾怎么解决的呢？是用什么方法来解决的呢？

生19：卖油翁，通过倒油的方式解决的。

师：通过倒油的方式让他明白了什么道理？

生19：熟能生巧的道理。

师：他油倒得好不好？哪句话写出他倒油倒得好？

生20："自钱孔入，而钱不湿"。

师：这句话要好好品味，"自钱孔入，而钱不湿"，你从这句话中发现了什么？

生20：古代的钱里面是方的，外面是圆的。

师：也就是说，油从方口那里滴进去，但这个钱沾到油没有？

生21：没有。

师：我们再思考，陈康肃看着油"自钱孔入，而钱不湿"之后是不是暴跳如雷了？

生21：不是。

《《《"表达语文"：习得言意相称的表达智慧

师：他是怎样的表现？

生21："笑而遣之"。

师："笑而遣之"说明康肃怎么样？他的火气还有吗？气愤还有吗？

生21：没有。

师：那他是什么态度？

生21：尊敬。

师：很好，尊敬。为什么尊敬啊？你说。

生22：卖油翁倒油"自钱孔入，而钱不湿"。陈康肃射箭只是"十中八九"。

师：你是说卖油翁的技巧，比陈康肃还要好？对的。这是一种什么写法？

生22：对比。

师：很好，对比，这样写有什么好处？

生22：写出了卖油翁的技术更高超。

师：这技艺高超到了什么地步？是不是比他射箭十中八九还要厉害？所以，陈康肃会是怎样的心情？

生22：惊叹，佩服。

师：被折服了，感到震惊。在高人面前，他不得不低下高贵的头颅。回答得真好，请坐。读到后面的时候再对照前面，开头强调十中八九，也就是说他还有一两箭不中。但卖油翁怎样？那么多勺油却没有一滴沾在钱上，可见他的技术更高超。这是对比，卖油翁用事实告诉他一个道理——人外有人天外有天，自有高人在民间。

师：好，我们一起来概括一下这个故事。卖油翁看到陈康肃恃才自傲，想教育他一下，所以他就用倒油这个事实告诉他，你技术精湛只是熟能生巧而已，但人外有人天外有天，所以不可以此自傲。

好，老师刚刚也说了，我们学习课文不能仅仅到这里为止，还需要有更高的追求。我们中国有一位诺贝尔文学奖获得者叫莫言，他在获奖感言中说：我是一个讲故事的人。因为讲故事我获得了诺贝尔文学奖。这说明一个作家一定要会讲故事，要擅长讲故事。欧阳修也是会讲故事的人，他是怎样讲述卖油翁的故事的呢？用了哪些巧妙的方法来讲好这个故事的？

有哪些好处？我们现在呢，就讨论这样的问题。

提醒一下，我们可以从以下角度思考讲故事的技巧。（出示投影）

> 提醒：可以从以下角度思考讲故事的技巧
> （1）描写人物用了哪些方法？
> （2）人物的语言在句式上有什么特点？
> （3）陈康肃对卖油翁的称呼，有没有变化？为什么？
> （4）推动情节发展，制造紧张气氛的方法有哪些？各有什么好处？
> （5）其他角度，如标题、详略安排、标点符号等

师：请大家自读课文，选择感受最深的地方做批注，然后举手发言。

（生自读做批注，师巡视）

师：我发现我们很多同学已经做了很好的批注，但不少同学只关注到描写人物的方法，如神态描写、动作描写等。老师希望你们的关注范围更广阔些，比如，这个地方的人称是有变化的，标点符号也有值得品味的地方，等等。可以把这些发现先画出来，然后写上自己的感悟。

生23：卖油翁出现的目的就是要激怒陈康肃，挑衅他，然后告诉他一些道理。

师：很好，卖油翁运用的是什么"战术"？

生23：应该是"激将法"。

师：故意激起他的愤怒，让故事情节曲折生动。你还有什么感悟？

生23：文章中有几处使用了感叹号，加强了语气。

师：请你读一下，注意读出语气。

生23：（读"尔安敢轻吾射！"）写出了陈康肃非常生气。

师：写出了他在指责，他在怒斥。他为什么要生气？

生23：因为卖油翁看不起他的射箭技艺。

师：因此激起了他的愤怒，那卖油翁为什么要激起他的愤怒？

生23：因为卖油翁想要告诉他一个道理：惟手熟尔。

师：你的理解很深刻。还有其他同学要发言吗？

生24：卖油翁的语言。

师：他一共说了几句话？

生24：三句。

师：请你把这三句话连在一起读一下，注意读出不同语气。

生24：（读"无他，但手熟尔""以我酌油知之""我亦无他，惟手熟尔"）我觉得这三话语气都很平淡。

师：你品味出这三句话的语气都是平淡的，那他为什么要用平淡的语气来说呢？平淡的语气表明他什么性格？

生24：镇静。

师：面对陈康肃的咄咄逼人，那一种盛气凌人，甚至还怒斥"尔安敢轻吾射"，一般的老百姓吓得腿都要软了，但卖油翁却是处变不惊，镇静自若。你觉得这样的语言描写塑造了他怎样的形象？

生24：说明这个人淡然、沉稳，很冷静。

师：从句式上看，这些句子是陈述句还是疑问句？

生24：陈述句。

师：都是陈述句，都用句号，说明语气很平淡，表明说话的人情绪没有大的变化。还说明卖油翁对自己高超的技艺抱什么态度？有没有自矜？骄傲没有？

生24：没有。他是以平常心对待自己的技艺，不得意，不骄傲，不炫耀。

师：说明这个人胸怀很宽广，境界很高，很沉稳。老师还觉得，他好像也是在用自己的事例告诉陈康肃，对待自己的优点或过人之处，要不得意，不骄傲，不炫耀。

师：我们一起来把这几句话连在一起读一下，因为是沉稳的人，因为是语气平淡的陈述句，所以语速要慢一些，语调要平一些，感情要淡一些。

学生朗读。

师：语言的背后，一定蕴含着作者寄寓的情感和追求的艺术效果。那么我们就来体验和分析一下卖油翁的这几句话，从中我们能获得哪些信息呢？

生25：我觉得"无他，但手熟尔"这句是在批评陈康肃。

师：这时，陈康肃的脸色好不好？

生25：不好，"忿然"，非常生气。

师：那么你觉得陈康肃是如何理解卖油翁说的这句话的？

生25：从"尔安敢轻吾射"这句话可以看出，陈康肃认为，卖油翁是轻视、看不起他的射箭技艺。

师：我很欣赏你的理解。"无他，但手熟尔"，确实表达着卖油翁的轻视态度，同时也是在教育陈康肃，故意进一步地激怒陈康肃。我想作者写这句话可能还有另外艺术追求，请大家想一想这句话对情节发展有没有作用？

生26：引出下文情节。

师：引出下文什么样的情节？

生26：除康肃的忿然和酌油等。

师：我很赞同你的理解。这是作者讲故事的技巧之一，用人物的语言推动情节的发展，同时让气氛越来越紧张。下面我们讨论卖油翁的第二句话，他说的是"以我酌油知之"。为什么在这个时候说这句话？

生26：因为之前陈康肃对他说"尔安敢轻吾射"，卖油翁说这句话就是想表达我就是轻视你的射箭技艺，射箭技艺高又有什么好骄傲炫耀的呢？

师：老师想追问你一个问题：陈康肃说完"尔安敢轻吾射"后，他可能会怎样对待卖油翁？

生26：我觉得这时的陈康肃气愤到了极点，可能会采取不理智的行为，甚至会上去把卖油翁揍一顿。

师：你们觉得他们要怎么样了？是不是感觉要打架了？好，现在我们来看一下补充材料。（出示投影）

补充资料一：

陈尧咨，北宋名臣，状元，文武双全。《宋史》记载他知兵善射，"尝以钱为的，一发贯其中"。并以此自豪。

他办事决断，他做地方官时注重水利，发现长安饮水十分困难，便组织人力，疏通了龙首渠，解决了百姓的生活用水问题。

但陈尧咨为人盛气凌人，性情刚戾（lì，暴戾），脾气暴躁，为政"用刑惨急，数有杖死者"。

"表达语文"：习得言意相称的表达智慧

陈康肃是北宋名臣，状元，文武双全。但为人脾气暴躁，盛气凌人，性情刚戾，为政"用刑惨急，数有杖死者"。"杖死者"什么意思？

生27：用棍子打死人。这句话是说他做官严厉，有很多次都把人打死了。

师：如果这个时候卖油翁不是说"以我酌油知之"，而是说我就是看不起你，你的技术就没我好，你觉得陈康肃会怎么做？

生27：说不定就会上去拳打脚踢，甚至把他杀了。

师：是的，他很可能被愤怒冲昏了头脑，意气用事。但这里说"以我酌油知之"，卖油翁是想用什么方法来驯服他？

生28：他是要用实力来说服他。

师：很好，他是要靠实力来说服他而不是靠"颜值"。让他看自己的技术，让他明白，你看，我的技术更好。所以，对待这种脾气暴躁的人应该怎么办？就要用实力去证明。说明卖油翁这个人怎么样？这句话对情节发展又起到了什么作用？

生29：聪明，智慧，善于把控局势。

生30：让紧张的情节舒缓下来，让故事跌宕起伏。

师：两位同学的回答加在一起就是最好的答案。是的，说明这个卖油翁聪明，有智慧，是一个教育家。好，我们再去品读第三句，"我亦无他，惟手熟尔"。

生31：第三句是说，自己也没有什么别的奥秘，只是手熟罢了。

师：从这句话你读出了一个怎样的卖油翁？

生31：从"自钱孔入，而钱不湿"中我们看到卖油翁技艺比陈康肃还要高，但他仍然说是"但手熟尔"，可见他谦虚。

师：这句话中的"亦"是什么意思？有什么作用？

生32："亦"是"也"的意思，是说你陈康肃本领高强是因为熟能生巧，我技艺精湛也是熟能生巧的结果。

师：那么卖油翁的这句话有言外之意吗？

生33：我想他想表达的言外之意是每个人的本领都是来自多次训练，没有什么特别的原因。

师：大家再来想象一下，好不好？陈康肃看到"酌油沥之"，"而钱不湿"，会是怎样的心情和表情？

生34：我想，陈康肃应该不再愤怒了，是心服口服。

生35：我觉得还有佩服。

师：他的内心会怎么想？

生35：世间有高人，真是人外有人，山外有山。

师：这个时候，陈康肃还有骄傲心理、炫耀心态吗？

生35：应该没有了，应该是感到惭愧和佩服。

师：很好，文章中是用哪个词来描述他的复杂心情的？

生36：笑。

师：很好。这"笑"中，包含着佩服、惭愧的心情，你觉得还有其他的心情吗？

生37：我觉得可能还有尴尬，不自然。刚才还盛气凌人，鄙视卖油翁，却没有想到他却是个世间高人，比自己的技巧还高超，所以面子上下不来。

师：老师觉得这个"笑"字还说明，此时陈康肃理解了卖油翁的言外之意。实际上也是卖油翁演这么一出戏的目的，你觉得这个"言外之意"是什么？

生38：我觉得就是，天外有天，人外有人，艺无止境，本领只是熟能生巧的结果，但不是骄傲的理由。一个人不能因为有才就骄傲自满。

师：你真是卖油翁的知音，也是欧阳修的知音。如果把卖没翁说的话改成"年轻人，多学点，艺无止境，要永远虚心啊！"会怎么样？他能这样说吗？

生39：不能。这样说的话，这个陈康肃又要跳起来了！又要被激怒了。

生40：从"我亦无他，惟手熟尔"这句话中我们还可以看出，这个卖油翁谦虚，不卑不亢。而陈康肃脾气暴躁、爱面子，如果用教训人的语气说话，就一定会激起他的愤怒，再次引发冲突。而用自己谦虚地对待自己技艺的态度这个事实，来告诫他不要自傲，更能让陈康肃懂得这个道理。

师：很好！这句话说得太高明了，首先表现了卖油翁这个人对待自己的技艺非常谦逊,他沉稳、大度,胸怀宽广。其次表现了他说话看场合,教育看对象,讲方法,有智慧,采用了正确的语言表达方式,取得了完美的交际效果。

在这里我们还要再加深一步思考,卖油翁通过自己倒油的这个技巧、这个事实来告诉陈康肃,一道题做一百遍自然就熟练了,一个人技艺的精熟可以靠反复的练习。但有一样东西是学不到、练不好的,那就是对待技艺的态度,不能因为做了一百遍会做了就骄傲自满,对待学问、对待才能的态度一定要端正,要谦逊,要学而不厌,更不要到处张扬炫耀,因为人外有人天外有天,学无止境。我想欧阳修说这个故事就是要告诉我们这个道理,不仅仅是熟能生巧的道理,更重要的是要在练习技术的同时要修炼自己的情感态度,不断提高人生修养的道理。

师:我们刚刚分析了卖油翁的三句话,还有谁要来发表自己的阅读感悟?好,你来讲。

生41:老师,我觉得陈康肃也说了三句话,这三句话也推动着情节的发展,制造了紧张的气氛。

师:你很善于从写作的角度去思考,追问作者采用这样一种语言方式的目的和追求。很好。你能把陈康肃的三句话读一下吗?注意读出语气和情感。

生41:(有感情地读)

师:这三句话分别是什么句子?陈述句吗?

生41:我觉得都是反问句。

师:对。都是反问句,这三个反问句分别表达了什么意思?

生41:"汝亦知射乎?"是说你也懂得射箭吗?意思是你卖油翁不懂得射箭。"吾射不亦精乎?"是说我射箭的技巧不也精湛吗?意思是你卖油翁应该看出来,我本领是多么高强。第三句"尔安敢轻吾射!"是说你怎么敢轻视我射箭的本领!意思是你卖油翁不可以轻视我,要为我喝彩,给我赞美。

师:你已经懂得了阅读的真谛,阅读时要把自己融入角色中去,才能真正地理解作品中的人物,也才能真正地理解作者。

师：陈康肃的三句话都是反问句，反问句的特点就是问和答都在这一句话里。"汝亦知射乎？"什么意思？

生41：你也会射箭吗？

师：换句话怎么说？

生41：你不懂得射箭。

师：你为什么要睨之？你根本就不懂得射箭吧！陈康肃是这样的心态吗？你应该看出来我是位技艺精湛的人，但是你却没有看出来，说明你是一个？

生41：笨蛋。

师：从这里可以看出陈康肃是一个自傲的人，根本就没有想到站在他身边的这个人，也许是一个高人，从骨子里就是恃才自傲的。还有吗？比如，陈康肃说了三句话，用了三个反问句，他的心情和态度是一样的吗？

生42：一样，都是愤怒。

师：总的来说，都是愤怒，对的。有没有细微的差别呢？

生43：第一、二句里表现了他的轻蔑和嘲讽，第二个反问还说明他在启发卖油翁，不要不懂装懂，要认识到"我"的技术精湛。第三句表明他被激怒了，愤怒到了极点，变成了斥责。

师：也就是说，他的愤怒，有一个先压制后爆发的过程，也有一个愤怒的感情逐步加深的过程。很好。在标点符号的使用上有区别吗？

生43：前两句用的是问号，而后一个使用的是感叹句。

师：一般情况下，反问句的末尾，应该用问号。可后一个为什么用了感叹号？有什么作用？

生43：我想，感叹号表达的感情更加强烈，这正好说明他这个时候被激怒了，愤怒情感大爆发。

师：很好。一个小小的标点符号也能传达这么丰富的意味。其实，还有一种方式也表明他愤怒情感的加深，请大家细细再品。

生44：老师，我发现，他对这个卖油翁的称呼有变化。

师：哦？称呼不一样了，怎么变化？

生44：第一次称"汝"，第二次称"尔"。

师：那"汝"和"尔"有什么区别？（出示投影）

> 补充资料二：
> 君：对对方的尊称。
> 汝：多用于称同辈或后辈，语气较温和。
> 尔：多用于长辈对晚辈，上级对下级，尊贵对卑贱，有轻慢之意。如"尔等鼠辈，何不早降"（《三国演义》），再如"尔辈不能究物理"（《河中石兽》）。

请大家结合补充资料二，思考文中用"汝"和"尔"的原因。

生44：第二次称"尔"，表现出他的居高临下。

师：居高临下，看不起，简直就是要骂他了。《三国演义》里常有一句话是"尔等鼠辈"。说明陈康肃这个时候已经很不尊重他了，一开始用"汝"是不是显得他对卖油翁是很尊重的？

生44：不是。称卖油翁为"汝"的时候，就说明他对老人不够尊重，很不客气，很傲慢。好像在说：你这卖油老头根本就不懂射箭，还不懂装懂！你根本就看不明白我射箭的技术有多高明，简直是个白痴！

师：如果一开始很尊重卖油翁，应该用"君"或"公"，一开始就用了"汝"，到后面直接用了"尔"，由此可见他脾气暴躁。好，这样学语文才有味道。他不用"君"而用"汝"，有种居高临下的感觉，自身有优越感，我是状元，是一个大官，技艺又精湛，而对方你只是一个卖油的老头。但中国的传统美德之一是尊老爱幼，他一开始对这个老人就不够尊重，到后面的"尔"，表现了他的极其不尊重，说明他脾气上来了，发火怒斥了，很暴躁，不管不顾了。第一次说话用的是反问句，用相对柔和的语气质问，表现他有一定的修养。而第二次说话用感叹号表明愤怒之情已经极其强烈了，已经不顾自己的修养了，压制不住自己的愤怒了，可能马上就要采取升级矛盾的语言和行动了。冲突将不可避免，情节将达到高潮，气氛也越来越让人窒息。

文章中有一个特别奇怪的地方，你有没有发现？文章在描写卖油翁倒油的时候，有没有对陈康肃进行描写？他是怎么看倒油的？看的时候有什么感想？

生45：没有。

师：为什么没有？作者为什么不写？

生45：他说话可能会影响到卖油翁倒油。

师：不描写，可以让读者有更大的想象空间。那他这个时候可不可以说话？假如这个时候让陈康肃说一句话，你觉得会说什么？他会不会说，我很佩服你，你比我强多了，你真是个高人？

生45：不会。

师：为什么？

生45：他要面子，不肯认输，不肯承认自己的错误。

师：哦！他要面子，看到别人的本领也很高甚至比自己强的时候，他绝对不会说话。太好了，这就是他的性格特点。

好的，现在再来概括一下最后一句"笑而遣之"，这个"笑"的内涵。

生46：打发他快走的笑。

生47：表达自己的歉意的笑。

师：这个歉意有没有直接表达出来？

生47：没有，要给自己留一点面子。

生47：笑得非常尴尬。

师：刚刚还盛气凌人，现在认识到了自己的错误，明白了卖油翁的善意提醒，然后通过笑的方式来打发他走。那我们能不能再设计一个环节，让卖油翁发一通议论，教训陈康肃？

生48：也不能。因为通过这个"笑"说明陈康肃已经明白了卖油翁想讲的道理，达到了自己劝说的目的。

师：对，这是一个智慧的教育家，多说无益，只能适得其反，此时无声胜有声，此时不说教，取得的效果将更好。

师：我们现在共同概括一下以上所作的分析。我们的分析抓住了人物的语言描写、动作描写、神态描写，抓住了人称的变化，抓住了标点符号的变化等。其实，我们都在做一件事情，那就是以情节为重点分析人物的情感，通过情感分析人物的形象。很好，概括一下：神态、语言、动作，包括细节描写表现了人物的情感；句式、人称代词、标点符号也很好地表达出人物的情感，暗示了情节的发展。那么这篇文章推动故事情节发展到高潮到解决的最重要方法和技巧是什么？

（与学生一道概括，并出示投影）

> 对话、神态、动作等描写，让人物形象鲜明突出
> 卖油翁：睨之，微颔，
> 置、覆、酌、沥，
> 陈康肃：忿然，笑而遣
> 神态描写和动作描写各有什么作用？

> 句式运用也有特点：
> 陈康肃：为什么都用反问句？
> 汝亦知射乎？吾射不亦精乎？（能否改成"！"）
> 尔安敢轻吾射！（能否改成"？"）
>
> 卖油翁：为什么都用陈述句？
> 无他，但手熟尔。
> 我亦无他，惟手熟尔。
> 句末能否改成叹号？为什么？
> 为什么用相同的句式并且大多数词语重复？

> 陈康肃对卖油翁的称呼也发生了变化：
> 汝亦知射乎？
> 尔安敢轻吾射！
> 由"汝"变成"尔"，说明了什么？

生49：情感变化。

师：这就是他讲故事的最大的技巧，通过情感变化讲故事，让故事波澜起伏，跌宕有致。

师：我们再来共同总结一下，他们的情感是怎么变的？陈康肃是怎么

变的？卖油翁是怎么变的？

生50：陈康肃一开始是"自矜"，当看到卖油翁"睨之"的时候是反感，但是他压制住了自己的怒火，保持了一定的修养。但当听到这个卖油翁说"无他，但手熟尔"的时候，把他这么高超的技艺竟然归结为做了一百遍的题目的时候，他就愤怒到了极点，愤然怒斥。但当他看到倒油的整个过程，"自钱口入，而钱不湿"时，惊异而佩服。最后是"笑而遣之"，尴尬自嘲。

卖油翁一开始是"睨之"，不在意，故意轻视，也是要激起他的愤怒。倒油时候是淡然从容，最后看到陈康肃"笑而遣之"时，他已经知道陈康肃懂得了这个道理，懂得了要谦逊的道理。（出示投影）

> 人物的情感变化：
> 陈康肃：自矜、炫耀——反感、制怒——忿然、怒斥——惊异、佩服——会意、尴尬
> 卖油翁：激将——淡然——从容——会意

师：老师还要提醒大家一下，我们在总结的时候，也要注意概括规律，善于发现特点，理解作者的匠心。你从我们概括的两个人物的情感变化中发现了什么？比如，哪种写作技巧？

生51：老师，是对比。欧阳修是把这两个人对比着写的。

师：善于思考，就一定有发现。很好。作者塑造两个人物形象时用了对比的方法，一个是暴躁的，一个是沉稳的；一个是炫耀自矜的，一个是谦逊低调不张扬的。

师：学到这里，大家能不能用一句话概括这个故事带给你的人生感悟？

生52：这篇文章是要告诉我们熟能生巧的道理，也告诉我们一个人不能因为本领高就骄傲、炫耀，那样就不能再进步。

师：是的。成绩好，是因为刷题多，熟能生巧。追求成绩好的同时，更要追求人品好，修养好，艺和德要同步提高，情感态度和思想境界都要不断提高，这样才能永远进步。

师：老师用一句话来跟大家分享我的阅读感悟，叫"谦谦君子，卑以自牧"。请大家读一下，这句话是什么意思？

生53：一个君子，应该保持谦虚的胸怀。

师：对。"满招损，谦受益"，道德高尚的人，总是与谦恭同行，做到功高不自居、名高不自誉、位高不自傲。我们应该以谦卑的态度修养身心。写文章也是一样，不仅要文字美，更要精神境界美，在修改文章的同时也要修养身心，做到心笔合一，文如其人。

师：好，最后再做一点总结，学语文，学什么？比如学习《卖油翁》这样的文章，我觉得就是学怎么讲故事。不仅要知道他讲了一个什么故事，我们更要知道他用了哪些方法，用了什么样的语言形式来把故事讲好的，从而提高自己的表达和写作素养。

最后，你能否概括一下，我们今天的课是从哪些方面来阅读这篇文章的？

师生共同概括：

我们考察了标题、详略、讲故事的方法（包括以思想感情变化为线索，烘托对比的手法等）等作者在谋篇布局方面的技巧（老师补充，这是文体方面呈现的主要特点）。我们也分析了句式的选用、标点符号及人称代词的妙用等作者在遣词造句方面的技巧（老师补充，这是语体方面呈现的主要特点）。好，下课。同学们再见。

生：老师再见。

附：镇江市"智教育·云课堂"七年级上册同步助学课例选

七年级语文上册第一单元
在朗读中深入体会诗文的思想感情

句容市第二中学　李菊香

同学们：

大家好！

翻开新学年语文课本第一单元，你会在这里看到"日月经天，江河行地，春风夏雨，秋霜冬雪"。

本单元是七年级语文学习的起始单元，单元目标有如下几条：

1.感受课文中丰富多彩的景物之美，激发对大自然、对人生的热爱。

2.掌握朗读的要领，重点学习重音和停连，通过朗读深入体会诗文的思想感情。

3.揣摩课文语言，提高鉴赏能力，初步体会文学语言的表达手法。

其中第二条是我们今天这节课的学习目标，它是达成单元其他目标的桥梁。作者将自己所要表达的情感寄托于有形的文字之中，读者通过声音还原作者的心灵世界，理解体悟其蕴含的情感。

在小学阶段，朗读有三个层级要求。首先是正确地朗读，字正腔圆，不读错；第二层级是大声朗读，语音响亮，读出声；第三层级是流畅朗读，连续通畅，不中断。这几个层级在小学阶段已经训练过，大部分同学也都能掌握要领，达到要求。进入初中阶段，我们要进一步提升朗读能力，达到优美朗读的目标，能做到声韵传情，有节奏。

同学们,你们现在已经达到了朗读的哪一个层级了呢?我们先来试着朗读朱自清的《春》一文中的两段话,做个自我评价吧!

盼望着,盼望着,东风来了,春天的脚步近了。

一切都像刚睡醒的样子,欣欣然张开了眼。山朗润起来了,水涨起来了,太阳的脸红起来了。

(学生朗读)

怎么样,我想你们一定能正确朗读不读错,大声朗读声响亮,也能流畅朗读不中断。那么我们从这些句子中又体会到了怎样的情感呢?你又是如何将体会到的情感,通过语气、语调和语音的轻重变化传递出来,做到声韵传情、有节奏的呢?

要做到优美朗读,我们必须先要理解句、段、篇、章的内容,把握字里行间蕴含的思想感情。

你看,第一节写了春天在盼望中到来,传达着作者敏锐地感受到春天正逐步来临时的欣喜、兴奋之情,激动得欢呼雀跃,似乎在奔走相告了。如何用我们的声音传达这样的情感?我们可以给最能表达这种情感的词标注重音,读出重音,读出情感。

有哪些词能突出表达这样热烈的盼春之情,又有哪些词能表达出春归大地时的兴奋之情呢?

是的,重复使用的"盼望着",以及"来了""近了"这两个动词。

第二小节总写春天来临后大地复苏的情景,我们应把描绘春回大地、万物复苏变化的词找出来重读。你看这些被标注出来的动词、形容词、副词,突出了事物的性质、动作、变化范围和程度等,很好地描绘了大地新生的情景,蕴含着人们的欣喜之情。你可以从这两句的朗读中得到启发,在朗读其他语段的时候,也要去关注这些动词、形容词、副词,看看它们是不是承载着你体验和领悟到的语言文字背后的情感。

盼望着,盼望着,东风来了,春天的脚步近了。

一切都像刚睡醒的样子,欣欣然张开了眼。山朗润起来了,水涨起来了,太阳的脸红起来了。

同学们,你看这些重音与你标注的一样吗?如果有不一样的地方,正说明我们在情感体悟上有各自的感受,是可以求同存异的。你可以再试着读一读上面的句子,能感受到重音不同,表达情感也就有区别了吗?

接下来,我们继续思考如何朗读这些重音:一段文字中标出了这么多重音,朗读这些重音时强弱处理完全一样吗?

重音的处理方式也有很多种,今天我们学习两种最为基本的处理方式,我们仍以这两段为例:

渐进式。如"盼望着,盼望着",运用了反复的修辞手法,突出了盼春的心越来越迫切,越来越期待。所以朗读时后一个要强一些,以再现作者的盼春之情逐渐释放、逐渐增强的过程。当然有些情况下情感是越来越淡远、悠长,读的时候就要越读越轻。

并列式。第二段中写到"山朗润起来了,水涨起来了,太阳的脸红起来了",分别写出了春归大地的过程中山、水、太阳呈现的特点。它们之间是并列关系,重音处理就需要并列等同,差不多的音调、差不多的音高、差不多的力度,带着大致相同的情感。好,我们来试着朗读:

山朗润起来了,水涨起来了,太阳的脸红起来了。

要让我们的朗读把每一种景物组合起来,融汇成一幅完整的画面,形成一个景中含情,情融于景的意境。

(教师示范朗读)

在确定重音和处理语音时,老师还想给大家作两点提醒:

一是标注出处理为朗读重音的字词,朗读轻重也要根据情绪发展变化来处理。

二是字词是段落篇章的组成部分,朗读时要以作者表达的情感基调为指引,处理好重音和非重音的语音、语调和过渡,朗读时就会自然而不生硬。

朱自清先生在《了解与欣赏》中说:要使写在纸上的死的语言变活,必须"朗读——揣摩——再朗读——再揣摩"。请同学们按照上面的提示再试着读一读这部分,读完后思考在情感体悟上你有没有新的收获。

各位同学,除了要根据文段内容和作者情感读出重音外,我们还要注意读出停连。所谓读出停连,就是朗读语流中声音的中断和延续。声音的中断即停顿,声音的延续即连接。我们要在朗读中通过疾徐停连,来传达作者的情感节奏。

我们也可以在阅读文章的过程中，运用符号来标注朗读的方式。例如：

"吹面不寒杨柳风"，不错的，像母亲的手∨抚摸着你。风里带来些∨新翻的泥土的气息，混着∨青草味儿，还有各种花的香，都在微微润湿的空气里∨酝酿。鸟儿∨将窠巢∨安在繁花嫩叶当中，高兴起来了，呼朋引伴地卖弄∨清脆的喉咙，唱出宛转的曲子，跟轻风流水应和着。牛背上∨牧童的短笛，这时候也成天在嘹亮地响。

上面的朗读符号所示：～～～悠扬重读，·重音，∨停顿，⌒拖音。开头的诗句要字字顿开，"母亲的手"和"抚摸"两重音要处理得语重而情深，令人觉得温暖而舒坦。"泥土的气息"和"青草味儿"读重音，给人以嗅觉上的美感。"清脆""宛转""应和"，还有"短笛""嘹亮"等词语重读，使人感到耳畔似乎响起一支充满青春活力的迎春交响曲。

借助朗读符号的标注，将全篇朗读的语气、节奏、情感变化组织起来，便将朗读提升为美读。

请大家按照各种符号的提示朗读三遍，每个人对文段理解不尽相同，处理朗读的方式也不可能完全一致，但还是存在一些普遍规律的，比如停连，一般在以下两种情形下需要读出来：

并列式停连，例如"鸟儿将窠巢安在繁花嫩叶当中"，这一句描绘了一幅完整而灵动有致的画面，我们需要通过语音停顿提示听众联想想象、体验感悟，使他们在听读的时候既能感知个体景物的美好形象，又能够构建整体画面，形成一幅更完美、更有活力的全景图。

回味式停连，如最后一句可以在"嘹亮地"和"响"中间停连，把"地"读得时间长一些，但不中断，要把"响"读得字正腔圆，但力度要柔和些，从而形成余音缭绕、回味无穷、诗意绵长的效果。

（教师范读）请大家跟着老师一起再读一遍，细细体会。

好，各位同学，今天的课我们就上到这里。课后，请大家从《春》这篇课文中另选一两段文字，理解内容，结合全篇，体会文字中蕴含的作者情感，用朗读符号标注在文中，并能模仿示例写一段朗读提示，说说你为什么这样处理重音和停连。

七年级语文上册第一单元
初步体会文学语言的表达手法

句容市第二中学　巨亚红

同学们：

大家好！

今天我们镇江市"智教育·云课堂"七年级语文学习的内容是第一单元。我们已经知道本单元的学习目标有三个，分别是：

1.感受课文中丰富多彩的景物之美，激发对大自然、对人生的热爱。

2.掌握朗读的要领，重点学习重音和停连，通过朗读深入体会诗文的思想感情。

3.揣摩课文语言，提高鉴赏能力，初步体会文学语言的表达手法。

我们今天的课就重点讲解第三个目标"揣摩课文语言，提高鉴赏能力，初步体会文学语言的表达手法"。

我们在小学阶段也一直训练这项能力，那么，初中如何进一步强化与提升这一能力呢？我们七年级的基本要求是：能找出课文中的关键词语和关键句，体会其表达效果；培养对优美文学语言的语感，由阅读进而吸收、借鉴课文的精彩语言，强化自己的语言表现力。

今天的课我们就学习如何"找出课文中的关键词语和关键句"来"初步体会文学语言的表达手法"。

我们先以朱自清的《春》一课为例来说明。

《春》一课的语言有以下一些特点：一是生动形象，如不说"春天来了"，而说"春天的脚步近了"，这是变抽象为具体，并且诉诸读者的各种感官——视觉、听觉、嗅觉、触觉等；二是句式富于变化，多用短句，韵律感强，读起来朗朗上口，轻快愉悦；三是词语丰富，且处处恰切，准确再现了春天的景象，抒发了自己的情感；四是口语化，多用叠音词，给文章营造了活泼欢快的氛围。

"表达语文"：习得言意相称的表达智慧

我们还是选取描写春雨的一段文字来具体说明：

雨是最寻常的，一下就是三两天。可别恼。看，像牛毛，像花针，像细丝，密密地斜织着，人家屋顶上全笼着一层薄烟。树叶子却绿得发亮，小草也青得逼你的眼。傍晚时候，上灯了，一点点黄晕的光，烘托出一片安静而和平的夜。乡下去，小路上，石桥边，有撑起伞慢慢走着的人；还有地里工作的农夫，披着蓑，戴着笠的。他们的房屋，稀稀疏疏的，在雨里静默着。

在这一段中，我们如何通过关键词语来体会文学语言的表达手法呢？比如：

"人家屋顶上全笼着一层薄烟"，这句话中"笼"字，用得贴切而传神。读到这个"笼"的时候，你眼前是否已浮现出整个缥缈朦胧的烟雨春景？薄烟笼罩房屋，好似古代女子脸上遮着的薄纱，若有若无，若隐若现。淡雅、柔和而幽静。

同样，"树叶子却绿得发亮，小草也青得逼你的眼"句中的"绿"和"青"两个字也用得极为传神。这一段写春雨，但这两句并没有直接写雨，而是极言树叶的"绿"并"绿得发亮"和小草的"青"并且"青得逼你的眼"，从侧面表现了春雨对于万物的洗涤和滋润。

在这一段中，我们又如何通过关键句来体会文学语言的表达手法呢？

在这一段文字中，我们可以非常直观地感受到朱自清散文语言的生动形象的特点。如"像牛毛，像花针，像细丝，密密地斜织着"，作者连用三个比喻，也构成了一组排比，将春雨比作牛毛、花针、细丝，让雨有了具体的形象，可视可感可触。让我们对春雨有了更加丰富而美好的感受，它如牛毛繁密，如花针闪亮，如细丝柔长……同学们，当你读到"像牛毛，像花针，像细丝，密密地斜织着"的时候，你是否已由"牛毛、细丝、花针"这些形象想到春天就像是一位绣娘用花针编织出来的一幅美丽图画？

还有课文中其他的一些精彩句子，我们也可以作简要分析。

① "一切都像刚睡醒的样子，欣欣然张开了眼。山朗润起来了，水涨起来了，太阳的脸红起来了。" "张开了眼"是与"刚睡醒"呼应，不光

有具体形象的"眼",还有"张开"的行为,让人感受到"一切"的活力逐渐地焕发了出来,非常形象;这里的"红"富有动感,写出了"太阳的脸"逐渐变"红"的特点,让人感受到太阳的温情和亲切,也非常生动;三个"起来了",不仅再现了"刚睡醒"的情态与过程,而且蕴含着作者的欣喜、赞美之情。

② "小草偷偷地从土里钻出来,嫩嫩的,绿绿的。"这是一个倒装句,"嫩嫩的,绿绿的"本该在"小草"的前面,现在置于其后,显出错落,颇有机趣;用短句的方式,用重叠的方式,凸显了小草的质地和色泽,蕴含作者的喜爱与愉快之情。同学们有没有想过,作者为什么把"嫩嫩的,绿绿的"放在句子的后面说?是否突出了作者的动情点是"嫩"和"绿"?是否突出了猛然间看到小草钻出了地面时的惊讶、惊叹与赞美之情,为它生命的美好而赞叹,为它顽强的生命力而赞叹?是的,组词成句的顺序安排不同,表现力和表达效果也就不同。作家写文章是这样,我们写作文也要精心安排字句。

③ "一年之计在于春",这句话用了引用的方法。表达了人们对春天的热爱,在春天的感召下对生活充满了希望与信念,以及珍惜时间、奋进有为的决心。

④ "春天像刚落地的娃娃,从头到脚都是新的,他生长着。

春天像小姑娘,花枝招展的,笑着,走着。

春天像健壮的青年,有铁一般的胳膊和腰脚,他领着我们上前去。"

结尾三段以人为喻,人是喻体,春天是本体。一方面写出了三种人的各自不同的特点:春天是新的、生长着的;春天是美的、欢快的;春天是健壮的、有力的。另一方面显出人从小到大、由弱转强的成长,用以比喻春天的生长进程,非常贴切而生动形象,传达着作者在春天里充满希望、积极乐观、主动创造的情感。

我们看,作家为增强表达效果,提高文学语言的表达魅力,不仅重视关键词的精心选用,而且运用了多种修辞方法,以描写景物抒发情感:一是比喻,本文运用了大量比喻,而且都很精彩。有的突出景物的色彩,如"红的像火,粉的像霞,白的像雪";有的强化动感,如"散在草丛里,像眼睛,像星星,还眨呀眨的";还有的诉诸听觉、嗅觉、触觉等,不胜枚举。二是拟人,在作者笔下,几乎所有景物都有了灵性,有了情感。三是排比,见于春花图、春雨图和最后三段。四是引用,有两处,即"吹面不寒杨柳风"和"一年之计在于春"。这些修辞手法,往往不是单一运用,而是综合使用的,例如"红的像火,粉的像霞,白的像雪"等句,就是既有比喻又有排比的。

探究课文的修辞方法,是揣摩、品味文学语言的一个重要内容。

各位同学,下面呢,我们再以《济南的冬天》为例加以说明。

老舍在《济南的冬天》中,全篇多用比喻和拟人的写法,不但形似,而且神似,生动贴切,意味无穷。比如把济南比作"小摇篮",把山坡上小村庄的雪景比作"小水墨画",把整个冬天的济南比作一块"蓝水晶",无一不小巧秀丽,用来比喻济南不高的山、不冷的冬天,是恰到好处的。拟人的句子更多,个性化更明显,如把济南老城说成"暖和安适地睡着,只等春风来把他们唤醒";把济南周围的一圈小山写得很有温情,"他们全安静不动地低声地说:'你们放心吧,这儿准保暖和'";把山坡上斑驳的色彩,说成"给山们穿上一件带水纹的花衣",秀美动人;把夕阳斜照下粉色的薄雪,比拟为害羞的少女,情态可掬;把水藻、水和垂柳都人格化了,说"把终年贮蓄的绿色全拿出来了""就凭这些绿的精神,水也不忍得冻上""垂柳还要在水里照个影儿呢"……这些都表现出济南冬天的无限生机和冬天里孕育着的朦胧春意。

情景交融是《济南的冬天》的又一个特点。在描写济南的冬景时,处处流露出作者的赞美之情,大致有这样几种写法:

一是直接抒发感情。如开头写"对于一个在北平住惯的人""对于一个刚由伦敦回来的人",通过对比,得出"济南真得算个宝地"的结论,既写出了自己的独特感受,又显得情真意切。后边还有"这一圈小山在冬天特别可爱""那些小山太秀气",都蕴含着"我爱济南的冬天,我爱冬天的济南"的情意。

二是创造意境,流露深情。如"请闭上眼想:一个老城……这是不是个理想的境界""最妙的是下点儿小雪呀""这是张小水墨画",在优美的意境中,表达着作者的赞美之情。

三是虚实结合,展开想象,抒发热爱之情。如"树尖儿上顶着一髻儿白花,好像日本看护妇""山尖全白了,给蓝天镶上一道银边"等,不但描绘出景物的外形,而且饱含喜爱的心情。

四是不用华丽词语,全是经过提炼的自然、活泼的日常语言,纯净优雅,言浅情浓。作者选用词语,十分精妙。如"一个老城,有山有水,全在蓝天下很暖和安适地睡着,只等春风来把他们唤醒""等到快日落的时候,微黄的阳光斜射在山腰上,那点儿薄雪好像忽然害了羞,微微露出点儿粉色",遣词造句非常传神。关联词的运用也是很妥帖的,如"天儿越晴,水藻越绿,就凭这些绿的精神,水也不忍得冻上;况且那长枝的垂柳还要在水里照个影儿呢","况且"进一步申述理由,或者补充、追加新理由;"还"表示范围的扩大,有所增益补充。这里"况且……还"连词和副词配合,不仅起到了关联作用,让句子流畅,更重要的是突出了济南冬天的"水"的绿,而且"绿"得温暖而多情。就像那一圈小山,呵护着济南。

文章本是有情物,要让读者感动,首先作者要情真意挚。老舍对济南冬天的一往情深,处处流于笔端,溢于言表。段末"有这样慈善的冬天,干啥还希望别的呢","慈善"通常用来形容人的态度仁慈谦和,这里把济南的冬天当作人来写,洋溢着人们对济南温晴冬天的喜爱和感激之情。"干啥还希望别的呢"一句中的"干啥"是非常口语化的表达,"干啥"二字带有反问的语气,这句话仿佛就真的是生活在济南的普通人随口说出来的一样,具有很强的生活气息,拉近了作者与读者、读者与济南之间的距离。

老舍被称为"人民艺术家",他的语言清新自然,读来让人觉得如话家常。由以上的分析,我们也能明显感受到他的语言风格。

第三篇散文是刘湛秋的《雨的四季》,我们也选取其中描写春雨的一段来做赏析:

春天,树叶开始闪出黄青,花苞轻轻地在风中摆动,似乎还带着一种冬天的昏黄。可是只要经过一场春雨的洗淋,那种颜色和神态是难以想象的。每一棵树仿佛都睁开特别明亮的眼睛。树枝的手臂也顿时柔软了,而那萌发的叶子,简直就像起伏着一层绿茵茵的波浪。水珠子从花苞里滴下来,比少女的眼泪还娇媚。半空中似乎总挂着透明的水雾的丝帘,牵动着阳光的彩棱镜。这时,整个大地是美丽的。小草似乎像复苏的蚯蚓一样翻动,发出一种春天才能听到的沙沙声。呼吸变得畅快,空气里像有无数芳甜的果子,在诱惑着鼻子和嘴唇。真的,只有这一场雨,才完全驱走了冬天,才使世界改变了姿容。

刘湛秋是诗人,所以相比朱自清散文语言的形象生动和老舍的亲切自然,他的语言多了一种诗意美。这一段的内容是写雨,但作者并未像朱自清那样直接写雨的形态,他写"每一棵树仿佛都睁开特别明亮的眼睛","树枝的手臂也顿时柔软了",树的形象在这里被拟人化,"明亮的眼睛"更是让人联想到春雨的洗淋使得树木变得无比洁净,"手臂也顿时柔软了"将树枝比作人的手臂,"柔软"更是让人体会到了春天的柔和,联系前文,虽一字未及雨,但雨的滋润、雨的柔和,都表现得生动而细致。将单一的雨与其他景物结合起来,侧面烘托出雨的特点。

"水珠子从花苞里滴下来,比少女的眼泪还娇媚",这一句中"少女的眼泪"创造了一个多么灵动的意象,少女本身就已经很美好,更何况还在落泪,如何不让人怜惜?而一个"比"字,似乎那种娇羞妩媚已经近乎极致,这是惹人怜爱,令人心动的春雨啊!

"小草似乎像复苏的蚯蚓一样翻动,发出一种春天才能听到的沙沙声",小草在春天生长的声音其实是听不到的,但作者在这里将抽象的生长具体化,甚至诉诸听觉,春天似乎是可以听到的。生命的律动,在植物和动物那里是相通的。与朱自清笔下的"春天的脚步近了"有异曲同工之妙。"呼吸变得畅快,空气里像有无数芳甜的果子,在诱惑着鼻子和嘴唇",春天除了声音,还可以有嗅觉的冲击。但作者没写花香,而是写"芳甜的果子",似乎可以追想到,也许是因为花香太浓郁,让人禁不住想到成熟的果子。

综合以上三段文字,朱自清与刘湛秋笔下的春雨,都体现了春雨滋润的特征。并且他们都写到了树与小草,这启发我们在描写景物时,可以将它放置于更大的环境里，以他物写此物，也就是侧面描写。但又有所不同，朱自清写到了雨中慢慢行走的人，雨中田里工作的农夫以及雨中的房屋，侧重了雨与人的关联，用近乎白描的手法展现了一幅幅雨中生活的图景。而刘湛秋则用听觉和嗅觉写出了雨季生命的萌动与美好，用"娇媚""诱惑""姿容"等词写出了大自然的丰富多彩。这是两位作家所选择的不同角度，而也正因为角度的不同，他们要展现的内容便不同，所以所选择的表达手法也不同。

老舍写小山，为了突出小山的温暖、可爱，联系下文的"这些小山太秀气"，能感觉到他对这些小山的喜爱。这种喜爱近乎一种对孩子的怜爱。而小山之于济南，就像慈爱的母亲对待摇篮中的婴儿，充满了呵护与温暖。这样一个比喻，一举两得，生动贴切。我们甚至可以选择本单元第四课中曹操的《观沧海》来比较，曹操也写山，他说"山岛竦峙"，直接写山的高耸，目的是为了衬托沧海的广阔。

各位同学，我们今天的课，谈的是如何"揣摩课文语言，提高鉴赏能力，初步体会文学语言的表达手法"，当然，我们着力于关键词语和关键句子的赏析。

最后，我们概括一下文学语言的基本特点：

一是形象性，总是化抽象为形象，在作者的描写中，我们总能想象与联想到一幅幅生动而美好的画面。二是抒情性，在一幅幅美好的画面中，我们总能体悟到作者丰富的情感。三是具有音乐性，作者所选择的语言形式都有其独特的节奏旋律，给人以余音袅袅，绕梁三日的美感。

各位同学，写作文，其实是一种语言的创造活动，创造水平的高低就看我们运用了怎样的语言来表达自己的情感，我们是运用生活中的大白话来表达，在生活中我们怎么说话，就怎么写作文，还是对生活中的语言进行一定的加工，使之具有文学色彩呢？

我们看，凡是优美的文章或耐读的作文，其语言总是具有一定的文学色彩。美学家童庆炳说：语言的选择，语言的运用和创造，表明了作家的一种独特的思维模式和对事物的一种独特的评价，表明了人们对时代和生活的愿望和理解。

最后希望同学们在今后的学习与写作中，要借鉴课文中的精彩语言，要学习作家写作的经验，强化自己的语言表现力，不断提高运用语言文字表情达意的能力。

今天的课就上到这里。同学再见。

七年级语文上册第二单元
从标题出发整体感知课文

句容市第二中学　苏成才

同学们：

大家好！

今天我们镇江市"智教育·云课堂"七年级语文学习的内容是第二单元，主题是"从标题出发整体感知课文"。

师：朱自清的《春》，大家已非常熟悉，大家一定被书里优美的文字所陶醉，老师也和你们一样，很喜欢这篇课文。课文描绘了哪几幅图画？作者怀着怎样的心情在描绘春天？每幅画面的特点是什么？你最喜欢哪一幅画？为什么？

一次课上，我让同学们给朱自清的《春》重拟个标题，要求含有一个"春"字。

走下讲台后，我刚转了半圈，突然觉得静得出奇，抬头一看，大家正齐刷刷地举着小手，等着我点兵拨将呢。

生：老师，我拟的标题是"春天的景色"。

生：老师，我的标题叫"春的憧憬"。

生：老师，我想起名为"多彩的春天"。

怀恋春天、赏春、我心一片春、春的容貌、春的脚步、妙春、睡醒的春、春回大地、绘春、春色迷人、抒春、闹春、春在走、散春意、忆春、春色撩人、春意盎然、春暖花开、满园春色……不一会儿，原本空荡荡的黑板写满了35位同学拟写的标题。

师：同学们，春姑娘告诉我，大家给她拟的标题太多了，有点让她应接不暇，咱们先试着去掉一部分春姑娘不喜欢的名儿。

生：老师，"春天的景色"要删掉，这个标题大而笼统，有点不着边际。

生：老师，我想删掉"盼春、赞春、绘春"，这是作者写作的思路或情感的纽带，看不出春的影子，不能引起悬念。

生：我最想删除的是"春色撩人"，"撩"是挑逗、引诱的意思，用在这儿，失去了春天的庄重和肃静。

生：老师，"春在走""春的脚步"，我认为重复了，要删掉一个，我个人倾向于去掉"春在走"，"走"是动词，这里有"走马观花"之嫌。既是匆匆而过，又怎么能描绘出这万紫千红的春呢？

生：老师，把"闹春"擦掉，"闹"给人的感觉是喧闹、吵闹之意，没看见这里"草软绵绵的"，"风轻悄悄的"，春雨"像牛毛、像花针、像细丝"……一切都沐浴在亲切、温柔、细腻、静谧之中，哪来的"闹"呢？

生：我反对，请问这位同学，你没看见"桃树、杏树、梨树，你不让我，我不让你，都开满了花赶趟儿……花下成千成百的蜜蜂嗡嗡地闹着，大小的蝴蝶飞来飞去"吗？……这难道不是"闹"吗？

生：老师，我赞成……

生：老师，我不同意……

生：老师，我想说的是……

真不忍心打断一阵又一阵激烈的争辩。最后，有幸留下的是：我心一片春、春的脚步、妙春、心灵春窗、聆听春色、抒春、闹春、春暖花开等近十个标题。

师：同学们，春姑娘又说了，这十个标题，还是有点儿多了，咱们再挑一个最好的标题送给她做个礼物吧，选谁呢！

生：老师，"妙春"好，洋溢着新春活力的春草图，百花争艳的春花图，和煦芳香的春风图，迷蒙可爱的春雨图，奋发向上的迎春图，无不展示了作者奇妙的构思，再加上"妙"字是由"少""女"两部分构成，这一幅幅生机无限的风景画，无不散发着少女的柔和与芳香、温暖和柔情，真可谓妙手"绘"春，实在是妙不可言呀！

生：老师，我建议把"春的脚步"送给她。您看，走过春草图，在春风的吹拂下，在春雨的滋润下，在人们的精心呵护下，春从"刚落地的娃娃"，走到"花枝招展的小姑娘"，再到"健壮的青年"，这一路，真是处处留足，步步生情。老师，您说呢？

一阵热烈的掌声终于把我惊醒，字字落地有声，句句入情入理，怎叫我不陶醉，我还能说什么，同学们的掌声就是最好的回答，我所能做的，就是一个劲地鼓掌……

师：同学们，听了刚才老师的分享，大家是不是有些感触了呢？

对，这就是——从标题出发整体感知课文。

整体感知是阅读主体对读物的内容从总体上作正确的感悟。著名特级教师钱梦龙先生明确指出："整体感知课文是阅读理解的起点，也是阅读者在阅读过程中对读物的一种近乎直觉的认识。"《义务教育语文课程标准（2011年版）》更是明确指出，"在教学中尤其要重视培养良好的语感和整体把握的能力"。

当然，培养整体感知能力的切入点有很多，其中，从标题切入进行整体感知是最直接、最有效的方法。

标题可谓是一篇文章的"眼睛"，是文章内容、情感和主旨的"窗口"，有的直截了当，一目了然，有的意味深长，暗藏玄机。整体感知文章内容，需要根据标题的特点和规律，采取不同的方法和策略。

一、扩展题目，感知要点

感知文章内容是阅读理解的基础，我们可以紧抓题目，通过扩充题目来实现整体感知，把握文章主要内容。

比如《散步》这篇课文，我们可以扣住题目，不断追问：什么人在散步？在什么季节散步？在哪儿散步？散步中发生了什么事？用什么办法解决的？结果怎样？通过对题目的不断扩充，我们就会逐渐明晰本文的内容要点：它讲述了一家三代四口人，在初春季节的田野里散步的故事，散步中为走大路还是小路出现了分歧，最终圆满解决了分歧。

二、变换题目，探究主旨

有的文章并不能从标题中一眼看出文章的中心，但我们可以在阅读的过程中试着给文章重新加个标题来促进整体感知。还如《散步》：

什么是"散步"？"散步"不是跑，不是跳，不是追，不是挪，是一种悠闲的状态，是一种心情愉悦的慢步"走"。什么样的"走"才算散步呢？课文最后一段告诉了我们这个生命的秘密，我们一起来读一遍：

"这样，我们在阳光下，向着那菜花、桑树和鱼塘走去。到了一处，我蹲下来，背起了母亲；妻子也蹲下来，背起了我们的儿子。我的母亲虽然高大，然而很瘦，自然不算重；儿子虽然很胖，毕竟幼小，自然也很轻。但我和妻子都是慢慢地，稳稳地，走得很仔细，好像我背上的同她背上的加起来，就是整个世界。"

师：各位同学，你找到秘诀了吧——慢慢地，稳稳地，"走"得很仔细。这是多么美妙的一幅图画，又是多么诗意的一幅图画！你能用一个字给这幅画取个名字吗？一定有同学会找到这样的字眼：背、爱、家、和、美、心等。

如果我们用两个字来给这幅画取名字呢？可能有不少同学会想到春晖、延续、背负、责任、生命、温馨等。

如果我们用三个字呢？你是否会想到寸草心、三春晖、一家亲、母子情、天地人、人性美等短语？

如果用四个字呢？我想这些短语一定也有不少：尊老爱幼、其乐融融、爱的延续、继往开来、和和美美、春天来了，等等。

如果用五个字呢？比如，瞧这一家子、成熟的生命、三辈四口人、最美的风景、春天的故事、人间第一情，等等。

师：同学们，这里我们貌似在概括最后一段的画面的特点，其实也是给《散步》这篇课文重新拟写题目，像题目"爱""春晖""寸草心""其乐融融""瞧这一家子"，等等，它们传达的不仅仅是母慈子孝、妻贤孙慧、和谐幸福、尊老爱幼，还有那田野上的一切，让作者想起的一样东西——生命。其实，这一切还使人想起更多，比如，责任，温暖，担当，传承。当然还可以概括为——生命！

变换题目进行比较，既加深了我们对文章主旨的理解，也让我们在比较中提升了自己的阅读鉴赏能力。

三、叩问标题，感悟真情

叩问标题是指根据文章题目提出一个中心问题，以问题为导向来把握文章的主要内容，体味文章的真情实感。

课文《秋天的怀念》就可以从质疑课题切入，快速掌握课文内容。秋天和怀念之间有什么关系呢？作者到底在怀念什么？他为什么要怀念这些人、事和物？他所怀念的仅仅是人、事、物吗？从标题引发的这四个问题中，我们发现，这篇文章由叙事入手，通过回忆，传达出作者内心复杂的心情。回答了这四个问题，实际上就整体把握了全文内容，也就感悟出了文章所表现的思想感情。

我们还是一起来读一遍课文最后一段：

又是秋天，妹妹推着我去北海看了菊花，黄色的花淡雅，白色的花高洁，紫红色的花热烈而深沉，泼泼洒洒，秋风中正开得烂漫。我懂得母亲没有说完的话。妹妹也懂。我俩在一块儿，要好好儿活……

菊花烂漫，慈母不在，睹物思亲，怎不伤怀？在这样一个秋天，同学们，此时此刻，史铁生的内心是怎样的呢？

是否一定会有这样一些情感？对母亲无尽的思念；满腹的懊悔、自责、愧疚；感激母亲，感谢母爱的伟大与无私；是母亲给了他直面磨难的勇气，给了他活下去的坚定乐观的生活信念。

至此，我们终于明白，作者所怀念的绝不仅仅是那些人、事和物，而是以饱含深情的笔触陈述着一个双腿瘫痪的残疾人——史铁生，在秋天，体味母爱、怀念母亲，并极度追悔的情感世界。因为瘫痪，他曾一度对生命完全失望，失去了生活的信心，终日沉浸在自己的苦难中难以自拔；因为痛苦，以至于他忽视了慈爱的母亲对他无微不至的照顾，尤其是母亲身患重病，他竟全然不知，直到母亲永远地离开了他。又一个秋天，面对泼泼洒洒的菊花，他终于在爱和思念中明白了"好好儿活"的含义，在悔恨中体味无边的母爱，用自己的振作、坚定、乐观来回馈母亲的爱！

同学们，从文章标题入手，整体感知文章内容是一种常用的方法，如果我们长期进行这样的训练，碰到类似的文章，就可以做到一看到题目就能猜想到文章的大体内容，也就能快速地概括文章的主要内容，从而不断提高我们的阅读能力。

好，今天这节课就到这里，谢谢大家！同学们再见。

七年级语文上册第二单元
借助注释和工具书学文言

句容市第二中学　汤　涛

同学们：

大家好！

学者余秋雨说："在欧洲，作为古代经典最醒目的标志，是一尊尊名扬天下的雕塑和一座座屹立千百年的建筑。中国历史上毁灭性的战乱太多，只有一种难以烧毁的经典保存完好，那就是古代诗文经典。这些诗文是蕴藏在无数中国人心中的雕塑和建筑，而一代接一代传递性的诵读，便是这些经典连绵不绝的长廊。"

《义务教育语文课程标准（2011年版）》指出："阅读浅易文言文，能借助注释和工具书理解基本内容。"这是国家对初中学生学习文言文的最基本的要求。那么，怎样借助注释和工具书学习文言文呢？

我们今天这节课就以选自《世说新语》的两则短文《咏雪》和《陈太丘与友期行》为例，谈"借助注释和工具书学文言"这个要点。我想给大家四点建议：

一、学会将文言文注释归类

这两篇短文,编者一共给了25个注释。我们细细地读一下这些注释,能否概括出规律呢?编者是对哪些方面进行的注释?注释的方法有哪些?注释对我们的学习有什么帮助呢?

我们一起来概括一下:

1.需要掌握的古代文言词语。

[俄而]不久,一会儿。　[骤]急。　[乃]才。
[引]拉,牵拉。　[顾]回头看。

教材编者为什么要给这些词语注释呢?这些词语有哪些特点?"俄而"在古代汉语中常用,可现代汉语中不用,我们在平时的生活中很难接触到这个词,所以要注释。其他几个词"骤""乃""引""顾"等,在现代汉语中也用,但我们往往会"望文生义",用它在现代汉语中的常用义去解释,而不仔细辨别这些词在这个语境中的意思,所以常常产生错误的理解。

2.单音节词直接翻译成双音节词。

[内集]把家里人聚集在一起。　[儿女]子女,这里泛指小辈,包括侄儿侄女。
[文义]文章的义理。　[差可拟]大体可以相比。
[期行]相约同行。　[舍去]丢下(他)而离开。

大家观察一下这些短语有什么特点呢?聪明的你可以看出"内集""儿女""文义""差可拟""期行""舍去"等的注释有一个明显的特点,就是先把每个短语中的字分开来解释,然后再组合起来注释。这其实也是古代汉语的一个特点,就是以单音节词为主,现代汉语则以双音节词为主。比如我们现在用的"父亲"这个词而在古人那里就用一个字"父"表示。我们要善于掌握这些古代汉语的规律,提高我们阅读古代汉语的能力。

3.注释中蕴含的文化信息。

选自《世说新语笺疏》(中华书局1983年版)。《世说新语》,南朝宋临川王刘义庆（403—444）组织编写的一部志人小说集，主要记载汉末至东晋士大夫的言谈、逸事。课文所选两则分别出自《言语》篇和《方正》篇，题目是编者加的。

[谢太傅]即谢安（320—385），字安石，陈郡阳夏（jiǎ）（今河南太康）人，东晋政治家。死后追赠为太傅。

[胡儿]即谢朗，字长度，小名胡儿，谢安次子谢据的长子。

[公大兄无奕女]指东晋诗人谢道韫（yùn），谢无奕之女，聪慧有才辨。无奕，谢安长兄谢奕，字无奕。

……

我们看，这些注释又有什么特点？这两则短文都涉及一本书《世说新语》，这本书距离我们太遥远了，也很陌生。所以编者要向我们作个简介，让我们知道它的有关知识，这有助于我们读懂文章。对人物及人物关系进行注释，能让我们的阅读得以顺畅地进行，也有助于我们理解文章内容，感受古人的家庭文化。

同时我们也可以借助工具书查找相关资料，来帮助我们理解这本书，以更深入地理解这两则短文。

《世说新语》是中国南朝宋时期（420-581年）产生的一部主要记述魏晋人物言谈逸事的笔记小说。是由南朝刘宋宗室临川王刘义庆（403-444年）组织一批文人编写的，梁代刘峻作注。全书原八卷，刘峻注本分为十卷，今传本皆作三卷，分为德行、言语、政事、文学、方正、雅量等三十六门，全书共一千多则，记述自汉末到刘宋时名士贵族的遗闻逸事，主要为有关人物评论、清谈玄言和机智应对的故事。——古诗文网

我们再查工具书，以了解更多的文学常识：

谢安多才多艺，善行书，通音乐。性情娴雅温和，处事公允明断，不专权树私，不居功自傲，有宰相气度。——百度百科

谢道韫（生卒年不详），女，字令姜，陈郡阳夏（今河南省太康县）人。东晋时期诗人，宰相谢安的侄女，安西将军谢奕的女儿，与汉代的班昭、蔡琰等齐名。适婚的年纪，嫁给"书圣"王羲之次子王凝之。凭借"未若柳絮因风起"的咏雪故事，人称"咏絮之才"，在《三字经》"蔡

文姬，能辨琴。谢道韫，能咏吟"所提及。丈夫王凝之为会稽太守时，抵御卢循之乱时，城破被抓，得到孙恩的赦免。王凝之死后，在会稽独居，终生没有改嫁。颇有文才，所著诗、赋、诔、讼，流传于世。——百度百科

谢朗父亲谢据早卒，由三叔谢安培养，让子弟从小参与世事，多见世面，不断创造机会让子弟直接与高官、名士进行高峰对话。谢家平时经常邀请贤达们一起赞赏、评论人物，在这些名流云集的场合，小孩子们更不回避，而且还经常参与讨论。——百度百科

阅读书中注释和查找到的资料，我们可以看出谢安是一个有气度的学者，有文人雅兴，所以他在雪天有雅兴召集小辈吟诗，而且态度温和可亲。他召集小辈们在雪天吟诗自然也体现了魏晋氏族家庭的文化修养和生活情趣。而谢道韫是古代的才女，她小时候就表现出超人之举。谢朗从小被谢安收养，谢家平时经常邀请贤达们一起赞赏、评论人物，在这些名流云集的场合，小孩子们更不回避，而且还经常参与讨论，更是展示才华和培养能力的好机会。所以小孩子们积极发言参与讨论也就不足为奇了。

你看，有了这些知识，是不是更有助于我们理解文章？当然，由此我们还了解到了那时的社会风貌。

同样，我们再看第二则短文中有关文化信息的注释：

[陈太丘]即陈寔（shí）（104—186或187），字仲弓，东汉颍（yǐng）川许县（今河南许昌东）人，曾任太丘长。太丘，县名，治所在今河南永城西北。

[元方]即陈纪（129-199），字元方，陈寔的长子。

陈元方小小年纪，说话行事镇静沉着，面对咄咄逼人的成年人则针锋相对，指出对方不但"无信"，而且"无礼"，义正而词严，逼得对方无言可答，并以拂袖进门表明自己的态度，七岁的时候就有如此见识和作为，真是叫人叹服。可见陈寔身为太丘县令，对子女教育有方，也从侧面写出了魏晋氏族家庭的文化修养。

4.文言中特有的人物称呼，如尊君、家君等。

从这两个注释中，我们可以了解到古人称谓有谦称和尊称的区别，像《陈太丘与友期行》中的"尊君"与"家君"，前者尊称对方的父亲，

后者谦称自己的父亲。如果我们从这两个注释出发查阅有关工具书，了解常用的敬辞和谦辞，积累古代文化常识，这不仅对我们学习文言文很有帮助，而且丰富了我们的学识修养。常见的敬辞有令、惠、垂、赐、高、贤、奉等，谦辞有家、舍、小、愚、拙、敝、鄙等。这些词语我们不用死记硬背，因为在我们的日常生活中也能经常用到。因此，我们可以设置情境、设身处地运用它们，这样就能够牢固掌握。比如我们在向别人介绍自己的文章时肯定会说"拙作"等。

二、借助文言注释品读文章

1. 从词语的释义出发品读人物形象。

我们还是举例来说明，可以更容易理解。

［何所似］像什么。

这是谢安的一句问话"白雪纷纷何所似"，一个长辈循循善诱的神态跃然纸上。写出了古人家庭生活的乐趣，一个雪飞之日，学识广博的老伯父召集自家的孩子们面对飘飘白雪吟诗品字，是何等的乐趣？"何所似"是"像什么"的意思，谢安所问的问题显然有明确的指向和目的，就是要考考后代，培养他们的才华，提升他们的思维，启发他们在观察与想象中要有自己的思想感情。这可是在生活课堂中的"在生活中学习"，在生活中创造。

［差（chā）可拟］大体可以相比。

"撒盐空中差可拟"，这是谢朗的回答。通过这个"大体可以相比"，我们能够明显地看出这位仁兄的不自信，没有底气，思考不精，性格粗疏。他只是回答"大体"，我们可以猜想他也许是觉得还没有想到一个合适的词语来回答，但又有在众人中夺得头筹的表现欲，所以迫不及待又有些迟疑地说"撒盐空中差可拟"。的确，这个答案并不是十分的出彩，下面妹妹谢道韫的回答更贴切传神。

［未若］不如。

"未若柳絮因风起"，这是妹妹谢道韫的回答。课本把"未若"释为"不如"的意思。通过"未若"二字的注释，我们可以读出谢道韫的自信，暗含着谢道韫对谢朗答案的评价，觉得不怎么样，我的更好。但另一方面，也可以看出她的谦和，谢道韫并没有直接批评，而是用商量的口气讲出了自己的答案。才女的文学才华和个人素养淋漓地表现了出来。

2. 从注释中品读人物的修养、身份，如"尊君""家君"等。

《陈太丘与友期行》中两人对话，虽有不和，但从这两个注释中可以看出两位都是谦谦君子，体现了魏晋时期的名士风范。在受到元方的指责后，文章这样写道："友人惭，下车引之。"这就让人不难理解了，但"元方入门不顾"，一方面我们可以感受到元方对"信"和"礼"的重视，虽然友人做出姿态，但也不轻易谅解。另一方面，我们从注释中看到元方年方七岁，他还尚有小孩子的任性与率直，对就是对，错就是错，并无半点人情世故，所以他就像《皇帝的新装》里那个说真话的小孩一样，表现了他的真性情，把门关起来头也不回，非常符合小孩子的性格和身份。

三、根据汉字特点和汉语运用规律猜读课文

最后，我想给大家的建议是，在学习文言文中，要逐步掌握汉字的特点和汉语的运用规律，并从汉字特点和汉语运用规律出发猜读文章，理解文意。

1. 借助汉字字形特点猜词义。

如"友人惭，下车引之，元方入门不顾"一句中，"引"和"顾"是什么意思？我们来观察一下，"引"字由两部分组成，一张弓和一竖。我们首先猜想这一竖可以理解为什么？是的，可以理解为是人的"手"，那么与"弓"合在一起来考察"引"的意思，可能就是一个人在把"弓"拉开。还有人说右边一竖是"箭"，把两部分合在一起来理解，"引"的意思是箭在弦上，即将拉弓射箭。所以我们无论是把右边这一竖理解为人的"手"，还是理解为待发的"箭"，"引"都有"把弓拉开"之意。（"引"在甲骨文中是会意字，左为"弓"，是射箭的器具；右部像人形，其含义为一人开弓放箭。）结合本句语境，我们可以猜出"引"是"拉"的意思。同样，"顾"的部首"页"，而这个部首的解释大多与头有关，而"顾"就是"回头看"的意思。

2. 借助成语俗语理解词义。

文言实词的基本词义有不少仍保留在成语或俗语中，我们可以借助这些已知的成语俗语，推断文言实词在文中的意思。如《陈太丘与友期》一课中"期行"的意思，借助现代汉语中的成语"不期而遇"，可以推断这个"期"是"约定日期"的意思，"期行"就是"相约出行"。

3. 借助特殊结构理解意思。

《陈太丘与友期行》一课中，有这样一句"日中不至，则是无信；对子骂父，则是无礼"。这句的翻译，我们就可以想一想，前半句和后半句之间用的是分号，它们是对称结构，我们翻译的时候就可以依据前半句的"则是无信"的翻译"就是没有信用"猜出后半句"则是无礼"的翻译就是"就是没有礼节"。

文言文虽然是古代的文章，但它毕竟是用我们的母语汉语写成的，所以我建议大家在第一次阅读时先不要急着看注释，也不要急着翻工具书，完全可以凭自己的知识储备猜读和翻译文章。一边读一边猜，并记下不懂的地方和有疑问的地方。

好，现在你来试一试吧！请你先正确流畅地朗读这两篇课文，然后用你的笔把这两篇文章翻译记录下来。

四、借助注释和工具书验证自己的猜读

好的，你在翻译的过程中肯定会遇到一些困惑，请你阅读课文的注释，让它来为你解忧吧！

好了，在看了注释后，你能流畅地翻译全文了吗？如果你对照课文下面的注释还不能完全解决你的困难，老师建议你借助相关的工具书，并学会运用汉字特点和汉语运用规律，来解决阅读中出现的问题。相信大家会在学习中体会到乐趣，爱上文言文，爱上中国传统文化！

今天的课，我们就上到这里，同学们再见。

七年级语文上册第三单元
迅速了解文章大意

句容市文昌中学　步文萍

同学们：

大家好！

我们今天的镇江市"智教育·云课堂"七年级语文课，学习第三单元的内容。

本单元课文主要是写学习生活的，在这里我们可以了解不同时代少年儿童的学习状况和成长经历，感受到永恒的童真、童趣、友谊和爱。这一切都值得即将告别童年的同学们好好体会和领悟。

这一单元的学习，我们有三个目标需要达成：

1. 了解多姿多彩的学习生活，感受他人的学习智慧，获得人生启示。
2. 学习默读，在保证一定速度的前提下，一气呵成，贯通全文。
3. 学会抓住标题、开头、结尾和关键语句，迅速了解文章大意。

我们这节课的学习目标是第三点：结合课文的标题、开头、结尾和关键语句，迅速了解文章大意。

文章大意就是作者写这篇文章想要表达的意思，包括文章的内容、思路、主旨等。

人们常说：题好一半文，标题是文章的眼睛。因为标题往往会提示或暗示文章的内容、写法、情感与主题，所以，我们阅读文章时，要从标题开始。从思考标题的含义和作用开始阅读文章，可以迅速了解文章大意。

文章的开头段，或落笔点题，开门见山，点明文章的中心；或总起全文，引出下文；或设置悬念，激发读者的阅读兴趣；或渲染气氛，创设情境，等等。

文章中的关键语句，往往出现在段首、段尾或过渡段（句）中，它在文章结构上往往起承上启下的作用，使文章连贯，结构严谨。在内容上，往往起到总结上文内容，并引出下文内容的作用。所以我们在阅读文章时，要慧眼识得关键语句，通过它们，整体感知文章，把握写作思路。

文章的结尾一般会起到总结全文、点明文章主旨，或深化中心、升华情感等的作用。

如何抓住标题、开头、结尾和关键语句，迅速了解文章大意呢？

首先我们来看本单元的第一篇文章《从百草园到三味书屋》。

1. 请同学们看标题，从标题中我们能获得哪些有效的信息？

标题用了"从……到……"两个介词，我想有以下的含义：

（1）"百草园"和"三味书屋"点明全文记叙的两个地方。"从……到……"表明文章是按"百草园"在前，"三味书屋"在后的时间和空间顺序来写的，很显然文章内容可以分为两大部分。

（2）全文叙写了作者童年时代两个地方的生活片段。第一部分，记叙百草园的生活；第二部分，记叙三味书屋的生活。

2. 接下来请同学们快速默读课文，找出文章中承上启下的过渡段。

文中最重要的过渡段是第9小节。写自己即将离开百草园去三味书屋读书：

我不知道为什么家里的人要将我送进书塾里去了，而且还是全城中称为最严厉的书塾。也许是因为拔何首乌毁了泥墙罢，也许是因为将砖头抛到间壁的梁家去了罢，也许是因为站在石井栏上跳了下来罢……都无从知道。总而言之：我将不能常到百草园了。Ade，我的蟋蟀们！Ade，我的覆盆子们和木莲们！……

从"也许是……也许是……也许是……都无从知道"可以看出"我"对被送到私塾去读书的原因进行了种种猜测，"我"无法肯定是什么原因，但可以肯定的是"我"必须离开百草园。猜测越多，就越能表现出百草园生活的丰富多彩，兴趣盎然，就越能表现出"我"对百草园生活的无限留恋和依恋。因此，"我"伤心地与它们逐一道别，极不情愿、忐忑不安地走向那"称为最严厉的书塾"。

到了这里，文章将结束对百草园生活的叙述，引出了下文对三味书屋生活的记录。

"表达语文"：习得言意相称的表达智慧

3. 从刚刚对标题和关键段的分析中概括文章的结构。

1~8段写了百草园的生活。

9段至结尾写了三味书屋的生活。

在第一部分中，你能找出一个词语来概括百草园生活吗？

我家的后面有一个很大的园，相传叫作百草园。现在是早已并屋子一起卖给朱文公的子孙了，连那最末次的相见也已经隔了七八年，其中似乎确凿只有一些野草；但那时却是我的乐园。

同学们的眼睛是雪亮的，一下就发现了第一段中的关键句和关键词。

关键句是"似乎确凿只有一些野草；但那时却是我的乐园"一句，这句最能概括百草园的乐园生活，并引出下文对"乐园"生活的具体叙述。

接下来的2~8段就是对百草园生活的描写。作者紧紧围绕关键词"乐园"来写，有乐景、乐闻、乐事，洋溢着生机和活力，情趣盎然。表现了一个儿童对大自然的热爱，和喜欢自由快乐生活的心理。所以"我"对离开这样的一座乐园恋恋不舍。

第二部分是9~24段，写了在三味书屋读书生活的几件事情。下面一起来阅读"我"在三味书屋的几个生活片段，看看写了哪些内容，表现了怎样的主旨。

"不知道！"他似乎很不高兴，脸上还有怒色了。

我才知道做学生是不应该问这些事的，只要读书，因为他是渊博的宿儒，决不至于不知道，所谓不知道者，乃是不愿意说。年纪比我大的人，往往如此，我遇见过好几回了。

我就只读书，正午习字，晚上对课。先生最初这几天对我很严厉，后来却好起来了，不过给我读的书渐渐加多，对课也渐渐地加上字去，从三言到五言，终于到七言。

经历了"不知道""不应该"的挫折后，"才知道"要一心"只读书（圣贤书）"，孩子的求知欲无法得到满足，学习的积极性受到了打击。

"读书！"

于是大家放开喉咙读一阵书，真是人声鼎沸。有念"仁远乎哉我欲仁斯仁至矣"的，有念"笑人齿缺曰狗窦大开"的，有念"上九潜龙勿用"

的,有念"厥土下上上错厥贡苞茅橘柚"的……

"人声鼎沸"这个词用得真好,大家读书读得多卖力呀。读的又是什么内容呢?都是些孩子们难以理解而又无用的书,学生怎能感兴趣呢?因此读不成句,读错了也没有人纠正,只有死记硬背。大声读以至人声鼎沸,却只是读给先生听罢了,仿佛这书不是为自己而读,与自己无关了。

由此我们可以发现无论是学习的内容还是学习的方法都不符合孩童的实际,压抑和束缚着孩子的天性,不难看出作者对束缚儿童身心发展的封建教育的不满。

现在,我们稍作小结:童年是一个人的清晨,鲁迅先生回忆自己童年的一段生活往事,把它视为"夕拾"的"朝花"。课文通过对百草园自由欢快生活和三味书屋枯燥生活的对比叙述,表现了儿童热爱大自然、追求自由快乐生活的心理,否定了束缚儿童身心发展的封建教育的方法和内容。

各位同学,整体感知课文内容,了解文章大意,这是阅读一篇文章最基本的要求。在学习《从百草园到三味书屋》中,我们借助文章的标题、开头、结尾及文章中的关键语句,厘清了文章的主要内容,把握了作者的写作思路,了解了作者表达的情感,进而分析出文章的主旨。

接下来,我们再来看看另一篇散文《再塑生命的人》,以标题为主导,并综合分析开头、结尾和关键语句等来了解文章大意。

文章标题是"再塑生命的人",看到这个标题我们不禁会想:"再塑"前后的"生命"分别是怎样的状态?为什么生命要"再塑"呢?谁来"再塑"生命?如何再塑生命?

带着这些问题我们走进课文第一段。

老师安妮·莎莉文来到我家的这一天,是我一生中最重要的一天。那是 1887 年 3 月 3 日,当时我才六岁零九个月。回想此前和此后截然不同的生活,我不能不感慨万分。

"最重要的一天""截然不同的生活"写出了老师安妮·莎莉文给"我"所带来的巨大影响,让"我"的生活发生了巨大的改变。

下面我们来看看"我"在老师到来之前和之后的生活分别是怎样的?在文章的第四段中有一段"我"的内心独白,大家默读一下:

"表达语文"：习得言意相称的表达智慧

朋友，你可曾在茫茫大雾中航行过，在雾中神情紧张地驾驶着一条大船，小心翼翼地缓慢地向对岸驶去？你的心怦怦直跳，唯恐意外发生。在接受教育之前，我正像大雾中的航船，既没有指南针也没有探测仪，无从知道海港已经临近。我心里无声地呼喊着："光明！光明！快给我光明！"恰恰在此时，爱的光明照到了我的身上。

我们感受到的是一个盲聋女孩海伦的孤寂、无助以及对光明的渴望。

"最重要的一天"后，"我"的生活发生了怎样的改变呢？"我"又是怎样的感受呢？我们一起来看看文章的第五小节。

我觉得有脚步向我走来，以为是母亲，立刻伸出双手。可是，一个人握住了我的手，把我紧紧地抱在怀中。我似乎能感觉得到，她就是那个来对我启示世间的真理、给我深切的爱的人——安妮·莎莉文老师。

这里有她对莎莉文老师的高度评价："对我启示世间的真理、给我深切的爱"，这可是文章的纲领句。启示真理、给"我"以爱的是莎莉文老师，她再塑了"我"生命的两个支点，也是后文作者重点叙述的内容。第五小节起到了承上启下的过渡作用。

7～13小节记录了老师和"我"之间的几个生活片段。大家看一看哪一件事对"我"的影响是最大的？为什么？

作者用了三个小节的文字记录了这件事情，让我们来看看下面的内容。

突然间，我恍然大悟，有一种神奇的感觉在我脑中激荡，我一下子理解了语言文字的奥秘了，知道了"水"这个词就是指正在我手上流过的这种清凉而奇妙的东西。

水唤醒了我的灵魂，并给予我光明、希望、快乐和自由。

"我"突然悟到了水的含义之后的这个小节，单句成段，直接议论，让读者强烈地感受到这件事给"我"的巨大震撼——原来万事万物都有它的名称，"我"终于在文字和事物的名称之间建立了联系。在莎莉文老师的循循善诱之下，"我"终于迎来了质变，并第一次产生了对自己粗鲁行为的悔恨之情。从这里我们也感受到了莎莉文老师高超的教育艺术，不禁对莎莉文老师肃然起敬！

对于作者来说，这种情感是溢于言表的，在文章的最后一小节这种情感的抒发达到了高潮。

那一天，我学会了不少词，譬如"父亲"（father）、"母亲"（mother）、"妹妹"（sister）、"老师"（teacher）等。这些词使整个世界在我面前变得花团锦簇，美不胜收。记得那个美好的夜晚，我独自躺在床上，心中充满了喜悦，企盼着新的一天快些来到。啊！世界上还有比我更幸福的孩子吗？

"这些词使整个世界在我面前变得花团锦簇，美不胜收。"这句话表面看说的是文字的神奇，实则暗示的是知识的力量。是知识使"我"这个盲聋人获得了快乐，看到了光明，享受到了幸福。因而，"我"觉得世界充满了花香，洋溢着美丽。甚至期待着新一天的到来，觉得自己是这个世界上最幸福的孩子。这一切都是莎莉文老师带来的。

好，下面呢，我们再回到标题，从总体上概括文章的内容和主旨：

"再塑生命"从字面上来理解是"重新塑造生命，重新获得生命"的意思。在本文中，再塑生命是指"我"的灵魂被唤醒，莎莉文老师让"我"认识了文字，再次拥有了光明、希望、快乐和自由，使爱的光明照到了"我"的身上，唤起了"我"对生活的勇气和信心。整篇文章洋溢着对莎莉文老师的爱戴、敬佩和赞美之情。

《义务教育语文课程标准（2011年版）》在第四学段的阅读要求中强调"欣赏文学作品，有自己的情感体验，初步领悟作品的内涵，从中获得对自然、社会、人生的有益启示。对作品中感人的情境和形象，能说出自己的体验；品味作品中富于表现力的语言"。抓住标题、开头、结尾和关键语句就是一把很好的钥匙，有助于我们迅速把握文章的结构，让我们更好地、更深入地理解文章内容和主旨。

希望通过这节课的学习，大家都能掌握这把钥匙，打开语文学习之门。也希望同学们在今后的写作中，能把自己想要表达的意思，精心精巧地通过标题、开头、结尾和关键语句等暗示或表现出来。

今天的课就上到这里，同学们再见。

七年级语文上册第四单元
在默读中厘清作者的思路

句容市第二中学　朱　茜

同学们：

　　大家好！

　　拥有美好而充实的人生，是我们共同的心愿。今天我们学习第四单元，本单元课文，从不同方面诠释了人生的意义和价值，有对人物美好品行的礼赞，有对人生经验的总结和思考，还有关于修身养德的谆谆教诲。令我们感动的，是其中彰显的理想光辉和人格力量。

　　这节课我们以本单元课文为例，学习在默读中厘清作者的思路：在整体把握文意的基础上，学会通过划分段落层次、抓关键语句等方法，厘清作者思路。

　　默读，是读的一种重要方式，是训练阅读能力的重要方法。默读要做到眼到、手到、心到。眼到，就是每一个字都要认清，不能随便放过；手到，就是动手，做些标记，查阅资料，抄录摘要，写下感悟等；心到，就是集中注意力，边读边想，理解词句意义和句段间的内在联系。所谓思路，就是作者对整篇文章结构的一种设计和安排。厘清思路的关键是理解文章内容，把握文章大意。

　　我们先以《纪念白求恩》一课为例来说明如何"在默读中厘清作者的思路"。

　　本文思路清晰，用语简练，层次分明。围绕本节课教学目标我们可以做思路分析训练。通过勾画段落关键句，分析段落之间关联，梳理全文结构，来把握文章的写作思路。

　　请同学们默读课文，思考并勾画出每一段的中心句或关键句，用"这一节赞扬了白求恩的＿＿＿＿＿＿精神"的句式归纳段落大意，然后分析段落之间的联系。

学法指导：能体现段落中心的语句是"中心句"。中心句的位置可以在自然段的开头或结尾，也可以在段落的中间。中心句在开头起概括和总述作用，在结尾起归纳和总结作用，在段落中间则起承上启下作用。

第一自然段的中心句是："一个外国人，毫无利己的动机……每一个中国共产党员都要学习这种精神。"段落大意可以概括为，赞扬了白求恩同志的国际主义精神。

第二自然段的中心句是："白求恩同志毫不利己专门利人的精神，表现在他对工作的极端的负责任，对同志对人民的极端的热忱。"段落大意是，赞扬了白求恩同志毫不利己专门利人的精神。

第三自然段的中心句是："白求恩同志是个医生，他以医疗为职业，对技术精益求精。"段落大意是，赞扬了白求恩同志对技术精益求精的精神。

第四自然段的中心句是："我们大家要学习他毫无自私自利之心的精神。"段落大意是，号召全党都要学习白求恩同志毫无自私自利之心的精神。

概括了每段的段落大意之后，我们还要分析段落之间的联系，梳理文章结构。

前三段都是共产主义精神的具体表现，是并列关系；第四段是对上文进行的总结，点明白求恩精神的核心，并发出号召。因此，文章是总—分—总的结构形式。

刚才，我们厘清了全文的思路，下面以第四段为例，探讨如何厘清一段话的写作思路。

本段话第一层从"我和白求恩同志只见过一面"至"我是很悲痛的"，写作者与白求恩的交往。第二层从"现在大家纪念他"至结尾"一个有益于人民的人"，号召全党学习白求恩。两个层次之间用"现在大家纪念他，可见他的精神感人之深"一句过渡，并由记叙转向议论。赞美完白求恩的"毫无自私自利之心的精神"后再次发出学习号召，点明共产主义精神的核心。并从细微处用排比句式加以解释，强调学习白求恩精神的重大意义，感情真挚，热情洋溢，极富号召力和感染力。

我们再以《植树的牧羊人》为例加以说明。

一个孤独的农夫，数十年如一日，在荒原上种植着树木。最终，靠自己的体力与毅力，把荒凉的土地变成了美丽富饶的田园。文章表现出牧羊人的顽强毅力和无私大爱。作为一篇教读课文，本文与《纪念白求恩》有着不同的风格，结合单元目标和文本特点，它有两点教学价值：

1.课文篇幅较长，适合训练默读。默读要求不出声，不动唇，不指读，最好一气呵成读完全文。这样做，可将注意力集中在语句的层面，而不是单个字、单个词，有利于形成完整的印象，保持语感的连续性，从而更容易把握文章的内容。可采取多遍默读的方式，初读整体把握课文大意，第二遍读重在梳理故事情节，把握人物形象，第三遍读则注重圈点勾画并赏析关键语句和文章的精彩之处。

2.把握课文的思路，理解一般记叙文的写作思路。本文是一篇以叙事为主的文章，采取先总起议论，奠定"这是一个难得的好人"的叙述基调，然后展开叙事，最后又以议论升华主题。主体部分的叙事，则采取时间顺序，写牧羊人二十年来的工作，写高原由荒凉逐渐变为繁荣的经过；同时采用第一人称的有限视角，避免"我"的过度参与，影响叙事的客观性。"我"只是长期地观察，牧羊人几十年如一日地孤独工作着，一点点积累，最终形成惊人的质变。这前后的对比，这不图回报的行动，客观写来，比任何激情洋溢的抒情效果都更好。

这篇课文前的"预习"提示中明确给出了本课的学习方法：默读课文，注意做些圈点勾画。可以圈出关键词语，画出重点语句，标出段落层次。

下面请同学们默读思考：勾画出每段的关键句，由此概括本文的叙事顺序，并按照这一顺序划分文章结构和概括段落大意。

各段关键句如下：

①想真正了解一个人，要长期观察他所做的事。如果他慷慨无私，不图回报，还给这世界留下了许多，那就可以肯定地说，这是一个难得的好人。

②那是在1913年……

③继续向前走了五个小时……

④牧羊人让我喝了水壶里的水……

⑤他不住帐篷，而是住在一座很结实的石房子里……

⑥我们一起喝了热汤……

⑦牧羊人拿出一个袋子，从里面倒出一堆橡子……

⑧和牧羊人待在一起，让人心里很平静……

⑨我假装随便溜达……

⑩我们沿着山路……

⑪吃过午饭，他又开始选橡子……

⑫第三天，我和牧羊人道了别。

⑬这样过了一年，第一次世界大战爆发了……

⑭牧羊人还活着……

⑮1910年种的橡树，已经长得比我都高……

⑯这个男人坚持做着自己想做的事……

⑰路过山下村子的时候，我在这个曾经干旱无比的地方……

⑱从1920年开始，我几乎每年都去看望这位植树的老人……

⑲1945年6月，我最后一次见到植树的老人……

⑳昔日的荒地如今生机勃勃，成为一片沃土……

㉑他做到了只有上天才能做到的事。

分析各段的关键句，我们可以知道，课文是按照事情发展的先后顺序来叙事的。其次，根据主体部分出现的关键词句，如：

那是在1913年

1914年（一战爆发）

1918年（入伍五年；战争结束）

1920年（几乎每年都去看植树老人）

1945年（最后一次见到植树老人）

我们可以知道，主体部分以时间为顺序，写了"我"和牧羊人的三次见面。

再次，我们还从这些关键句出发分析文章的段落层次和文章结构。由"这是一个难得的好人"这个总体评价性语句，可以知道第一段起到了总领全文的作用。即为文章第一部分，是总写。而第21节"当我想到这位老人……感到无限的敬佩……"这样的语句是对牧羊人坚强毅力、无私善良的高度赞美，起到了总结概括的作用，又呼应了开头，即可划分为文章第三部分。自然，第2至20节为文章第二部分，是分写，是具体叙述。全文整体结构是总—分—总。

下面呢，我想再请同学们思考第二个问题：课文按时间顺序，重点叙述了"我"和牧羊人三次见面的情形以及高原上发生的变化。请默读课文，勾画出标志故事情节发展的语句，填写下表。

	牧羊人的情况	高原的情况
初遇牧羊人（1913年）	一个人住在房子里；牧羊同时种树；沉默寡言，充满自信、坚毅果断；生活一丝不苟。	荒野无际、泉眼干涸、房屋倒塌，毫无生趣；村落都成了废墟；环境恶劣。
再见牧羊人（时隔6年）	身体更矫健了；减少了羊群的数量，开始改养蜜蜂；性格没有变化，依然心无旁骛地种树，依然沉默不语。	乡景依旧如昔，但已萌发生机；树木已然成片，橡树、山毛榉树、白桦树蔚然成林；干涸的河床有了淙淙的水流；各种草木开始复现。
最后一次相见（1945年6月）	87岁，年事已高；住在凭一己之力建成的乡间。种树的初衷仍然没有动摇，继续种树。	建起干净的农舍，泉水源源不断；景象完全改观了，甚至连空气也不一样了；整个乡间散发出健康与富裕的光芒；人们搬了回来，处处呈现着幸福与安适的景貌，一万多口人幸福地生活着。

从这张表格之中，我们发现了这样的变化：

树：越来越多

羊：越来越少

人：越来越多

由此归纳总结出作者的行文思路，文章以时间为序，以荒原到绿洲的变化为线索，讲述了牧羊人种树的故事。通过"我"的所见所感，高度评价和赞美了植树的牧羊人，他的无私、毅力和坚持，"做到了只有上天才能做到的事"。让人相信，人类除了毁灭，还可以像上天一样创造——只要满怀大爱，只要具有不懈的毅力和精神，同样可以创造奇迹。

同学们，在默读中厘清作者思路的方法你学会了吗？

首先明确默读的要求，不出声，不动唇，不指读，不回顾，一气呵成读完课文。而且在阅读的过程中，要不断思考：文章写的是谁？写了哪些事？怎么叙写事情的？塑造了怎样的人物形象？表现了一个怎样的中心？等等，力求从整体上初步感知文章内容，把握文章意蕴。

其次，在初步把握文意的基础上，要善于通过抓中心句的方法，概括段落大意。然后在此基础上划分段落层次，梳理全文结构，厘清作者思路。

各位同学，通过今天这堂课的学习，你是否对厘清文章思路的方法有了一个新的认识？课的最后呢，我布置一道作业，让大家自我检测和巩固今天的学习效果：

请你结合本节课所学的知识，运用恰当的方法默读本单元的自读课文《走一步，再走一步》，理清莫顿·亨特的行文思路。

好，今天的课就上到这里，同学们再见。

七年级语文上册第四单元
写作训练·思路要清晰

句容市第二中学　侯红宝

同学们：

大家好！

今天我们镇江市"智教育·云课堂"七年级语文学习的内容是第四单元的写作专题，本专题的写作要求是：思路要清晰。

我们这节课的主要学习目标有两条，分别是：

1.明白什么是思路，以及思路要清晰是写作文的基本要求。

2.能通过审清题目—确立中心—取舍材料—确定写作顺序和整体结构等步骤，以及通过列写作提纲等方式让文章思路清晰。

我们先看一道作文题目"他是一个热爱学习的学生"，如果让你写这篇作文，你会怎么写？我想请大家先思考三个问题：你觉得这篇作文要表达的中心是什么？你将选择哪些材料来写作？这些材料将按照一个什么样的顺序来写？

现在，请大家花几分钟时间，对照作文题目进行头脑风暴，思考这三个问题，并且把自己的思考记录在笔记本上。

作文题目：他是一个热爱学习的学生

我觉得文章的中心是：

我想选择的材料有：

（1）

（2）

（3）

……

写作顺序是：A.时间顺序　B.空间顺序　C.逻辑顺序

下面是侯老师班上的一名同学写的课堂笔记：

作文题目：他是一个热爱学习的学生

文章的中心：热爱学习。题眼是"热爱"。

想选择的材料：

材料一，他放学之后总是先写作业。

材料二，他经常参加学校组织的公益活动，比如担任"小小交通员"等。

材料三，他写完作业之后，常常会进行体育锻炼，打篮球或打乒乓球。

材料四，他经常在学习上帮助成绩不好的同学。

材料五，他上课时认真听讲，认真记笔记。

材料六，他家离学校很远，但每天坚持骑自行车上学，从不让父母接送。

材料七，他热爱课外阅读，经常出入图书馆和书店。

老师想，这位同学在这么短的时间里能想到这么多的写作内容，很不容易，值得表扬。但是这名同学也遇到了一些困惑，于是他当时就向老师请教：一篇文章中是否需要写这么多事情？是不是所有的事情都能表现"热爱学习"这个中心？

现在呢，老师想请大家来帮帮他，你觉得上述七件事是否都能表现"热爱学习"这个中心？哪些可以表现？哪几件不能表现？

好的，我们经过对照"热爱学习"这个中心，认为材料一、材料五和材料七切合"热爱学习"这个中心。其余四则材料不能表现"热爱学习"，而对于不能表现中心的材料，我们应该怎么办？

对，删去，坚决彻底地不写进作文中。好，我们应该选择以下事情作为文章的材料：

材料一，他放学之后总是先写作业。

材料五，他上课时认真听讲，认真记笔记。

材料七，他热爱课外阅读，经常出入图书馆和书店。

下面，我们再来帮帮他，解决写作时的一个具体而非常重要的问题：对于这三则材料，我们准备按照一个怎样的顺序来写。先请大家思考。

经过大家的讨论，我们一致认为应该按下面的顺序来写：

先写"他上课认真听讲，认真记笔记"，接着写"他放学之后总是先写作业"，最后写"他热爱课外阅读，经常出入图书馆和书店"。

这是一种什么样的顺序？是的，是按照由课内到课后、由校内到校外的顺序来写作的，是时间顺序，也包含空间顺序。

那么还可不可以按其他顺序来写呢？比如，先写"校外"，再写课内和课后。如果这样写，怎么处理才算合理呢？我们能否设置出一个情境，让这种顺序合理并且收到很好的表达效果？

是的，我们可以以"我"为视角来写，首先写"我"和"他"在图书馆相遇与相识，发现"他"热爱学习，经常到图书馆看书。同时通过交流，知道"他"还经常到书店买书读。然后写"我"通过向其他同学了解，发现"他上课认真听讲，认真记笔记"。最后写从他父母那里听说"他放学之后总是先写作业"。

这种写作是一种什么顺序？对，是"接触、产生兴趣——了解、产生敬佩——探究，决心学习"的对"他"的认识过程和"我"的情感变化过程，按照这样的顺序，一步一步地把文章的中心表现出来。

各位同学，刚才我们已讨论了两种顺序、两种写法了，你觉得，哪种写法可能会得高分？对，第二种，第二种写法更灵活，表现手段更丰富，表现力更强，"热爱学习"这个中心也更鲜明突出。

各位同学，课上到这里，我想请大家思考一个问题：我们讨论的话题是什么？

是的，我们讨论的主要话题是"文章的思路"。那么什么是"文章的思路"呢？我们都知道，文章是表达一定的中心思想的，思路就是中心思想走过的一条路，即从什么地方出发，怎样一步一步往前走，最后达到这条路的终点，即完美地表现出中心思想。只有条理清楚，层次分明的文章，中心思想才能鲜明突出。

怎样才能理清写作的思路呢？第一步，我们对照标题进行审题；第二步是在审题的基础上确立文章的中心，是"热爱学习"；第三步是根据这个中心进行头脑风暴，想有哪些材料可以写，然后，根据表达中心的需要对材料进行取舍；第四步是确定写作的顺序，即按什么样的顺序组织材料。

我们用一个进程图来表示：

理清写作的思路：审清题目——确立中心——取舍材料——确定顺序结构。

我们在写作的时候，看到作文题目，可能立刻会有很多想法，会想到很多材料。这个时候，请你不要急着写，把思路理一理、顺一顺。怎么理一理、顺一顺呢？首先是审清题目，重点分析"题眼"，也就是题目中的关键词，尤其是要注意题目中起着修饰、限制和补充作用的词语，这样也就抓住了文章要突出的重点。比如"他是一个热爱学习的学生"，这个题目的"题眼"是"热爱学习"，要求我们写他的关于"学习"的事情，表现的中心思想是"热爱"。当然，审清题目还要审清其他的要求，比如，写作的人称应该是第三人称"他"，而不是"我"，而且他的身份是"学生"，等等。接着在审清题目的基础上确立作文的中心，即"热爱学习"。

再次，我们要围绕表达"热爱学习"这个中心的需要取舍材料，以及确定写作的重点，安排详略。最能表现"热爱学习"的材料要详写，能表现"热爱学习"的材料可略写，对于那些不能表现这个中心的材料，即便再好再新颖，也要坚决不写，这样才能让文章中心鲜明、突出。

最后，是为选择出的材料确定写作顺序，安排文章的结构形式。这一步也是让文章思路清晰的重要环节，更是让中心思想鲜明、突出和深刻的重要环节。

下面，我们来共同帮王小明同学完成一份练习。

王小明同学这次要完成的作文题目是"我的老师"。他首先对照题目，进行头脑风暴，想到了以下一些事情：

材料一，暑假中，我担心李老师被调到别的学校，以至梦中寻找李老师。

材料二，课外活动的时候，李老师经常教我们合唱。

材料三，李老师批改作业的时候，我们不由得围上去，争着请李老师批改自己的作业。

材料四，李老师爱用活动的方式教我们学习，至今我还记得大家围在一起，做成语接龙游戏的情景。

材料五，周末的时候，李老师还会带我们走进大自然，远足踏青，教我们观察、联想和想象。

材料六，有个同学欺负我，李老师及时帮助了我，批评了我的同学，化解了我们的矛盾。

材料七，有一次我的同桌上课时做小动作，李老师发现后假装发怒，教鞭重重地举起，却轻轻地放下，没有打他。

我们第一步是审清题目，从题目里确定中心。"我的老师"这个标题，是否暗示着中心？有的，强调"我的"，本身就包含着对老师的热爱与崇敬之情，甚至还有自豪的情感。当然，我们还可以从王小明同学想到的材料中概括文章的中心。我们仔细辨别一下，这些材料分别是从什么角度来表现中心的：

材料一，暑假中，我担心李老师被调到别的学校，以至梦中寻找李老师。（我爱老师）

材料二，课外活动的时候，李老师经常教我们合唱。（老师爱我们）

材料三，李老师批改作业的时候，我们不由得围上去，争着请李老师

"表达语文"：习得言意相称的表达智慧

批改自己的作业。（我们爱老师）

材料四，李老师爱用活动的方式教我们学习，至今我还记得大家围在一起，做成语接龙游戏的情景。（我们爱老师）

材料五，周末的时候，李老师还会带我们走进大自然，远足踏青，教我们观察、联想和想象。（老师爱我们）

材料六，有个同学欺负我，李老师及时帮助了我，批评了我的同学，化解了我们的矛盾。（老师爱我）

材料七，有一次我的同桌上课时做小动作，李老师发现后假装发怒，教鞭重重地举起，却轻轻地放下，没有打他。（老师爱我们）

因此，我们文章的中心大体可以概括为两个方面：老师爱学生，学生爱老师。作者是从这两个方面选择材料，表现中心的。

各位同学，到这里，我们实际上已经完成了三个步骤：第一步是审清题目，第二步是确定中心，第三步是考察了材料，准备取舍。这七则材料都可以表现这个中心，因此，都可以写进作文里。当然，如果你觉得七件事多了点，也可以删掉几件事，如可以删掉"李老师和我们"的几件事，只留下"李老师和我"之间的事情。但今天的课上我们就讨论把这七件事都写进作文里去的情形。

下面我们作第四步思考：这七则材料，我们可以按照一个什么样的顺序来写？你能想出几种顺序？也请大家先思考后作答。

在大家思考的时候，老师想提醒大家，确定写作的顺序时，我们可以把这些材料进行归类。比如，按照时间归类，按照空间归类，或按照性质归类等。

我们现在先从时间与空间的角度归类：

材料一，暑假中，我担心李老师被调到别的学校，以至梦中寻找李老师。（暑假，校外）

材料二，课外活动的时候，李老师经常教我们合唱。（课外活动，校内）

材料三，李老师批改作业的时候，我们不由得围上去，争着请李老师批改自己的作业。（课间，校内）

材料四，李老师爱用活动的方式教我们学习，至今我还记得大家围在一起，做成语接龙游戏的情景。（上课，校内）

材料五，周末的时候，李老师还会带我们走进大自然，远足踏青，教我们观察、联想和想象。（周末，校外）

材料六，有个同学欺负我，李老师及时帮助了我，批评了我的同学，化解了我们的矛盾。（平时，校内）

材料七，有一次我的同桌上课时做小动作，李老师发现后假装发怒，教鞭重重地举起，却轻轻地放下，并没有打他。（上课，校内）

从时间和空间的角度，我们可以确定写作的顺序为：

由课内到课间再到课外。上课：材料四，材料七；课间：材料三，材料六；课外：材料一，材料二，材料五。

由平时到周末再到假日。平时：材料二，材料三，材料四，材料五，材料六，材料七；周末：材料五；假日：材料一。

由校内到校外。校内：材料二，材料三，材料四，材料六，材料七；校外：材料一，材料五。

下面，我们再从材料的性质上进行归类：

首先，我们从上述材料中可以发现，这些材料是从两个角度来选择的：第一个角度是李老师和我们，或者说是李老师爱我们，我们爱李老师；第二个角度是李老师和我，或者说是李老师爱我，我爱李老师。第一个角度的材料有：材料二、三、四、五、七；第二个角度的材料有：材料一，材料六。

其次，我们还可以从表现的情感上来考察，从七则材料中，我们是否可以发现，"我"对李老师有个认识逐渐深入、情感逐渐加深的过程？

是的，从李老师和我们，写到李老师和我，就是一个"我"对李老师的认识逐渐深入，情感逐渐加深的过程。"我"对李老师的感情达到最顶峰的是哪件事？当然是材料一，"我"舍不得李老师离开，以至梦中寻找李老师，表达了"我"对李老师的无限爱戴、依恋和思念之情。

各位同学，通过以上的分析，你是否已经确定好这七件事的写作顺序，请你补写好以下写作提纲：

> "表达语文"：习得言意相称的表达智慧

题目：我的老师

主要内容：

中心思想：

一、开头方式

二、中间部分

第一件事：

第二件事

第三件事

第四件事：

第五件事

第六件事

第七件事

三、结尾方式

提醒：1.在七件事的后面要注明是详写，还是略写。2.在七件事的叙述中，你准备在哪几件事之间安排过渡句或过渡段？3.注明安排这七件事的顺序。

以下是我班一名同学写的写作提纲，供大家参考：

题目：我的老师

主要内容：回忆李老师教育教学，以及帮"我"解决矛盾等的几件事。

中心思想：表现李老师热爱学生、热爱教育事业的美好品德，抒发了"我"对李老师的爱戴、感激和思念之情。

一、开头方式：开门见山，直接点题，进入回忆。

二、中间部分

第一件事：有一次我的同桌上课时做小动作，李老师发现后假装发怒，教鞭重重地举起，却轻轻地放下，并没有打他。（较详写）

第二件事：李老师爱用活动的方式教我们学习，至今我还记得大家围在一起，做成语接龙游戏的情景。（略写）

第三件事：课外活动的时候，李老师经常教我们合唱。（略写）

过渡，即便是周末的时间，李老师也想着如何提高我们的学习能力，激发我们的学习兴趣。

第四件事：周末的时候，李老师还会带我们走进大自然，远足踏青，教我们观察、联想和想象。（较详写）

过渡：像这样热爱学生、讲究教育教学方法的老师，我们怎么会不喜欢他，怎么会不愿意和他亲近呢？所以在学校里，只要有他在的地方，一定就有同学围着他。

第五件事：李老师批改作业的时候，我们不由得围上去，争着请李老师批改自己的作业。（较详写）

过渡：最让我感到李老师慈爱、公平、伟大的是一件小事，在我深感无助的时候，李老师给了我鼓励和援助。

第六件事：有个同学欺负我，李老师及时帮助了我，批评了我的同学，化解了我们的矛盾。（详写）

第七件事：暑假中，我担心李老师被调到别的学校，以至梦中寻找李老师。（详写）

时空顺序：由课内写到课间，由校内写到校外，由平时写到假日。

情感发展：回忆——依恋——思念，感情逐步加深。

三、结尾方式：结束回忆，直接抒发热爱李老师的情感。

各位同学，课的最后，我们再来总结一下今天的讲课内容，这节课我们讲的是作文的基本要求"思路要清晰"。

叶圣陶说："思想是有一条路的，一句一句，一段一段都是有路的，好文章的作者决不乱走的。"那些言之有物、言之有理的好文章，都是建立在思路清晰、言之有序的基础之上的。所谓思路要清晰，就是要在布局谋篇中做到结构完整、层次分明，让读者明白作者在表现中心思想的过程中，先说了什么，后说了什么，主要在说什么，按照一个什么样的顺序在说。

怎样才能做到思路清晰呢？任何一篇作文题目，都有出题者的目的和意图，在审题时，我们要认真、仔细地研读作文题目，明确写什么，怎么写，避免文不对题、偏离中心的毛病。

在今天的课上，老师给大家的建议是做到这四步：

审清题目——确定中心——取舍材料——确定写作顺序和整体结构。

并在这个基础上写好写作提纲，列好写作提纲后再写作。

最后，布置一道作业，请大家按要求写好写作提纲。

请你以"我的＿＿＿＿＿＿＿的爸爸（或妈妈）"为题，列出作文的提纲。

提示：

1.确定文章的中心，并思考围绕这一中心可以写哪几件事，如何安排先后顺序。

2.用简洁的语言概括每件事的主要内容，按照之前老师讲的顺序写下来，如果所写的内容有详略之分，也需要在提纲上注明。

3.每件事之间如何过渡，也请作简要的构思并写在提纲上。

4.也建议你同时思考开头与结尾的方式，并写在提纲上。

七年级语文上册第五单元
学会概括文章中心

句容市第二中学　巨亚红

同学们：

大家好！

今天我们这节课重点学习"在把握段落大意、理清思路的基础上，学会概括文章的中心意思"。

本单元的文章大多偏长，涉及的内容比较丰富，有的内涵也比较深刻，理解起来有一定的难度。这就需要我们细读课文，把握文章的段落大意，理清作者的写作思路，在此基础上，学习归纳和概括文章的中心，理解作者所要表达的思想感情。还要在理解课文内容的基础上，调动已有的知识储备，结合生活体验，敢于发表自己的见解。

首先，我们以本单元《猫》这一课为例，来说明如何"在把握段落大意、理清思路的基础上，学会概括文章的中心意思"。

这篇文章记述了"我"三次养猫的经历，三只猫的外貌、性情各有不同，结局也不尽相同，"我"对三只猫的亡失的情感也不相同。

文章1~2自然段交代了第一回养猫的情景，突出描写了小猫的有趣活泼。阳光下，白雪球似的小猫滚来滚去，让人"感着生命的新鲜和快乐"。小猫给人们的生活平添了多少乐趣！人对动物有了感情，就免不了会为它们的不幸而难过。这只小猫的死去带给"我"的是"一缕的酸辛"。

3~14自然段写第二回养猫的情景，这一回更加曲折。这只猫活泼极了，有趣极了，可是到处乱窜，叫人提心吊胆。三妹常指它笑着骂道："你这小猫呀，要被乞丐捉去后才不会乱跑呢！"结果不幸言中了，小猫被过路人捉去了。"我"诅骂那个不知名的夺去"我们"所爱的东西的人，也就是诅骂那种损人利己的人。三妹责怪邻居家的丫头，明晓得它是"我"家的，看见人捉猫，却不出来阻止。那种人，一点不仗义，事不关己，冷眼旁观。作者写猫，也写了一种世态，有的人损人利己，有的人不闻不问。后一种人为前一种人开了绿灯，这两种人的存在，在世间造成了极不愉快的悲剧。

15~34自然段写第三回养猫的情景，这一次则颇具有讽喻性质。"我"妄下断语：咬死芙蓉鸟的"一定是猫"。妻子也同意"我"的判断，她的话很值得咀嚼："不是这猫咬死的还有谁？它常常对鸟笼望着，我早就叫张妈要小心了。"全部证据就是"它常常对鸟笼望着"，似乎证据充分，却是莫须有的罪名。人们一旦形成思维定式，对于似是而非的现象，就会做出错误的判断，从而又强化了错误的思维定式。找不到猫，以为它真是"畏罪潜逃"了。看见它嘴里好像还在吃着什么，以为一定是吃着鸟腿了。结果"我"向它挥舞大棒。两个月后，这只猫死在了邻家的屋脊上。

从全文看，文章重点写的是第三只猫。不仅着墨最多，而且最让"我"忏悔和内疚，难以忘怀。它告诉我们，仅仅根据一点可疑的迹象就主观臆断是错误的，依靠自己的强势和暴力进行随意的惩戒只会伤害无辜，后悔自责。

这篇文章结构非常巧妙，我们可以通过梳理作者及家人三次养猫的经历，理清文章的思路。从内容上看，文章围绕着中心写了三个故事，三个故事按时间顺序排列，都有相对完整的"得猫""养猫""失猫"过程，每一个故事又都各有特点，引人入胜。作者善于设置伏笔，首尾呼应，三个故事三起三落，层层推进，情节环环相扣，结构完整而严谨，思路非常清晰。

如开头一句"我家养了好几次的猫，结局总是失踪或死亡"，起到了总领全文的作用。中间一句"自此，我家好久不养猫"，承上启下。文章末尾以"自此，我家永不养猫"收尾，前后呼应。文中还设置了一些伏笔。如写第一只猫忽然消瘦，预示其生病和死亡；写第二只猫生性活泼好动，不怕生人，"我们都为它提心吊胆"，预示它被路人捉走的命运；写第三只猫不招人喜欢，又老爱凝望鸟笼，为其后来的蒙冤埋下伏笔。所有这些，在文中都起到了穿针引线的作用，三个故事因此得以连缀成一个有机的整体，显示了作者构思的巧妙。

同时，作为一篇优秀的散文，本文有非常出色的描写艺术。以"猫"为叙事明线，勾连全篇，而暗线是作者的主观感情，三次养猫，三次亡失，作者感情跌宕起伏，一次比一次深挚。

首先，作者笔下的三只小猫，各具特色，生动、形象、逼真。第一只猫天真活泼，常在廊前太阳里滚来滚去。"三妹常常地，取了一条红带，或一根绳子，在它面前来回地拖摇着，它便扑过来抢，又扑过去抢。"这样的描写能引发读者的想象，小猫的动态乃至情态都在眼前了。第二只猫，更有趣，更活泼爱动，不仅乱跑，爬树，还扑蝴蝶："有时蝴蝶安详地飞过时，它也会扑过去捉。"这一个镜头就是一幅画，那小猫的脑袋、眼睛转来转去、伺机捕捉的样子，生动鲜活。第三只猫则忧郁、懒惰，不像前两只那样喜欢游玩，常常蜷伏在人们的脚边，还烧脱了好几块毛，总而言之，不怎么讨人喜欢。而恰巧是第三只不怎么令人喜欢的甚至有些难看的猫，给作者情感上的触动是最大的，也是最深刻的。这种对比造成的反差就会让我们更多地关注第三只猫，从而体会作者深沉的悔恨与愧疚背后所包含着的深刻反思。

其次，文中通过非常真挚细腻的心理描写，传达作者的主观感情，带给我们深刻的人生启示。文中不仅写了猫，还写了人，尤其是人的所思所想。三次养猫，感受不同，结局不同，心情也不同，或欢欣，或难过，或怅然愤恨，或后悔莫及，都情态毕现，很有感染力。对于第一只猫，作者这样抒发自己愉悦的心情："我坐在藤椅上看着他们，可以微笑着消耗过一二小时的光阴，那时太阳光暖暖地照着，心上感着生命的新鲜与快乐。"而对于这只小猫的死，"我心里也感着一缕的酸辛，可怜这两月来相伴的小侣！"反映了"我"对生命的惋惜、怜爱。第二只猫更得"我"心，因为它不怕生人，常爱跑到街上去，全家都经常为它"提心吊胆"，对于它后来被人偷走，作者的心情是这样的："我也怅然地，愤恨地，在诅骂着那个不知名的夺去我们所爱的东西的人。""怅然""愤恨""诅骂"等情感鲜明的词语显示了"我"此时强烈的爱憎之情。第三只猫一开始就不招人喜欢，收养它只是出于对生命的爱惜。及至芙蓉鸟被咬死，"我"很"愤怒"，并给了它一顿严厉的"惩戒"，没想到却冤枉了它。"我永无改正我的过失的机会了！"作者反复诉说，将自己忏悔、自责的心情抒发得淋漓尽致，表现了"我"的正义感、同情心和严于律己的精神。文章虽短，但作者的主观感情总共变化了六次：欢愉—酸辛—欢愉—怅然、愤然—暂时平静—悔恨，互相映衬，一次比一次强烈、深挚。

各位同学，对于较长的文章，在划分段落层次的时候，我们依托的是文章内容的变化，在《猫》这篇文章中，作者写了三只各有特点的猫，所以我们将文章分为三部分。在这三部分之中，我们发现了层层递进的关系，作者的情感变化最为深刻的地方就是文章的中心所在。

下面，我们再来看看《动物笑谈》这篇文章。

这篇文章文笔幽默风趣。开篇作者就点明"在研究高等动物的行为时，常常会发生一些趣事"，让人不由自主地联想到题目中的"笑"字，不过，在这里作者不是讲动物的"趣事"，一个关联词语的运用把逗笑的主角锁定在"观察者自己"身上，其实也就是作者本人。为什么会是自己呢？原来研究"常常需要不顾自己的尊严"，"方法怪诞不经"，"艾顿堡的居民都把我当疯子了",真是吊足了读者的胃口,吸引读者迫不及待地读下去,看看到底发生了什么。接下来,作者用生动活泼的笔法讲述了四个有趣的场景。前两个详细,后两个则比较简略,但都很有趣。

第一个场景是作者做有关小鸭子的科学实验。他学着母水鸭的叫声,在地上屈膝爬行,带领小水鸭前行。科学研究需要反复实验,两次给小水鸭找妈妈的过程显示了作者的探索精神,而实验过后的分析更为重要,"我猜想关键一定在母鸭的叫声上……我要小凫跟着我走,我得学母凫一样叫才行",为下文作者看似怪诞不经的行为(充当鸭妈妈)做了铺垫。除了实事求是地记述故事,作者还略带自嘲地描写了在外人看来十分可笑的场景:一个"有着一大把胡子的大男人",他"屈着膝,弯着腰,低着头在草地上爬着,一边不时回头偷看,一边大声地学着鸭子的叫声",看到如此怪异的情景,谁敢"相信自己的眼睛"呢?难怪那些观光客会"吓得呆了",会露出"死白的脸"。做实验有疑问,这是科学研究再正常不过的事情,作者把他的疑问和研究过程娓娓道来,既是科普作品所承担的向大众普及科学知识的责任,又用诙谐幽默的语言拉近了作者和读者的距离,给人以亲切感。

第二个场景是作者在公共场合,为了唤回黄冠大鹦鹉,模仿大鹦鹉的鸣叫。关键是这种鸣叫实在跟"杀猪般的嚎叫"很像,作者着实为难。这里的详细描摹既客观地介绍了鹦鹉叫声的特点,又表现出人要模仿这种叫声的难度之大。作者心里的犹豫、顾忌,使读者感同身受。在公共场合,发出这样的叫声确实是件令人为难的事情。但为了大鹦鹉不走丢,作者还是"用尽全身之力,把嗓门憋得尖尖的,发出'哦———啊'的叫声",结果,"四周的人一个个都像生了根似的定在那里"。作者为动物着想、为科学献身的精神让人敬佩。

另外两个场景写的是大鹦鹉的故事。这只特别活泼的大鸟,惯于恶作剧,曾经咬掉老教授身上的扣子,把它们整整齐齐地各排一堆,还把鲜艳的毛线缠到门前的柠檬树上,实在是可气又好笑。

学习这篇课文我们要注意体会劳伦兹对动物、对自然的挚爱,对生命的尊重,以及严谨求实的科学态度和为科学献身的精神。对本文中这些精神价值的感悟，包含两个层面：一是从文本出发，在字里行间感悟到其中的精神内涵；二是受到文本的激发，从而热爱自然，关爱生命，乐于认识其奥秘。文章自始至终饶有趣味，读来亲切自然而又意味深长。人和野生动物之间竟然能够建立起如此打动人心的友谊，这真是一种难得的幸福。文章表现出作者严谨求实的科学态度和崇高的科学精神。尤其是作者与动物之间平等共处，对野生动物的尊重和热爱，甚至不惜为它们做出巨大牺牲的精神，更是值得称道。联系现实生活中人与自然的关系，或许本文能够启发学生对人与自然和谐共存、人与自然可持续发展这一话题有更为深入的思考。

《狼》是一篇文言文。相比起来，本课讲的是一个富有趣味的小故事。全文分两部分。前一部分是叙事，写屠户与狼相斗的故事，环环相扣，紧张曲折。第1自然段写屠户遇狼："一屠晚归，担中肉尽，止有剩骨。途中两狼，缀行甚远。"点明时间、地点和矛盾的双方，这是故事的开端。第2自然段写屠户惧狼："屠惧，投以骨。一狼得骨止，一狼仍从。复投之，后狼止而前狼又至。骨已尽矣，而两狼之并驱如故。"两次投骨而不能止住狼的追赶，表现屠户的迁就、退让和狼的贪婪凶恶，这是故事的发展。第3自然段写屠户御狼："屠大窘，恐前后受其敌。顾野有麦场，场主积薪其中，苫蔽成丘。屠乃奔倚其下，弛担持刀。狼不敢前，眈眈相向。"表现屠户情急之下的抉择和狼的不甘罢休，这是故事的进一步发展，也是故事的转折之处，屠户开始由被动转入主动，双方形成相持局面。第4自然段写屠户杀狼："少时，一狼径去，其一犬坐于前。久之，目似瞑，意暇甚。屠暴起，以刀劈狼首，又数刀毙之。方欲行，转视积薪后，一狼洞其中，意将隧入以攻其后也。身已半入，止露尻尾。屠自后断其股，亦毙之。乃悟前狼假寐，盖以诱敌。"表现屠户的勇敢警觉和狼的狡诈阴险，这是故事的高潮和结局。后一部分即第5自然段是作者的议论，点明故事的寓意："狼亦黠矣，而顷刻两毙，禽兽之变诈几何哉？止增笑耳。"说明狼无论多么狡诈也不是人的对手，终归会被人的勇敢智慧所战胜。

本文篇幅短小，结构紧凑，情节曲折，语言简洁生动，主要通过动作、神态描写来刻画屠户和狼的形象，展开双方的矛盾和斗争。在文中，故事的发生、发展、高潮和结局交代得很清楚。随着情节的波澜起伏，生动地表现了狼的贪婪、凶狠和狡诈的本性以及屠户心理、行动的变化。

各位同学，在本节课中，我们学习的内容是"在把握段落大意、理清思路的基础上，学会概括文章的中心意思"。现在我们对本课的学习稍作概括：

首先，文章中段落大意的概括主要以"主体+事件"的形式概括，主体可以是人，比如"屠户遇狼"。也可以是其他事物，如"大鹦鹉将毛线缠到树上"。

其次，概括好段落大意后我们就可以对文章内容进行梳理，寻找段落间的关联，往往段落之间的联系就是作者写作思路的呈现。

接着，明白了作者的写作思路后，我们就要思考文章为什么要按这样的顺序安排？比如：《猫》当中三只猫的顺序可以调整吗？并且要关注作者在写作中的详略，关注作者的情感变化。

最后，在理清思路、理解情感的基础上，概括文章的中心意思，理解所读文章的深层意蕴。

今天的课就上到这里，同学们再见。

七年级语文上册第五单元
写作训练·如何突出中心

句容市第二中学　汤涛

同学们：

大家好！

今天，我们七年级语文学习的内容是：写作训练，如何突出中心。

清代王夫之有一句名言："意犹帅也，无帅之兵，谓之乌合。"这句话告诉我们，文章立意非常重要。意，是文章的灵魂。一篇好的文章，其最重要的要求，就是中心要突出。

拿到一篇作文的题目后，我们首先要审题，审题的一项重要内容，就是确立文章的中心。有了中心之后，我们才能围绕中心选择材料和组织材料，思考如何突出中心等问题。

我们还是以一次具体的写作为例，来谈如何"突出中心"这个话题。

作文提示：

书包是我们每个同学必备的学习用品，上学和放学的路上，它和我们形影不离。请你以"我和我的书包"为题写一篇作文，注意中心要突出，条理要清晰。

我们看这个作文题目，"我和我的书包"。首先，这个题目有什么特点？它是个关系题，一个对象是"我"，一个对象是"我的书包"，中间用一个"和"字相连，表明是要讲清楚二者之间的关系。其次，写哪些事符合题目的要求？必须叙写的是"我"和"我的书包"之间发生的事情，而且是"我"求学生涯中发生的和"我"的书包相关的事情。再次，用第几人称来写？题目已作硬性规定，以第一人称"我"的口吻来写作。

审题到了这里，似乎还没有确立文章的中心吧。是的，那怎么办？我们继续思考，"我"和"我的书包"之间到底有哪些关系？书包属于"我"的，"我"使用"我的书包"，"我的书包"是帮助"我"的学习工具，学习让"我"拥有了知识，提高了素养，收获了成长。所以书包是"我"学习成长过程中的一个见证，它伴随"我"经历了学习中的快乐与痛苦，分享了"我"成长中的经验与教训，等等。所以这篇作文写作的内容应该是"我"与"我的书包"之间的故事，写"我"的学习生活，文章中心应该指向"我"对学习生活的感悟，对生命成长的体验。

当然，这个中心还只是一个大致的方向，但我们可以在具体的写作过程中，让它具体并突出。

一、头脑风暴，寻找写作素材

文章的主体部分要叙述具体的事情来表现"我"和书包之间的情感以及"我"的学习和生活感悟。这些事情，我们可以从学习生活中打开思路，选取"我"与书包之间的一些小的细节。大家可以细细地想一想，从小到大，你与书包之间有哪些故事呢？书包是我们跨入学校的必备品，小时候我们还是懵懂的孩子，对文具书籍的管理几乎是无知的，只要装进书包就行，根本不会去整理。那时我们的书包是凌乱的、拥挤的，常常需要长辈们的帮助。你还记得有多少次是妈妈在你入睡后悄悄地将你的书包整理得井井有条，让你第二天清清爽爽地去学校的吗？

随着岁月的流逝，我们慢慢长大了，知道了书包就像是自己的一块招牌，能展现自己的形象，于是我们开始学会选书包，也许还会为书包选择装饰品，把它打扮得漂漂亮亮的。从和书包相处的这些经历中，我们是不是看到了自己的成长轨迹，也体会到了亲人对我们的呵护？

再打开你记忆的大门，想一想，有没有这样的情景：当自己考试成绩优异时，总是把试卷放在书包袋的最上层，一回家就迫不及待地向爸妈炫耀；而当成绩不理想时又会悄悄地把试卷藏在书包最里层，生怕被父母发现。这个时候，书包仿佛有一双眼睛，它见证着我们的喜怒哀乐，也见证者我们的成长。当然这只是老师举的一些小例子，目的是抛砖引玉，想要调动起你们的记忆，思考生活和学习中的点点滴滴，引发对书包的感悟，这样你写的文章才能真实感人接地气。当然要做到中心明确，我们还需要在众多的材料中进行筛选，选出最能表现中心的典型材料。

二、明确中心，选择典型材料

我们已经在大脑里储存了很多的材料，接下来的工作，我想就应该是确立中心，并围绕中心精选材料了。我建议各位同学分四步去完成这项工作：一是分析每则材料能够表现的中心；二是根据每则材料反映的中心，对材料进行归类；三是确定我们这次写作要表达的中心；四是根据确立的中心筛选出最典型的材料。比如我们可以确立本文的中心是"书包见证了我的成长"。然后据此选择材料，材料的范围应该是有一个时间跨度的。可以从小时候写起，写刚刚入学背上书包时兴奋骄傲，但又有不会整理书包的烦恼；写到随着年龄的增长书包里的物品越来越多，"我"也在家长的帮助下学会了整理书包；再写到现在，"我"已经将书包当成了朋友，给它装饰，还将一些珍贵的物品收藏在里面。这样就缩小了选材的范围，只需要选取各个时间段的一件典型事情来写即可。一般情况下，不要超过三件事。

三、表现中心，精心组织材料

有了最能表现中心的材料以后，我们就可以构思写作了，构思的重要工作实际上就是精心组织材料。那么，如何精心组织材料呢？

老师建议大家梳理出一条叙事的线索来，比如，我们可以以时间为序，从小学一年级写到小学高年级再到初中阶段，分成三个阶段写。也可以以书包为线索，小学时用的是很小的书包，慢慢变成了好看的书包，现在又成了实用方便的书包，以书包的变化表现我的成长。还可以以"我"的情感变化为线索，小时候买的书包漂亮，所以喜欢炫耀；大一些后因为要整理书包，所以厌烦；现在因为书包装着"我"的理想和追求，所以挚爱和依恋。有了线索就好像有了一条链子将典型材料串联成了美丽的项链。

四、突出中心，讲究写作技巧

如何让美丽的项链熠熠生辉、光彩夺目呢？在具体写作的时候，我们还需要采用恰当的写作技巧来突出中心。下面介绍三种写作手法：

1. 一波三折巧设计。常言道："文似看山不喜平。"在有一个中心事件的文章里，如能在故事情节的发展上做到一波三折，张弛有度，则可扣人心弦。同学们，这篇作文是否也可以运用这种方法来写呢？我想是完全可以的。比如，以"我"对书包的情感变化为主线，让故事一波三折：炫耀、显摆书包（书包外表漂亮）——讨厌、愤怒，扔掉书包（书包越来越重）——找回书包——感激抱紧书包（帮"我"解决了难题，收获了成功，感悟了成长）。

2. 对话方式传真情

书包是从早到晚陪伴我们的一个物品，从某种程度上来说，它陪伴我们的时间比父母可能还要长些，和你的关系是不是也很亲密？我们完全可以采用第二人称"你"，用对话的方式来直接表达对书包的情感。如果你的文章中有这样的语句，如：当我从书包里抽出文具时，就觉得书包仿佛在一本正经地对我说："你一定要努力学习啊！因为只有勤奋的人才会品尝到成功的滋味！所谓'一分耕耘，一分收获'嘛！我相信你一定能有收获！"这时，我便在心里暗暗下了决心，对书包说："我一定会勤奋学习，不让你失望的！"这样的话语你读了是不是特别暖心，也起到了突出中心的作用？

3. 前呼后应善点睛

在文章的开头、结尾和叙事的过程中，都可以有点题的语句或段落。这一点，我觉得同学们还是比较容易做到的。比如我们在文章的开头可以用一个概括句点明"我"的书包的特点：我有一个小巧玲珑的书包，它虽然小，但很精致、漂亮。在结尾处，我们也可以用议论抒情的句子来点题：我喜爱我的小书包！有这么漂亮精致的书包，我怎能不好好学习，以优异的成绩报答它呢？这些句子都能起到画龙点睛的作用。而这些句子的前后呼应，就起到了突出文章中心的作用。

下面老师来展示一位同学的习作，大家看看是否符合突出中心的写作要求。

我和我的书包

我有一个小巧玲珑的书包，它虽然小，但很精致、漂亮。

书包的表面是鲜红色的，中间画着一只活泼可爱的米奇老鼠，它戴着一副大大的太阳镜，胸前高高地飘扬着一条鲜艳的红领巾，穿着一件土黄色的衬衫，背着个小书包，甩着一条长长的尾巴。米奇老鼠总爱扬起手，昂首阔步地向前走，好像在向我炫耀它的美丽，神气十足的，可爱极了！米奇老鼠的下面还写着一句天蓝色的英文：Hello！

书包一共有四个大袋子，旁边还带着两个狭小的兜兜。第一个袋子里住满了说不尽的智慧——书本；第二个袋子里住着我心爱的文具盒；第三个袋子里则住着一对形影不离的"亲戚"——试卷和作业本；至于那两个狭小的兜兜嘛，住着各种各样的手工作品。不过有时候，一些文具变成了一只只生机勃勃的"调皮鬼"，"住厌"了自己的地方，便敏捷地"窜"到我的手里，让我带着它们欢欢喜喜地搬新家去了！

书包默默无闻地为我服务着。每天早晨，它载着一大堆文具，跟随着我上学去。当我从书包里抽出文具时，就觉得书包仿佛在一本正经地对我说："你一定要努力学习啊！因为只有勤奋的人才会品尝到成功的滋味！所谓'一分耕耘，一分收获'嘛！我相信你一定能有收获！"这时，我便在心里暗暗下了决心，对书包说："我一定会勤奋学习，不让你失望的！"

哦！书包，你虽小，但是，你肚子里的知识是多么丰富，多么精彩，多么广阔啊！我喜爱我的小书包！有了这么漂亮精致的书包，我怎么能不好好学习，以优异的成绩报答它呢？

大家可以细细地品读一下这篇文章，作者围绕中心选取了自己和书包相处的几个细节，对书包的外表、书包中的内容展开了细致的描绘？可贵的是在写书包的功用时，能适当穿插自己的心理活动。全文脉络清晰，开篇点明书包的精致、漂亮，结尾再次强调书包的精致、漂亮，反复点题，前后呼应，中心突出，文末的情感表达有一定的思想深度。

但是大家也明显地感受到了，文章写作的重点落在了"我的书包"上，而文章的题目是"我和我的书包"，在"我"和书包之间的关系方面选取的内容略显单薄，没有具体的事件来表现中心。

我们可以进行适当的补充和修改，让它成为一篇更好的文章。这个任务就交给你课后去完成了。每个同学有不同的情感体验，老师相信你会选取出最典型的事例，抒发出最真挚的情感，体味出最真切的成长感悟！

今天的课就上到这里。同学们，再见！

七年级语文上册第六单元
初学依体解读课文

侯红宝

同学们：

大家好！

今天我们七年级语文课学习的主题是"依体解读课文"，"依体解读课文"是阅读文章的一条基本原则，也是一条基本方法。"体"蕴含着作者的表达意图，"体"寄寓着作者对艺术效果的追求，"体"是读者走向作者和作品的桥梁，"体"是读者打开文章中心、理解作者意图和作品深意的一把重要的钥匙。

一、什么是依体解读

"体"有两个方面的内容：

一是指"文体"，它是文章的体式或体裁，即文章在谋篇布局上呈现的特点。我们可以通过思考以下一些问题来探讨它的精心、精致、精妙之处：作者为什么用这种体裁？为什么用这种表达方式？为什么用这种结构形式？为什么用这种顺序？为什么用这种写作技巧？为什么用这种详略？等等。通过解读作者谋篇布局的密码，理清作者表达的思路逻辑，探寻作者的思想感情。也就是通过对作者选择的章法形式进行探讨，把握作者想传达的"志"和"道"，个人的际遇和情怀、政治理想和抱负等。

每种体裁都有不同的特点，我们首先要了解各类文体的特点，并运用到阅读之中。比如，小说这种体裁的特点是：小说是以塑造人物形象为中心，通过完整的故事情节和环境描写来反映社会生活的文学体裁。所以人物、故事情节和环境，构成了小说的三要素。情节一般包括开端、发展、高潮、结局四部分，有的还包括序幕、尾声。环境包括自然环境和社会环境。

所以在一般情况下，阅读小说的基本方法就是从小说的三要素出发，从故事情节和环境描写中，分析人物形象，并由此领悟小说所反映的社会生活。

二是指"语体"，文章在语言文字运用上呈现的特点和价值，我们也可以通过探讨作者为什么选用这个词语、这种句式、这种句序、这种表现手段等问题，来领悟作者在遣词造句上的艺术追求。

古人写文章也是为了表情达意，而表情达意都是基于文章独特的语言表达。每一篇文言文的深处都是一个鲜活的生命，一个意气风发、踌躇满志、酣畅淋漓的表达者。他们借助文言，把生命讴歌成文章，把情思流淌成文学，把思想酿造成文化。同现代文学作品一样，文言文依然是表情达意、抒写性灵的文人元素和手段。文言也是一种话语方式，是一种特殊的语言组织，只不过不是一般的口语表达的方式，而是以种种特殊方式运用语言。它是古人对日常语言的聚焦、强化、变形和系统地偏离而形成的话语方式，其目的仍然在于实现作者的表达目的。

学习文言文的目的，仍然在于学习作者的表达智慧，提高表达能力，理解文章、文学、文化，感悟生命情怀，培育语文素养。而绝不仅仅是会解释重要词语的意思，会翻译重要句子，记住几种特殊用法，会背会默写能考等。所以我们要把文言文放在"文体"的高度来读，还要放在"语体"的视野里来品。

所以我建议大家在平时的学习中，要善于概括与总结以及积累文体和语体等方面的知识，并运用到阅读之中。

二、下面我们以《穿井得一人》为例，谈如何依体解读文章

这篇文章出自部编版七年级语文上册第六单元第二十二课，体裁是寓言。

课文前"预习"中的第二段话，已经明白地告诉我们寓言这种体裁的特点：

寓言一般比较短小，常常用假托的故事寄寓意味深长的道理，给人以

启示。故事的主人公可以是人，也可以是人格化的动植物或其他事物。

由此，我把寓言的特点概括为三个方面：

一是寓意，寓言总是包含着某个特定的道理，往往对某一种社会现象或某一类人物进行批判，有很强的针对性。

二是故事，围绕寓意展开情节、刻画形象，所讲的故事往往有适当的夸张、变形，而且是直指寓意简要地叙述故事的主要情节，没有多余的描写，却十分生动。

三是语言，寓言大多短小精悍，语言凝练、形象、集中。

抓住寓言这种文体的特征解读课文，就是要注意融合故事本身和故事中的形象、寓意和语言这三个方面进行，通过学习这一篇寓言，掌握阅读这一类寓言的基本方法。

1. 关于寓意。

我们首先分析文章的形式，看一看文章的结构是不是与前面的寓言《赫耳墨斯和雕像者》和《蚊子和狮子》一样，先说故事，后用一句非常简洁的话概括寓意。

读了课文后，很多同学都已找到了本文揭示寓意的句子，即最后一句"求闻之若此，不若无闻也"。前面的部分，从"宋之丁氏"至"非得一人于井中也"，是寓言的故事部分。"求闻之若此，不若无闻也"一句中，第一个"闻"是"消息"的意思，第二个"闻"是"听说"的意思。全句意思是：听到的消息像这样，还不如什么都没有听说。

这句话从表达方式上看，是议论，所起的作用是概括文章的中心，点明寓意。但并没有直接点明寓意，因为概括寓意的最为关键的短语是"若此"，而"此"是个代词，具体内容是什么还需要我们对上文进行分析，从上文讲述的故事中概括出来。

所以这篇文章的结尾与前面两篇寓言有相同的地方，即用一个议论句总结和概括寓意。也有不同之处，那就是本文并没有把寓意直接说出来，还需要读者分析上文的故事，在准确理解"此"的内涵后，才能理解寓意。

那么，我们现在就去分析这个寓言所讲述的故事。

2. 关于故事。

对于寓意"求闻之若此，不若无闻也"来说，说明这个教训的故事，其最重要的情节有以下四处：

第一处，（丁氏）告人曰："吾穿井得一人。"

如何理解这句话？"告"，是动词，告诉的意思，告诉的主语是丁氏，这说明是丁氏自己主动告诉别人、传播信息的。那么他要向人们传达什么样的信息？出于什么心理或心情传播信息的呢？

我们可以看前文，"宋之丁氏，家无井而出溉汲，常一人居外。"这句话说了什么内容？有什么作用？

对于种田人家来说，打水灌溉可是一件重要的农活，灌溉不及时、灌溉不彻底，都会影响一年的收成，甚至颗粒无收。

所以，丁氏家里常常要安排一个人在外面打水灌溉。我们如何解释这个"居"字？"居"的本义是"睡觉的地方，即住所"，我想请同学们从这个本义出发，结合这个语境来推断"居"在这句话中的意思。

"居"的本义是住所。我们可以从住所的功用角度对词义进行引申，可以引申为"住"的意思，因为"住所"是用来"住"的。并由"住"的意思再可以引申为"停留"之意。现在我们来比较一下，这句话中的"居"，是解释为"住"好，还是解释为"停留"好。

老师觉得如果解释为"经常要有一个人住在外面（打水灌溉）"，不仅说明打水灌溉是件重要的事，而且说明了这对于种田人家来说，打水灌溉很麻烦，浪费劳力，占用了很大的人力资源。而造成丁氏出现这种情况的原因是"家无井"，由此可见，"井"在那个时候、那个地方，不是每一家都能拥有的，井应该是个稀罕的资源，对于种田人家来说，重要而宝贵。

文中还有一个词也很有表现力，这个词就是"穿"。一般情况下，我们都会说"挖井"，而不说"穿井"。但文中偏偏用了这个"穿"字，这是为什么？

"挖"的基本义是"用工具或手从物体的表面向里用力，取出其一部分或其中包藏的东西"，"挖"侧重于动作。而"穿"是个会意字。《说文解字》上说："穿，通也。从牙在穴中。"以牙打通洞穴是穿之范式。

所以"穿"的本义是破、透，用在这里意在强调挖井要挖通、挖透，挖到"地透而水出"。所以在这里的"穿"虽然可以解释为"开凿""挖掘"的意思，但"穿"不仅有动作，更包含动作的结果，要挖穿，要挖透至出水。我们可以从"穿"的字义分析中看出：在各种因素的制约下，在当时打井可不是一件容易的事。

对于一件不容易做到，并且不是每家都能做到的事情，丁家终于做到了，向往已久、渴慕已久的井在不断的酝酿与奋战下，挖好了。所以，"及""穿井"成功，丁氏一定是很有些成功感的，非常兴奋。这里"及"字用得也非常有意蕴，"等到"的意思，其实已经表现出丁氏的迫不及待了。所以他主动"告人曰"。那么他出于什么心理主动"告人"呢？应该是抱有得意甚至是炫耀的心态。出于得意与炫耀心态而告人，本也无对错之分，无可指责。但我们看他是怎么说的，他告人曰"吾穿井得一人"，这句话用现代汉语解释就是，"我家挖井得到一个人"。如果从丁氏最初"告人"的交流交际的实际情况看，这样的表述也未尝不可，他出于激动和炫耀的心理，故意说成我家挖井得到一个人。其在当时的语境中想要表达的意思是，我家挖井节省了一个劳力。"得"实际上是"节省"的意思，"人"的属性有很多方面，这里指"人"的作用或功能，意思是"劳力"。这是对挖井成功所产生的功用和价值而做出的判断。而我们如果从语言表达的角度来思考，这句话显然表述不准确，有歧义。丁氏用错了词，说错了话。因为一旦脱离这个特定的对话环境，这个特定的主动"告人曰"的交际环境，这句话的意思就是我家挖井得到了一个人。这就有点骇人听闻了。因此，丁氏的语言客观上蕴含了谣言，最起码是不实信息。

所以丁氏之语成为讹传之源。不管他是出于什么心理，总之不可避免地会让人理解为"我家挖井挖到一个人"，因为这是从词语的基本义出发的正常理解。

这是第一处重要情节，下面我们再分析第二处重要情节：

第二处，有闻而传之者："丁氏穿井得一人。"

首先，这里用了一个"传"字，也非常有品读的空间。"传"是什么意思？传是动词，传播、传递、传送之意。我们可以联系有关"传"的词语或成语来考察它的附加义。比如有关"传"的词语有传诏，传令等。这些词都有忠实地把信息传递、传送出去的意思，也就是说"传"者是忠实于原话的，不能改变信息的，不能胡乱编造、添油加醋的。

虽然如此，但这个信息一旦脱离了"告之曰"的那个特定的交际环境，"丁氏穿井得一人"就由丁氏的价值判断，变成了事实判断，"丁家挖井挖出了一个人"，这可就有点儿骇人听闻了。于是在这个"闻而传"者的口中，讹传正式开始。

其次，我们再考察这句话中"而"的作用。

我们把"有闻而传之曰"这句话中的"而"去掉，好不好？我们一起比较原句和改句的表达效果有什么不同，这中间的"而"起到了什么作用，表现出人物怎样的心理。

而：连词，相当于"接着""就"的意思，表承接关系，连接了两个动作"闻"和"传"，表明这两个动作很连贯，没有停顿，尤其是没有思维的停顿，没有质疑与反思的出现。突出表现了此人的不慎、不审、不察，不辨察真伪，不分清是非，即急于传播。也许对于"闻而传"者来说，"穿井得一人"，这可是一条不可多得的有传播价值的信息，这是一定能够博人眼球、引起轰动的信息。机会难得，所以要在第一时间传播出去，很迫切，很急切。这是"而"的妙用。

这里一"而"一"传"，让人物心理鲜明了，人物形象突出了。

总之，这个"闻而传"者，有故意讹传之嫌。他没有审查、辨明事情真相就急于向外传播，虽然似乎是忠实于丁氏原话，但由于离开了特定语境，早已由"节省一个劳力"变成了"挖井挖到一个人"了，客观上造成了谣传的开始。

下面，我们分析第三处重要情节：国人道之，闻之于宋君。

首先分析这个"道"字，用得很妙，课本中解释为"讲述"的意思。我们也联系"道"在"讲述"这个意思上的有关词语或成语，来分析它的附加义，体会它的表达作用。比如：津津乐道，说东道西，道三不着两。我们看，这些成语中"道"都隐含着夸大、歪曲、不着边际等意思。那就是对原来的事实添枝加叶，改编再造，务求"道"得栩栩如生、生动曲折，讲得奇险惊心、离奇诡异。其时，道者已经根本不关心事情的原貌和陈述者的初衷，只对"传奇""惊险"的部分感兴趣，演变成一场以讹传讹、愈传愈广的谣传"狂欢"。

国都之人，每个人都在讲述，每个人都在开辟着传讹的道路，条条道路都在猎奇传讹。事情的原貌越来越难以探寻，人们只关心其离奇、怪异或惊悚的情节。这就把道听途说、以讹传讹，说得深刻了。道，可谓道尽了国人猎奇传讹的心理。

其次，我们再来分析"国"的意思，"国"主要有四个义项。本义是疆域，地域。引申指地区、区域。后来写作"域"。二是引申指分封的诸侯国。三是泛指国家。四是也指国都。书下注释为"国都"，这是为什么？你能探究课本中注释为"国都"的原因吗？

我想一是指消息传播得快而广泛，以至都传到国都来了；二是信息传播得猛，国都之人都在津津乐道，说明讹传已经很严重了。这就为下文"闻之于宋君"，并"令人问之于宋氏"做了铺垫。

再次，说说这句话中"闻"的意思，在这里是"使听到"之意。书下对"闻之于宋君"这句话的注释是"向宋国国君报告这件事"。那么是什么原因必须要向国君报告这件事？是什么原因必须要让宋君知道这种情况呢？应该还是流言传播太广，传得太盛，甚至是满城跑、满国传、满天飞了，事体重大，后果严重了，这就必须要让宋君听到，引起宋君的警惕了，所以要即时汇报。务求立即采取措施，控制舆情，引导舆论，匡正风气了。

闻之于宋君，说明谣传在国人的推波助澜下，已达到了最高峰，问题已经非常严重，甚至已经产生严重后果了。

我们再看第四处重要情节：宋君令人问之于丁氏。

一个"问"字，不仅要把事情的真相审察清楚，而且还含有问责问罪之意。所以此时的丁氏思路格外清晰，表达格外准确，没有丝毫的模糊了。

可以说这个寓言故事虽然短小，而描述宋君的语言也就这一句话，但却把他的形象塑造得鲜明突出。解铃还须系铃人，讹传起于丁氏，讹传也应解于丁氏，这样才能尽快让人们知道真相，从而平息谣传。宋君明察秋毫，施策精准，抓住了问题的关键，直抵讹传的源头，查清了事情的原委。他是拨乱反正者，是正本清源者。谣言止于智者，宋君是一个明君，一个智者。宋君是从正面揭示寓意的关键人物，"问之于丁氏"是正面揭示寓意的关键情节，可以说宋君是"察传"与"慎行"的正面典型和代表人物。

3.我们现在再把这四处关键情节连在一起考察其对揭示寓意的作用。

"告""传""道"，这三个动词的准确选用，展示了信息变形、成为讹传并不断夸大，直至严重到惊动了国君的过程。"问"，则让谣言水落石出，真相大白。

由"告"到"问"，让寓意水到渠成、完美呈现。我们可以从正反两个方面来理解"求闻若此，不若无闻"之意或本文寓意。从正面理解：对于传闻，要以审慎的态度进行分析、甄别，要注重调查研究，发现问题的本质和关键，及时采取正确的措施精准治理。从反面理解：不要轻易相信传闻，盲目随从；也不要轻易传播未经证实的传闻，人云亦云；更不能抱猎奇的心理，以讹传讹。

本文节选自《吕氏春秋·慎行论·察传》，原文中有一句话提示了寓意，是"闻而审则为福矣，闻而不审，不若无闻矣。"

意思是听到传闻而去审察辨别其真伪的就是好事，听到传闻而不去审察的，还不如什么也没听说过！这实际就是"求闻之若此，未若无闻也"的含义。

三、总结本课教学内容

各位同学，课的最后我们对本课教学做两点概括：

1.关于文体：寓言不是小说，不需要塑造丰富而复杂的人物形象来反映世界。寓言只说一个道理（虽然我们可以从多个维度去解读而得到多个寓意），寓言要塑造人物形象，并且要个性特征鲜明，但不追求形象的丰富性与复杂性。比如，塑造丁氏则突出其得意与炫耀，闻而传者则突出其故意传讹，国人则突出其猎奇心理，宋君则突出其雷厉风行、精明能干、察传慎行。对人物的描写，也是集中式或一个特写式的描绘，点到即止，不枝枝蔓蔓，不牵牵连连。在情节设计方面，要直指寓意讲故事；故事力求简练、形象、集中，没有多余的描写与叙述，更不旁逸斜出，不添枝加叶。

2. 关于语体：因为寓言短小精悍，所以语言一定是简洁凝练、生动传神的语言。同时，寓言也是一种文学性体裁，虽然简短，但讲故事的语言应该也是文学性语言，话语方式应该具有生动性、形象性、情感性等特点。而本文语言正具备以上特点，正所谓"一字千金"。

但我们的作文为什么往往做不到"一字千金"呢？我们缺少哪些方面的功夫？

《吕氏春秋》书成之日，悬于国门，声称能改动一字者赏千金。此为"一字千金"这个成语的来源。《史记·吕不韦列传》上如此记载："布咸阳市门，悬千金其上，延诸侯游士宾客有能增损一字者予千金。"

由此可见，文章不厌百回改，好文章是反复斟酌，精心修改出来的。

今天的课就上到这里，同学们再见。

七年级语文上册期末复习
学会整体感知文章内容

句容市第二中学　李菊香

同学们：

大家好！

阅读是我们认识世界、发展自己的重要方式。我们可以通过阅读获取信息，了解未知，发展思维，获得审美，丰富情感，丰厚人文底蕴。也许我们所处的时代会带来阅读媒介和阅读方式的改变，但阅读对于我们的意义和价值是巨大而深远的，恒久不变。

我们今天探讨的"整体感知文章内容"是阅读过程中的一种思维活动，是一种重要的阅读能力，包括对阅读内容的理解、分析和探究，与我们日常语文学习过程中的概括内容、体验情感、感悟主旨等能力不完全等同。"整体感知文章内容"的能力依赖于我们日积月累的阅读所形成的语言直觉，但如果想得到高品质的发展，是需要规范化地学习和训练的。

在著名语文教育家张厚感先生主编的《初中语文48项能力训练解说与例释》一书中，"整体感知课文的大概内容"放在了"阅读训练"部分的首位。可见在我们平常的篇章阅读、整本书阅读中，"整体感知"能力是多么的重要。我想问问同学们，在日常的阅读中，你有没有整体感知内容的自觉性？你在读完整篇或者整本书内容后，会不会有意识地用一种俯视的思维视角审视作品，关注作品的开头，留意情节推动的方式，以及注意结尾的方式？你会不会在品读咀嚼一句话、一个词语时，把它置于全篇语境之中，看看每一处语言在文中究竟承担着怎样的表达任务？

例如，本学期推荐阅读的名著是《西游记》，因为作品章节呈线形展开，章节间人物和情节表面看来勾连不多，特别适合精读和跳读的阅读方法训练，同学们也读得趣味十足。但正是因为故事情节可以相对独立，人物关系相对简单，往往使得我们忽略了对本书内容的整体感知。那个从灵石中孕育，在探险中胜出的美猴王；那个在斜月三星洞学道的孙悟空；那个大闹天宫的齐天大圣；那个在去西天的路上降魔伏怪的孙行者，不同的人生阶段称呼为什么发生了变化？这称呼的变化又寄寓着作者怎样的写作意图呢？如果我们在关注精彩的情节时候，又注重情节的前后对照、勾连思考、整体观照，就会有自己的阅读感悟。

那么，"整体感知文章内容"是一个怎样的阅读思考过程呢？我们如何判断自己是否具备这种阅读能力呢？又该如何习得并提升这种能力呢？老师给大家以下几点建议：

一、"整体感知文章内容"是一个怎样的阅读思考过程

整体感知文章内容，需要经历"整体—部分—整体"的思维过程。

我们阅读一篇文章，首先要从整体上把握写作的内容，理清内容发

端、展开、衔接和收束的思路,揣摩文章整体内容所表达的思想感情,获得总的印象;然后以这个总的印象为出发点和依据,去分析文章的各个局部、片段、词句的言语表达方式,分析段落之间的关系,以及思考词句、段落在文章中所发挥的作用;最后再把各个片段、局部联结起来作整体的思考分析,从而对文章的整体产生新的理解和感悟。这就是"整体—部分—整体"的阅读过程,也是思维过程。

二、以《秋天的怀念》为例,学习如何"整体感知文章内容"

1. 整体阅读,知道文章写了什么。

读完全文后,同学们能够发现文章围绕"看花"这件事,写了三个生活片段。第一个片段,在"我"双腿瘫痪、情绪颓废的时候,母亲小心翼翼提议带"我"去北海看花,被"我"无情拒绝,母亲看"我"自暴自弃,忍痛安慰。第二次,"我"情绪仍然低落,母亲执着地提议带"我"去北海看菊花,"我"答应了她。她喜出望外,说错话后躲了出去,没想到竟是诀别,又未能成行。第三次,母亲离世后,妹妹推"我"去北海看菊花,欣赏了秋菊的烂漫,"我"懂得了母亲没有说完的话的深意。

我们再从整体上思考文章叙写的内容,作者选取了最能表现病重的母亲放下自己,放下生活,全身心照顾子女的内容。这些素材表现了母亲病入膏肓却含辛茹苦,倍加刚强;满腔热情而又忍让克制,低到尘埃的伟大母爱,以及"我"对这种爱的态度变化。

同学们,思考作者选取了哪些素材来写作,探究选择这些素材的写作目的,是我们整体感知文章内容的第一步。

2. 理清思路,分析素材的组合方式。

文章开头不夸饰,不铺垫,直接点明自己的身体状况和心理状况,"暴怒无常"让人觉得莫名其妙又理所当然,这是"我"情绪的原点。这也是母亲放下一切要带"我"去看花的原因,也是叙述三个片段的缘由。有了这样的缘由,"看花"的事件才在文中铺叙出来。这三个片段是按照时间顺序来安排的,那么这些素材之间的衔接又是怎样完成的呢?我们来看第一次"看花"和第二次"看花"两个片段之间,作者是这样写的:

可我却一直都不知道，她的病已经到了那步田地。后来妹妹告诉我，她常常肝疼得整宿整宿翻来覆去地睡不了觉。

作者跳出回忆，跳出那个沉浸在自己的悲伤情绪、对母亲病情一概不知的时间段，补充交代母亲"病已经到了那步田地"而自己"却一直都不知道"的现实状况。这样的内容衔接其实并不流畅，反而造成了事件之间人为的割裂。而就是这种割裂让我们看到了两个形象：一个是那时"暴怒无常"的自己，一个是现在"后悔不迭"的自己，两个形象、两种感情发生了冲撞，也逼迫读者停下来思考体悟，感受人物情绪。有些文学作品中常常会有两个"我"，作者在两个角色间来回切换，表达不同境况下"我"的情绪体验，使文章的意蕴变得丰厚。你是不是从这样的叙述方式里感受到了"我"的后悔、自责与愧疚？

那么，第二次看花和第三次看花之间是怎样衔接的呢？这两个片段之间，史铁生写了两个细节，一是"大口大口吐血"，二是"昏迷前最后一句话是：'我那个有病的儿子和我那个还未成年的女儿……'"。这特写的两个细节是母亲弥留之际生理和心理的极端反应，特别惨烈，令人心碎。这既是对母亲的补充叙述，更是用这种惨烈来撕扯原本的"我"的无知无觉，突显"我"的悔恨与愧疚，并为下面"我"和妹妹主动去看花这个情节做铺垫。直面死亡，才换来了"我"对母爱的深刻领悟；永远诀别，才有了对"好好儿活"的通透理解。

你看，这就是从文章框架结构角度整理出的阅读感受。框架结构是文章内在情感的外显形式。思考作者是怎样安排材料的，探究是如何将材料衔接在一起的，这是整体感知文章的第二步。

3. 着眼整体，品析局部的表达效果。

前面的两步是品析鉴赏文章局部的基础。现在，我们在整体感知的前提下，在主旨统摄的基础上，举例说明如何着眼整体，品析局部的表达效果。

还是以《秋天的怀念》为例，我们看最后一段中的有关文字：

黄色的花淡雅，白色的花高洁，紫红色的花热烈而深沉，泼泼洒洒，秋风中正开得烂漫。

首先，我们把局部的品析，建立在整体感知的前提下。我们已经知道了文章叙述的主要内容，即回忆了三个片段。其次，我们把局部的品析，建立在文章主旨的统摄下。我们也已经理解了文章的主旨，歌颂母爱的艰辛与伟大，表达着对母亲的深切感怀、悔恨、愧疚之情，以及作者领悟到要坚定乐观地面对生命的残缺遗恨，勇敢镇定地"好好儿活"的信念。然后，结合文章内容和主旨，品析这一句话。我们看，作者形容菊花的词语有"淡雅""高洁""热烈而深沉"，这些词有什么特点？是的，这些词同时也可以用来形容人的品格。那么，作者使用这些词语有什么深意呢？确实，人花合一着写。这里既写出了秋风中花开得繁茂，有生气、有活力、有精神，更是对人的品格的赞美。你知道在赞美谁吗？是的，赞美母亲，赞美人生。

再如文中有这样一句：

看着三轮车远去，也绝没有想到那竟是永远的诀别。

在这一句中，作者用到"绝没有""竟是"两个短语表示自己意想不到，用"永远""诀别"语义有一点重复的词表达母亲的离世给"我"的内心带来的强烈震撼与警醒、无限的沉痛与自责！

如果我们在整体感知的基础上再来理解和体会这句话，你可能还会理解到，作者用这种独特的表达方式是向读者传递自己的感情：那时的"我"只是一味地在意自己情感的宣泄，不顾及家人的感受，甚至都没能觉察出母亲的重病！你看，篇章、段落、语句都被主旨统领，在整体感知的前提下，我们的分析才不会偏离方向。

4.聚拢局部，提升整体感知能力。

史铁生在生龙活虎、绚丽多彩的青春年华遭遇到生命的不幸，因而他的脾气变得阴郁无比、暴怒无常。而他的母亲此时肝病相当严重，常疼得整夜睡不着觉，可她仍然全身心地鼓励儿子好好儿活，直至猝然离世。全文表现了史铁生对母亲深切的怀念以及"子欲养而亲不待"的悔恨之情，令人十分感动。

全文无一处、无一字提及母爱，但母爱渗透于每件事、每句话中，甚至每一个字上。在这篇文章里，我们能从作者对母亲的深爱里，看到他对生活、对人生的这种认识与信念。正是这种厚重的意蕴，使这篇怀念文章悲悼、痛惜的情感升华到一种崇高、壮美的境界。就像那各色的菊花一般，人生也要活出各种色彩，让我们正视自己的世界，打开封闭的内心，接纳自己，接纳残缺，正视磨难，勇敢地绽放自己，就像那五颜六色的菊花一般。

三、敢于尝试，迁移运用整体感知的能力

同学们，在课的最后，我布置一道思考题，请大家课后完成。

请大家阅读杜甫的《江南逢李龟年》，完成下列3道题：

江南逢李龟年

唐　杜甫

岐王宅里寻常见，崔九堂前几度闻。

正是江南好风景，落花时节又逢君。

1. 每一句诗分别写了什么？诗句之间是怎么展开和衔接的？
2. 全文将以往和现在对照着写，有什么用意呢？
3. 在体悟情感的基础上，请你分析"落花时节"的含义。

今天的课就上到这里，同学们再见。

七年级语文上册期末复习
学会品味语句

句容市第二中学　侯红宝

同学们：

大家好！

今天，我们七年级语文学习的内容是"学会品味语句"。"品味语

句"是语文考试的一个重要能力点,也是语文素养的一个重要指标。能分析语言文字运用的方法和好处,品味语言文字运用的智慧,领悟作者为表情达意而运用的语言文字风格,是积累语言表达经验、提高语言表达能力的必经之路。

一、言语形式的实质是作者的思想感情

品味语句,实际上是品味文章的言语形式,就是解读作者遣词造句的密码。而言语形式的背后是作者的思想感情,作者之所以选用这个词语,造出这样的句子,最终是用来表达自己的思想感情的。

宋代大文学家王安石写过一首《泊船瓜洲》的诗歌:"京口瓜洲一水间,钟山只隔数重山。春风又绿江南岸,明月何时照我还?"第三句中的"绿"字为世人所称道,它本来是个形容词,这里用作动词,是"使之变绿"之意。一个"绿"字,就把春风带来的新景象非常形象地描绘出来了。

据《容斋续笔》记载,这一句中,王安石开始并不是用的"绿"字,而是先后用过"到""过""入""满"等字,后经过几十次的改动,最后从"东风何时至,又绿湖上出"(丘为《题农父庐舍》)和"春草明年绿,王孙归不归?"(王维《山中送别》)等几句诗中得到启发,才用了这个"绿"字。这首诗流传至今,不能不说和"绿"字的锤炼运用有极大的关系。

用"到"字,只能说明春风吹到了江南岸,而吹到之后,江南岸出现了怎样的情景,诗人看到这样的情景产生了怎样的情感等,并没有描述或暗示出来。用"过"字,只能说明春风经过了江南岸,让人感觉春天一下子就消失了。

而"绿"字,在视觉上给人以色彩鲜明的感觉,在人心上,则引发春意无涯的联想和想象。它不仅写了春风吹遍了江南岸,而且从视觉上形象地写出了春风之下的江南岸已发生了巨大变化,已然是春风拂煦,草木茂盛,满目新绿,一派生机盎然的景象。不仅写出了春风的多情,而且蕴含着诗人强烈的惊喜之情!正因为绿得夺目,绿得鲜亮,绿得饱满,绿得心醉,所以才会产生"明月何时照我还"的热望。

所以，改动了一个字，实质上是改动了思想感情。炼字炼句，表面上是斟酌文字，实际上是为了调整思想和情感的表现力，增强艺术效果。文章内容可以模仿、抄袭，但言语形式却往往烙印着作者的精神个性，言语形式是作者心灵的眼睛。作者之所以选择这个词，造出这样的句子，起主导作用的就是思想感情，而绝对不单纯是语言文字运用的技巧、技能、方法问题。每一句话都是一颗心，在作者创造的字与字、字与句的全新关系中，它们就会获得自己独特的意义和味道。

二、品味语句品什么

品味语句就是品味"遣词造句"。一是品词语的选用：思考为什么选用了这个词语，品味这个词语的概念义和附加义，品味这个词语的表现力等。二是品味句子的表达形式：思考作者为什么造出这样的句子，这个句子运用了哪些表现手段（如修辞手法、叙述角度等）和组合方式（如句子内部的顺序安排等），有什么好处，等等。老师用一句话来概括，即品味作者运用语言文字表情达意的方法和策略，领会作者的表达技巧和语言智慧，以及艺术效果，体验和感悟作者的思想感情。

三、举例说说如何"品味语句"

1. 盼望着，盼望着，东风来了，春天的脚步近了。——朱自清《春》

这句话写的内容是春天的脚步越来越近，表达了作者在急切的盼望中敏锐地感受到春天到来时的欣喜和兴奋之情。

（1）品味修辞手法的运用。一是两个"盼望着"构成了反复，表达出一种急切的向往、盼望春天到来的情感。二是运用了拟人的修辞手法，春天有脚步，正越走越近，这让春天具有了人的特征，有形状、有声音、有动作，描写生动形象，表达了作者敏锐地感觉到春天走近时的欣喜之情。

（2）品味词语的概念义。"东风来了"句中选用了一个"来"字，在这里"来"能不能改为"到"？显然不能，"来"是说春天有一个从远到近的逐渐向自己走近的过程，所以才会出现"春天的脚步近了"。而"到"仿佛让人感到春天突然之间就已出现在自己的面前。用"到"显然与"春天的脚步近了"不相符。

（3）品味词语的附加义，即从音韵中品情感。"来"的韵母是ai，声调是二声，朗读时口腔有个由小转大逐渐打开的过程，声调有个由低到高逐渐上扬的过程，这个口腔的逐渐打开和声调的逐渐上扬正契合人们表达喜悦之情时的动作和情态，传达着作者敏锐地感觉到春天到来时的欣喜之情，描绘出似乎要奔走相告的兴奋之态。

（4）我们再换个品味词语附加义的角度，即从描述的事物的特征和寄寓的情感角度赏析："东风"能否换成"春风"？答案是不能。为什么？

我们先联系有关"东风"的古诗词：

A."东风吹柳日初长，雨余芳草斜阳。"——秦观《画堂春·春情》

是说春风吹拂柳枝，白天的时光刚刚开始变长，外面刚刚下完小雨，芳草在斜阳下闪着流光。东风拂柳，柳枝上应有青青芽苞，春色正在柳枝上萌动，此时白天的时光也渐渐变长，经过一个寒冷的冬天，太阳似乎也振作了起来，给万物带来温暖和生机。

这里的"东风"就不是盛春时的春风，而应该是早春时的风，是把春天送到人间的吹面不寒的杨柳微风。

B."闻道春还未相识，走傍寒梅访消息。昨夜东风入武阳，陌头杨柳黄金色。"——李白《早春寄王汉阳》

意思是说，听说春天已经回还，我还未识其面，前去依傍寒梅访寻消息。昨夜东风吹入江夏，街头的杨柳冒出嫩芽一片金黄。"黄金色"是一种嫩嫩的鸭黄之色。春上柳梢，最初并不是绿色，那是因为细嫩的柳芽刚刚钻出，还没有饱受春光的沐浴，因而显得很细嫩，从远处看去便是一种朦胧的悦目的灿然金色。显然这里描述的是早春之景，东风是早春的春风，是送春到人间、萌动万物的风。

C."春花秋月何时了，往事知多少。小楼昨夜又东风，故国不堪回首月明中。"——李煜《虞美人·春花秋月何时了》

这几句是说，春花秋月的美好时光什么时候结束的，以前的事情还记得多少！昨夜小楼上又吹来了东风，在这皓月当空的夜晚怎能忍受得了回忆故国的伤痛。

小楼吹来了东风，春天的盛景又将如期到来。虽然现在还是乍暖还寒，但孤寂痛苦而敏感的词人，沉浸在故国之思、故乡之思、故人之思中，词人最先感受到春风又至、盛春将来，故国又将繁花似锦、争妍斗艳。这是以即将到来的美景、乐景衬哀情，表达了词人不胜东风、不敢东风的沉痛与无奈。

从以上三个例子中，我们可以看到，在大多数情况下，"东风"是早春之风，是乍暖还寒的风，是渐吹渐暖的风，是唤醒万物的风，是把姹紫嫣红送到人间的风。它是春天的使者，是春天的象征，向人们预告着早春的讯息，它使万物萌发生机，给人们带来希望，让人们产生梦想："东风"一吹，春天即到，万物将复苏，草木将萌发，万象将更新，春色将满园。

我们再回到朱自清的"东风来了，春天的脚步近了"这句话的赏析上。

在这里，不能把"东风"改为"春风"。

虽然改成"春风"，并不影响意思的表达。但在朗读上，与"春天的脚步近了"，同一个句子中出现了两个"春"字，显得单调呆板，而这里用"东风"，后面用"春天"，一是显得语汇丰富，二是朗读起来更流畅，也更有韵味，三是"东风"强调的是初春时的春风，表现了作者初遇春风时的敏锐和兴奋。同时，由"东风"到"春天"，还暗示了春天逐渐走近的过程，与"盼望"呼应吻合。所以不能改。

另外，我们再联系有关"春风"的语句来考察：

"忽如一夜春风来，千树万树梨花开。"这里的"春风"与"东风"显然有区别，不是侧重于乍暖还寒，柔弱单薄，而是侧重于春风和煦，"孔武有力"；不是侧重于蕴含希望，萌动生机，偷偷生长，杨柳黄金色，而是侧重于春意盎然，草木茂盛，百花竞放，争奇斗艳。所以用"东风"更符合由冬入春时的景象，更符合"盼望着，盼望着"这个语境，以及作者的急切盼春和春天正越走越近时的兴奋之情。

朱自清在这里用了"东风"这个意象，首先正契合描写的季节是早春，由冬入春的早春之景。其次，洋溢着作者敏锐地感受到春天到来时的温馨、欢欣和喜悦之情。再次，开启了下文"一切都像刚睡醒的样子，欣欣然张开了眼。山朗润起来了，水涨起来了，太阳的脸红起来了"的描写,并且衔接自然,圆合完美。

2."望着望着天上北归的雁阵,我会突然把面前的玻璃砸碎;听着听着李古一甜美的歌声,我会猛地把手边的东西摔向四周的墙壁。"——史铁生《秋天的怀念》

这句话具体形象地描写了"我"的暴怒无常。

(1)品修辞手法的运用。"望着望着"和"听着听着"是词语的重复,运用了反复的手法。表明"望"和"听"都有个时间过程,而在这个过程中,"我"的心情从好变坏。刚望着北归的雁阵和刚听到李古一甜美的歌声时,心情还是愉快的,但在"望"和"听"的过程中,在感受着雁阵的自由和歌声的甜美中,突然想到自己的"双腿瘫痪",心情一下子绝望而暴怒起来。

反衬,以乐景衬哀情。"北归的雁阵"让人感受到生命的自由与欢欣,"李古一甜美的歌声"让人想到世间的幸福与美好,而自己却"双腿瘫痪",来去已不自由,美好而幸福的世界仿佛也离"我"而去。自己看到的和听到的世界与自己的现实世界构成了鲜明的对比。这是以乐景衬自己的哀情。本来是想通过"望"和"听"来驱遣痛苦与烦闷,不想却是"抽刀断水水更流,举杯消愁愁更愁"了。

(2)品词语,用词用语准确而且蕴含深意。

"突然"和"猛地",这两个词的意思大致相同,但文中却不用同一个词语,不仅显得词汇丰富,而且读起来整齐中有变化。同时又相互补充,相辅相成:"突然",表明时间短动作快,动作发生得很急促,忽然、猝然之意;"猛地",除表现动作发生得很急促,情绪在瞬间突然变化之外,还让人联想到"洪水猛兽""猛浪若奔""凶猛可怕"等词语和意思,表达着"我"暴怒时摔东西的动作之猛,态度之凶,情态怕人。

"面前的"和"手边的",首先是暗示了此时的"我"已"双腿瘫痪"。其次写出"我"暴怒时的不管不顾,情绪失控,抓到什么就扔什么,凡是能拿到的都是情绪发泄的对象。

另外,"砸"和"摔"这两个动词都表示动作力度大。"砸"就要砸"碎",这里砸的应该是一个较大的物体;"摔"就要"摔向四周的墙壁",这里应该是把手边所有的物品全部摔完为止。这两个动词,都写出了"我"发泄暴怒时的动作力度之大之猛,破坏力之强,不管不顾,纵情发泄,令人害怕。

(3)品句式。本句由两个完全相同的句式构成,句式整齐。列举了"我""望"和"听"两种平时的生活,从视觉和听觉两个角度,突出表现了"我"的暴怒无常。

3.《秋天的怀念》中,如何理解文中两次出现的"好好儿活"这个关键语句。

(1)从叙述的角度分析。一是母亲说的话。母亲这一句极其朴素的话语,寄托着母亲最纯粹的爱与期望,当"我"在命运的重创中痛苦绝望甚至要轻生时,母亲没有给"我"讲什么人生道理,她也来不及讲什么道理,只是近乎本能地急切说出:"咱娘儿俩在一块儿,好好儿活,好好儿活……"她是在恳求着儿子坚强起来,珍惜生命。二是"我"的叙述。从"我"的叙述中,首先可以看出,"我"已经领悟到了母亲临终前没有说完的话"我俩在一块儿,好好儿活……"中所包含的无限的牵挂和揪心,她希望"我"能蹚出自己的人生之路,期望"我"和妹妹无论遭受了怎样的打击,都要珍爱生命,勇敢地活下去。其次可以看出,"我"在母亲的感召下,理解母爱后,生活态度改变了,决心直面自己的人生缺憾,勇敢地活下去,乐观地活下去。再次还可以看出,这个道理"我"不仅理解与懂得了,而且在"我"的影响下,妹妹也理解和懂得了。

(2)从表层意思和深层含义分析。"好好儿活"的表层含义是,母亲希望"我"不要因为"双腿瘫痪"就产生"可活什么劲儿"的想法,不能绝望轻生,要活下去。深层含义是"我"的世界观、人生观、价值观的改变,懂得了如何面对自己生命的残缺遗憾,懂得了人生无论遭遇什么厄运,都要"活"得"好好儿"的,不是仅仅活着,而是要活得坚强,活出尊严,活出精彩,热爱生活,热爱生命,勇敢镇定,积极乐观地"好好儿活",找到一条走向自己幸福、实现自己人生价值的道路。

4.品味《散步》最后一句"但我和妻子都是慢慢地,稳稳地,走得很仔细,好像我背上的同她背上的加起来,就是整个世界",结合全文,说说你对课文深层意蕴的理解。

首先，从字面上看，在这句话中，作者把"我"背母亲、妻子背儿子写得极其郑重、庄严，因为我们背上的加起来就是整个世界，所以走得很仔细。又因为要走得仔细，所以要慢慢地，哪怕速度慢些；要稳稳地，哪怕更吃力些；都要不辞辛苦，都要任劳任怨，都要无怨无悔。"走得很仔细"，是说要走得小心谨慎，不可有任何一点闪失，不能出任何一点差池；因为走的是小路，母亲老了，经不起摔跌；孩子也小，也不能摔着，所以一定要走得稳当。

其次，因为这句话的语言及其描绘的形象都具有深层含义或象征意义，所以情思隽永，富含哲理，也揭示了文章主旨。在这句话中，至少有三处需要作深层解读，才能理解课文的深层意蕴。

一是"整个世界"，这是一个比喻，表面上是说"家庭"，"我背上的同妻子背上的加起来"，应该就是整个家庭。但"整个世界"还具有比喻和象征意味，我们也可以把它理解为"整个国家"或"整个民族"，等等。

二是"我"和妻子，既可理解为这个家庭中的这一个"我"和"妻子"，又可以把"我"和妻子合在一起理解为"中年人"，这个家庭中背上又背下的中坚力量，他们担负着家庭中扶老携幼、承前启后、继往开来的重任，担负着家人和家庭的平安、健康、快乐和幸福的重任。

三是"我"和妻子的行动和人生态度——用自己的"背""背"着家庭的老和小，在小路上行走，走过这一段难走的路。其深层含义则是我们中年人的责任与使命，在人生这个阶段就是要承担起建设好这"整个世界"的重任，为建设好"整个世界"而呕心沥血、奋勇拼搏。

我们再把这三个方面合在一起来理解，这句话的深刻含义是，暗示着中年人的责任和使命，在一个家庭中，承担着扶老携幼、承前启后、继往开来，照顾好一家老小的重任，所以要走得小心、稳重，唯愿把这个家庭建设得平安、健康、快乐、幸福。

当然，我们还可以把"整个世界"理解为"整个国家"或"整个民族"，那就是多元解读了。

各位同学，课的最后，我再说一个大家耳熟能详的故事：

有一次，唐朝诗人贾岛骑着驴子去拜访朋友李凝，一路上搜索诗句，写了题为《题李凝幽居》的诗歌：

闲居少邻并，草径入荒园。
鸟宿池边树，僧推（敲）月下门。
过桥分野色，移石动云根。
暂去还来此，幽期不负言。

反复吟诵了几遍，又想将"推"改为"敲"，他犹豫不决，于是在驴背上做推敲的姿势，惹得行人又好笑又惊讶。正在他想得入神的时候，跛驴冲撞了时任长安最高长官韩愈的车队。

韩愈问贾岛为什么闯进自己的仪仗队。贾岛就把自己作的那首诗念给韩愈听，但是其中一句拿不定主意，是用"推"好，还是用""敲"好。韩愈听了，也加入了思索，良久之后，对贾岛说，我看还是用"敲"好，即使是在夜深人静时拜访友人，也还是要敲门的，这代表你是一个有礼貌的人，也表达了你拜访友人时的虔敬之情。而且一个'敲'字，以动写静，让夜静更深之时，多了几分声响，意境更加深远。再说，读起来也响亮些。贾岛听了连连点头。

"推敲"从此也就成了脍炙人口的常用词，用来比喻做文章或做事时，反复琢磨，仔细斟酌。

在这个故事中，韩愈和贾岛都在斟酌用词用语。在这个语境中，到底是用"推"好，还是用"敲"好？我们看韩愈考虑了三个方面：一是造访者的思想感情，他的个人形象、修养和心理，二是词语在意义上的差别，三是以动衬静等的方法及其营造的意境。

各位同学，在词语和句子上推敲，实质上是在思想感情上"推敲"。内容和形式是相随而变的，更动文字的同时，更是更动了思想感情。所以我们有句古话，叫"言为心声"，言语形式是思想感情的声音。

从今天的课中，我们是否可以领悟到：好诗和好文章必须要字斟句酌，直到寻找到那一个最恰当的词，那一句最有韵味的话。每个词语和句子都有自己的家，遣词造句就是给每个字句营造一个家。

各位同学，我们写作文时是否也应该这样去做呢？

今天的课到这里结束，同学们再见。

七年级语文上册期末复习
学会理清思路

句容市第二中学　苏成才

同学们：

　　大家好！

　　时光荏苒，一晃这一学期已进入尾声，期末考试即将来临。根据本学期微课工作安排，结合同学们语文学习情况，为帮助大家更牢固、更系统地巩固所学知识，提高语文能力，在期末考试中取得优异成绩，特录制了这节微课——学会理清思路。

　　什么是思路？思路，指的是写作时作者思维发展的线索，在文章中体现为各部分之间内在的逻辑联系。叶圣陶老先生说："思想是有一条路的，一句一句，一段一段，都是有路的。""善于看文章的人一定要把作者的思路摸清楚。"理清文章思路，可以使我们迅速了解课文内容，把握作者的思想感情，从而提高阅读理解能力。

　　理清文章思路的方法有哪些呢？

一、依据文章的体裁特点理清思路

　　作者写文章时总要选择适合的体裁，而每一种文体又都有各自的特点。因此，我们在阅读时，可以依据不同文体的特点去理清作者的写作思路。

　　阅读小说，可以依据小说情节结构的特点去理清思路。小说一般由开端、发展、高潮和结局等部分组成。阅读记叙文，可以依据事件的发展过程去理清思路。阅读议论文，可以依据提出问题、分析问题、解决问题的基本模式去理清思路。阅读说明文，可以依据说明事物的特点、说明顺序等因素来理清文章的思路。常见的说明顺序有时间顺序、空间顺序和逻辑顺序。逻辑顺序包括从现象到本质、从主要到次要、从概括到具体、从原因到结果、从特点到用途、从整体到局部等。

例如，蒲松龄的《狼》是一篇文言小说，我们就可以从小说的情节入手理清思路。

开端：遇狼，屠户晚归，两狼缀行。狼与人产生了矛盾冲突。

发展：惧狼、御狼，屠户因为"惧"两次投骨，想打发狼离开，但狼吃完骨头后仍紧追不舍；屠夫丢掉幻想选择斗争，由被动转入主动，而狼也不想善罢甘休，于是，双方形成对峙局面。矛盾发展，冲突加剧。

高潮和结局：杀狼，屠夫不为假象迷惑，抓住时机，当机立断，劈首断股，斩杀两狼。矛盾冲突达到了极点并得到了解决。

明确了文章思路，就能更好地理解文章主旨：赞扬了屠夫敢于杀狼的勇气和善于杀狼的智慧，揭露了狼贪婪、凶狠和狡诈的本性，从而揭示一个深刻的道理：对于像狼一样凶恶的敌人，不能抱有幻想，不能退缩，必须坚决、灵活地斗争。

再如《皇帝的新装》，这是一篇童话，故事的核心是"新装"，我们可以围绕着"新装"理一下文章的思路。

故事的序幕，皇帝爱新装

故事的开端，骗子做新装

故事的发展，君臣看新装

故事的高潮，游行穿新装

故事的结局，揭穿假新装

理清了思路，我们就能进一步理解这篇童话了，它讲述了一场闹剧，以骗开始，又以骗结束。我们从中懂得：真话实话随时有，最重要的是要有敢说的人。作为一个真诚的人，要敢于正视现实，要保持天真烂漫的童心，反对社会现实中的假、丑、恶现象，让真、善、美充满人间。如果现实生活中每一个人都多一份真诚，多一份诚实，那么世界会变得更加美好！

二、借助文章的线索理清思路

小说、散文、记叙文等文体一般都有贯串全文的线索，这根线索，往往就折射出作者的写作思路。我们在阅读这类文章时，可以借助文章的线索去理清思路。

什么叫线索呢？通常指将文章的材料组织串联起来，并贯穿在全文始终的某个事物或情感，其作用是使文章的复杂材料成为有机整体。这好比一堆珍珠，用一根线把它们按一定要求穿起来，才能成为一件珍品。通常所讲的"线索"有以下几种：

以中心事件为线索

以人物感情为线索

以具体事物为线索

以时空变化为线索

我们还是来举例说明。

1. 以情感为线索。

比如朱自清先生的《春》是一篇优美的写景抒情散文，文章以生动的语言、巧妙的构思，描绘了五幅画面：春草图、春花图、春风图、春雨图、迎春图。这五幅画面，各有韵味，自有情意，内容之间也没有必然联系，那么是什么使这五幅画面融为一体，成为一篇优美的文章呢？

是一条感情线索，作者盼春、绘春、颂春，在春天的感召下积极努力、奋发有为的情感。作者浓墨重彩描绘这美丽的春天，突出了热爱与赞美之情，以真挚之情串联五幅画面，因而作品显得紧凑和匀称。而开头作者则重复使用"盼望着，盼望着"，突出了作者对春天的渴望。最后用三个比喻句直接颂扬新、美、健充满生机和活力的春天，深化了文章中心，并使全文在热烈而高昂的情绪中结束。

2. 以中心事件为线索。

如莫怀戚的《散步》，作者紧扣散步这一中心事件来组织材料、展开情节。题目"散步"既是本文所写的中心事件，又是本文的线索，整篇文章都是围绕"散步"来结构全篇、突出中心的。

再如《秋天的怀念》就是以"看花"为线索。文章回忆了三次看花的经历：第一次，母亲要带"我"去，"我"不答应；第二次，母亲要带"我"去，"我"答应了，母亲却不能去了；第三次，"我"和妹妹一起去看菊花。歌颂了伟大而无私的母爱，表达了"我"对母亲的思念、感激之情和坚强乐观的生活信念。

3. 以某一物品为线索。

如《皇帝的新装》，就是以"新装"为线索，以爱新装、做新装、看新装、穿新装、揭新装的顺序展开故事情节，塑造人物形象，突显文章中心。

4. 多种线索混合使用。

并不是所有的文章都只有一条线索，有的文章是双线并行的。我们常常把只有一条线索的文章称为单线结构，把有两条或两条以上线索的文章称为复线结构。有两条或两条以上线索的文章中，主要的线索一般只有一条，叫作主线，其余叫副线。课文《雨的四季》就有两条线索，一条是对四季雨景的描绘，一条是对雨的情感。课文运用这两条线索，通过形象化的描写，写出了雨的亲切可爱，寄托了作者对雨的赞美与喜爱之情，进而表现了作者对生命和大自然的热爱之情。

三、按照文章的组材顺序理清思路

组织材料的顺序关系到文章的质量，一篇条理清晰的文章会让读者产生"空山新雨后"的感觉，反之，组材顺序混乱的文章带给读者的只能是"山重水复疑无路"的困惑。

有些文章作者所写的不只是单一的事件，往往同时写几件事情。阅读这类文章时，我们可以将作者所写的几件事或所选择的几则材料的排列顺序加以揣摩，便会悟出作者的写作思路。

想一想我们常用的写作顺序有哪些？有时间顺序、空间顺序和逻辑顺序。记人记事时我们常以时间为序，如《植树的牧羊人》写"我"与牧羊人三次见面；《走一步，再走一步》写的是"我"在短时间内经历的一件事情，这两篇文章虽然时间跨度不同，但都是按时间顺序来写的。

描写建筑物时，我们常以空间为序。阐述道理的哲理类文章，则往往采用逻辑顺序。如《纪念白求恩》：

第一段：赞扬白求恩同志的国际主义精神。

第二段：赞扬白求恩同志毫不利己专门利人的精神。

第三段：赞扬白求恩同志对技术精益求精的精神。

第四段：号召全党学习白求恩同志毫无自私自利之心的精神。

文章总的结构是总—分—总，可见，总—分—总的结构方式也可以使文章思路清晰。

诸葛亮的《诫子书》重在说理，先提出观点，再做阐述；这篇文章既不是按时间顺序，也不是按照空间转换的顺序，而是按照作者表达意图的内在规律组材，我们叫它逻辑顺序。

当然，我们用得最多的就是时间顺序，包括事情发展的顺序。郑振铎的《猫》叙写了三个故事，而每个故事都以猫的亡失为结局，都具有相对的完整性。三个故事又是按照时间顺序排列而组成一串，构成一段家庭养猫的悲剧史：得猫—养猫—亡失—再得猫—再养猫—再亡失—复得猫—复养猫—复亡失。情节三起三落，层层推进，突出了文章的中心。

四、抓住文章中的标志性语言理清思路

一篇文章，常常有标志性语言提示作者表达的思路，有时直接以词语出现，有时以句子出现，阅读时应加以注意。

1. 标志性词语。

衔接上下文的：如"首先……其次……""一方面……另一方面……"。

表递进关系的：如"更""而且"。

表转折的：如"但是""相反""与此不同"。

表总结上文的：如"因此""总之""由此可见"。

2. 标志性语句。

如文中的过渡句，前后照应句，文段的中心句，文中反复出现的语句，总领句，总括句，等等。

这些标志性语句有时出现在文章开头。如《雨的四季》第一自然段："我喜欢雨，无论什么季节的雨，我都喜欢。她给我的形象和记忆，永远是美的。"作者通过形象化的描写，开篇直接点明自己喜欢四季的雨，寄托了作者对雨的赞美与喜爱，表达了作者对生命与大自然的热爱。

这些标志性语句有时还会出现在文章的结尾。如《雨的四季》的最后一段"啊，总是美丽而使人爱恋的雨啊！"总结全文，直接抒情，表达了作者对雨的爱恋，对生活的热爱之情。

这些标志性语句有时还表现为文章中的过渡句。《从百草园到三味书屋》第9自然段为全文的过渡段，在结构上起到承上启下的作用。既照应课文前半部分"我"在百草园的快乐生活，又为下文将去三味书屋提前作了交代。本段用排比和拟人的修辞手法表现了"我"对百草园的热爱和恋恋不舍之情，至于因为何故而不能常去百草园玩乐，文章并没有明确的交代，只是用了"不知道""也许"表达自己的推测，这些词语不仅真实地反映了"我"当时的心理，还对百草园的生活巧妙地进行了补充，同时也表达了自己离开百草园时那种无可奈何的心情。当然，百草园毕竟曾经给自己带来无限乐趣，所以，在去三味书屋之前，还不忘用两个"Ade"告别那些给自己带来无穷乐趣的"朋友们"，这也表达了作者对百草园生活的留恋。

《植树的牧羊人》叙述了"我"与牧羊人几次见面的情形，抓住文中标志性的词语，就能理清作者的思路；《走一步，再走一步》写的是"我"被困悬崖后在父亲指导下一步一步走下悬崖的故事，也用到了许多表示时间变化的词语。阅读时，我们如果能有意识地捕捉那些标志性的语言，就能快捷而准确地理出文章的思路。

我们再来看一段《白杨礼赞》中的文字：

那是力争上游的一种树，笔直的干，笔直的枝。它的干通常是丈把高，像是加以人工似的，一丈以内绝无旁枝。它所有的丫枝一律向上，而且紧紧靠拢，也像是加以人工似的，成为一束，绝不旁逸斜出；它的宽大的叶子也是片片向上，几乎没有斜生的，更不用说倒垂了；它的皮光滑而有银色的晕圈，微微泛出淡青色。这是虽在北方的风雪的压迫下却保持着倔强挺立的一种树。哪怕只有碗那样粗细，它却努力向上发展，高到丈许，两丈，参天耸立，不折不挠，对抗着西北风。

虽然只是一段文字，也可以用刚才的方法来梳理一下思路。首句点出了白杨树的内在精神，即力争上游，并概括了白杨树的外形特征：干、枝的笔直。中间从四个方面来描绘白杨树,提到了干、枝、叶、皮的特点和与它的外在的特点相对应的内在精神,每个部分结束的分号提醒了我们,它们是并列关系。最后又从整体上来评说白杨树,与首句照应。这样一来,这段的结构就理清了。

以上我们介绍了理清文章思路的几种方法,在实际阅读中,我们经常会是几种方法综合使用,以便迅速地把握文章思路。

《义务教育语文课程标准(2011年版)》对阅读的要求是:"在通读课文的基础上,理清思路,理解主要内容。"作者在写一篇文章的时候,总要有一个清晰的思路,他要通过这条思路来表达自己的感情和感悟。同学们在阅读文章的时候,只有理清作者的思路,才能正确理解作者对生活的真切认识,体会作者所表达的真实情感,领会作者写文章的真正意图。

各位同学,今天的这节课就上到这儿。同学们,再见!

跋：从特级起步

2010年8月下旬的一天，还在绿皮火车上看来往风景的我，接到了句容市教育局领导的电话，言辞热切，情真意挚，热烈祝贺我被评为"江苏省初中语文特级教师"，说这是句容初中的一大突破，是句容教育发展的又一成果！受他的情绪感染，我也就很有些激动，但我知道，更多的恐怕还是忐忑。

心之所向，素履以往。

曾经，看到别人口若悬河，滔滔不绝，总是流露出仰慕的神情，从不遮掩。曾经，看到别人笔走龙蛇，洋洋洒洒，总是倾身相请，俯耳恭听，真诚迫切。曾经，看到别人陈言巧用，佳句天成，也会冥思苦想，推敲斟酌而夜半不寒。

只一心追求课堂上的指挥倜傥，意气风发。虽工作了26年，却似乎从没敢把"特级"作为自己的理想。

只是凭兴趣，随本性。备课时喜欢不满足自己的解读，不满足教参的分析，还要跑句容，跑南京，进多个书店，购买教学资料，心中之惑不解不休。上课前也喜欢静静地坐着，翻看一下备课笔记，想象该怎么上课，思考学生可能会有哪些反应。下课后，有时也会把课上的点滴感悟记下一两句。

也喜欢写写自己的思考，当然很多时候只是写了个开头，便没有了下文。因为思路不清，茅塞难开。以至于现在打开电脑，翻看自己的过去，还很惊异地看到那些只有凤头而没有猪肚更没有豹尾的文字。但那时似乎是只要知道有什么论文评比之类的活动，总是要送上片言只语的。虽然大多是三等奖，但也有一等奖的意外收获。

在那次活动中，偶然遇到了大赛的专家评委李震老师，犹豫了一会儿，终于大着胆子问他论文评比的事情，他问我论文的题目，即露出笑意。说这文章他有印象，还可以，不错，他看了有几遍。但我似乎已"得意忘形"了，竟至于滔滔不绝地说起了自己的教学感悟，见笑于大方之家而不自知，亦不自觉了。

难道，这就是人们常说的坚持就会有收获的真理，就是那积跬步积细流的箴言吗？

2006年，句容市教育局为了加强教师队伍建设，评选了特级教师后备人选，并创造性地举办了江苏省首次特级教师后备人选高级研修班，我有幸成为其中的一员。连续在南京、北京、上海、杭州举行了多次培训活动，得以一听中央教科所、北大、浙大，以及我省的知名专家、教师的讲课，同伴们都说如醍醐灌顶，我却是如坠云雾。仰视，仰视，再仰视；垫高，垫高，再垫高；回想，回想，再回想，却还是雾里看花，水中捞月。

语文这座深山老林，教育这片汪洋大海，难道行得久了，就迷路了？只在此山中，云深不知处了？眼前确乎只有曲径，却难以通往幽深之处，困惑似乎越来越多了，手脚似乎越来越紧了。那时，真有些不敢说不敢做，缩手缩脚了，心底里哪还敢有刚刚被激起的学做于漪、斯霞的雄心壮志呢？

苔花如米小，凌风自在开。

此后，有幸参加了江苏省首期中学语文特级教师高级研修班的培训，作为首席指导专家的魏本亚老师，朴实谦逊，热情爽朗，学识渊博，让人可亲、可近、可崇拜。此后，又一睹于漪、黄厚江、王荣生、郑桂华、余映潮等老师的风采。

特级，这两个字，于我便更实在地有些警醒的意味了。我知道，这个称号，将是我起步的理由。

"苔花如米小，凌风自在开。"我之所以把袁枚的这句诗改动了一下，并不是说我比他高明，比他更有诗情或更有见识。而是觉得不管自己怎么学，怎么努力，怎么刻苦、奋斗、拼搏……终也学不了"牡丹"。那样的国色天香，那样的富丽高贵，那样的受人瞩目，那是九万里晴空，一览银河小!

我只是"苔花",如米小,如水滴,但也是生命。虽然低微,但也需让自己的生命独自开放,自在开放,静静开放。

做语文的研究者,当年的语文学科"教学内容的确定"问题引起了我的严肃思考。因为,经过与其他学科的比较,经过阅读有关课程理念以后,总觉得语文课程还在讨论"内容的确定"问题,显得有点儿不可思议。如果是数学学科,教学"三角形的判定定理"这样的内容时,老师还在纠结"弱水三千,我取哪瓢饮",他还敢进课堂吗?可语文为什么能习以为常呢?语文是否也应该有一个大致的确定性的教学内容呢?

此后又想到自己和周围的语文老师,每到考试讲评课或者复习课时,总是要求主备老师必须要提供参考答案,或者是翻尽网页也要搜索到参考答案。手上握有了参考答案,心中才有着落,才有依靠,才能心神安定、自信满满地走进课堂。于是,我朦胧地觉得,语文是否也应该如数学学科一样有个大体的解题思路?

沿着这两个语文的问题再往上追问,似乎又与文本解读直接相关,甚至是受到了文本解读的制约和规定。于是多元解读、征候式解读、过度解读、教学解读、文本的空白点和不确定点等等的理念变成了我案边的书籍。语言文字是表情达意的工具,语言文字是思维的工具,语言文字是文化的载体,而语言文字却是符号,而符号又具有"能指"与"所指"的功能,所以解读就不得不出现仁者见仁智者见智的结局了。文本表达的是作者的学习经验和生活经验,解读又是读者从学习经验和生活经验出发,两者经验的对接,才能创生文本意义;两者经验的融通,作者才能幸遇知音。而如果两者的经验不对等,不共振,不对接,又将会出现怎样的解读结果呢?而语文教学又不是个人的解读行为,那么语文教学将在一种怎样的解读上形成共识而得以有效进行呢?或者说,语文教学在一个怎样的结构性的语文世界里,才能取得共识并从共识出发呢?

越往下想,便越觉得语文深不可测,宽阔无边,横无际涯了。

但是,既然是语文课程,既然是语文教学,我想我们一定可以在一定范围内取得共识,只是这共识又源自何处呢?

《《《 "表达语文"：习得言意相称的表达智慧

"语文课程是一门学习语言文字运用的综合性、实践性课程"[①]，仿佛黑夜里的一道亮光，照亮了我。是的，"语言文字运用"才是语文的基点，是共识的基础和命脉。我们应该建构起语文学科独立的"语言文字运用"的知识体系和教学体系！

也许，这就是解决语文困境的出路和方向。因此，我便逐渐清晰了"表达语文"的理念与主张。

做理念的践行者。多年前，我曾经去过现在的丹阳市吕叔湘中学听课。踏进校园，按习惯总得看看校园文化什么的。于是就驻足在校训石前，首先看到的是"吕叔湘"三个字，便立即肃然起敬了。然后便看到"求真""能贱"四个大字，则有些疑惑了，便仔细地再看了几遍。

接着则完全是震惊了！不，是震撼了！

要"求真"，则需能"贱"，不从低处、不从小处、不从实处去行，不干脏活、不干累活、不干苦活，不心甘情愿地从卑微处干活，哪能求得"真"呢？不抱谦逊的态度，没有踏实的作风，没有甘愿降低自己的身份、放下架子的果敢，哪能求得"真"呢？

唯有在实践中研究，在研究中实践，用理念烛照实践视野，让实践闪烁理论光芒，这样产生的理念才有实践意义，这样的实践也才有理性光辉，也才会于己有益，于人有益。

在逐渐形成"表达语文"理念的同时，我的实践也经历着一个与之契合的过程，从写读结合的教学，到从表达侧教学，最终形成了现在的当然还是很粗陋的"表达语文教学"基本范式。教表达，习表达，会表达，用表达，语文教学以"运用语言文字表达"为核心，以培养运用语言文字阅读与表达素养为圆心，实现语文的思维、审美和文化素养综合的螺旋的提升。

做团队发展的促进者。在自己还没有起好步的同时，我竟成了"句容市侯红宝教师工作室"的领衔人和导师，此后，竟然还成了江苏省第二批（句容市）乡村初中语文骨干教师培育站导师，成了江苏省第三批（句容

[①] 教育部基础教育课程教材专家工作委员会.义务教育语文课程标准（2011）[M].北京：高等教育出版社，2012.

市）乡村骨干教师培育站主持人和导师。

我很有些应接不暇了。一个人的独行，也许会快些，却也有迷失方向的忧虑。而群雁的飞翔，就会有美丽的雁阵，就会创造出沿途的风景，就会有彼此鼓励下的更长远的飞行！于是，我不再犹豫，坚定地带领团队行走在"语言文字运用"的世界里、宇宙中。

我用自己的行动引导团队教师爱岗敬业，执着于专业素养的不断提高；我依据大家的困惑与可能有的困惑，设计成主题鲜明并成系列的研讨活动；我和团队成员一道学习语文课程和教学的理论理念，学习他人的先进经验；我和学员一道探讨语文的热点、重点和难点问题，解析经典的课堂教学案例；我还给他们压任务，以任务驱动他们的学习与反思……

我们聚焦核心素养下的语文教学、语文要素下的语文教学、任务驱动的单元教学，当然最多的还是聚焦"表达语文"理念下的小说、散文、诗词、实用类文体，以及文言文教学，开展多种形式的专题研讨活动，务求踏石有印。

十年来，团队成员都有了不同程度的发展，巨亚红老师摘得江苏省青年教师基本功竞赛二等奖，李菊香老师荣获江苏省优秀课评比一等奖，苏成才老师被评为镇江市语文学科带头人……

庭树焉知我未到，留枝残花谢春风

日脚轻移明似雪，淡妆红梅送春归。那是冬日将尽之时，雪后的阳光透过繁茂的枝叶跳跃在梅花上，格外闪眼。我突然感到时光流转春又至，岁月不居又一年。

前几日，在办公室前的花园里穿行，猛然间发现繁花已往，枝头不艳，便惊觉"流水落花春去也"。于是只能拍张照片，发个朋友圈，唏嘘感叹"庭树焉知我未到，留枝残花谢春风"了。是的，我见还是不见，春天自会来去；是的，我看还是不看，百花自会开落，它们都会"坐地日行八万里，巡天遥看一千河"。

但幸运的是"表达语文"将汇集出版，也算是"心之所向"的酬获，也算是"素履以往"的人生慰藉吧。

从无出书的奢望。有好多次，工作室和培育站的老师问我有没有出书的打算，我总是坚决地说"没有"。是的，世间书已很多，此生再长也读不完；而我只是米小的苔花，身边却是济济大家，只愿能走在路边为他们鼓掌。

但团队的努力与勤奋让我感动：我们的研究确实也应该有个回首反思和蓄力前行的站点吧？这也算是对"表达语文"团队的回馈了。

感谢并感恩一直关注我们的研究，并给以关心、支持、指导和鼓励的魏本亚教授、严华银先生、尹逊才博士、董旭午老师、葛宇虹女士和刘远先生等所有专家、导师。感谢张永群先生和黄国彬先生，没有你们的高度重视和大力支持，就不可能有本书的问世。

最后，由于我及我的团队的学识和能力的局限，本书一定还存在这样那样的疏漏甚至是错误，希望得到专家同人和各位读者的批评指正，让我们共同推动语文课程及教学的纵深发展。

侯红宝

二〇二一年四月二十六日 于华阳书院